数字时代教师教育关键词

基础理论篇

郑旭东　王继新　吴秀圆　编著

科学出版社

北　京

内 容 简 介

教师是学校课堂教学的主要实施者，是影响教育教学效果的关键因素。这使得教师发展逐渐成为新时期教育发展的一项重要工作。因此，数字时代教师教育是教育信息化和教育改革的重要研究内容。本书从数字时代教师教育的关键术语入手，对当前教师发展中涉及的核心术语进行分类并提供详细解释和说明。本书主要包括专业发展、基础知识、重要人物、经典著作、组织机构和重要事件六部分。本书对数字化环境下教师教育发展的理论研究与实践探索具有重要的借鉴意义。

本书读者对象不仅包括教师教育工作者和专业研究人员，还包括一线教师、师范生等。

图书在版编目（CIP）数据

数字时代教师教育关键词. 基础理论篇/郑旭东，王继新，吴秀圆编著. —北京：科学出版社，2020.4

ISBN 978-7-03-064511-1

I. ①数… II. ①郑… ②王… ③吴… III. ①教师教育-研究 IV. ①G65

中国版本图书馆 CIP 数据核字（2020）第 030795 号

责任编辑：刘曹芄 刘巧巧/责任校对：王晓茜
责任印制：李 彤/封面设计：铭轩堂

科学出版社 出版
北京东黄城根北街 16 号
邮政编码：100717
http：//www. sciencep. com

北京虎彩文化传播有限公司 印刷

科学出版社发行 各地新华书店经销

*

2020 年 4 月第 一 版 开本：720×1000 B5
2020 年11月第二次印刷 印张：16 1/2
字数：323 000

定价：99.00 元

（如有印装质量问题，我社负责调换）

前　言

一直以来，教师教育都是教育领域的重要话题，教师的成长及其专业发展直接影响其教学的效果，进而影响学生的成长。因此，教师教育一直受到世界各国的广泛关注。尤其是近年来各类新兴技术迅速发展并逐步步入人们的生活，也在很大程度上改变了传统的教学模式、教学方法、教学组织形式和师生关系。这种数字时代新型的教育教学生态需要教师掌握新方法并不断适应教育变革的发展，以满足社会发展对人才培养的需要，促进新时期学习者各方面能力的全面发展。在这一背景下，关于数字时代教师教育的研究成为近年来信息化逐步深入与教育教学改革不断推进的一个重要方面。

目前，关于数字时代教师教育的研究主要体现在新时期教师知识与能力体系的重构、培养模式与方法的变革、教研活动形式与内容的更新等方面。其中，美国密歇根大学的米什拉（P. Mishra）和科勒（M. Koehler）在李・舒尔曼（Lee S. Schulman）1986 年提出的学科教学法知识基础上发展出的“技术、教学法与学科内容整合的知识”被认为是数字时代重塑教师知识结构的一个概念框架。在这一框架的基础上，各国研究者对目前职前教师和在职教师的知识与能力结构进行了大量研究，探索帮助教师发展整合技术的学科教学法知识并提升他们整合能力的有效路径与方法。近年来，在数字时代教师知识与能力结构重塑、培养模式创新、评价体系完善等方面研究的基础上，对新时期教师教育的实践探索也在不断展开，推动着数字时代教师教育发展的进程。

不论是对数字时代的教师还是对数字时代的教师教育研究工作来说，了解教师教育的基本术语都是必要的。因此，我们从数字时代的教师发展出发，从基础理论、课程、教学、技术、研究方法等方面对涉及的专业发展、基础知识、重要人物、经典著作、组织机构、重要事件等关键术语进行分类解析，从不同层面对教师教育的关键术语进行总结、归纳，最终形成《数字时代教师教育关键词（基础理论篇）》，以期为数字时代教师教育的理论研究提供支持。关于本书的一些评判，因不同的研究者有不同的评判标准，有些业内也不统一，所以本书在收入时，主要吸纳了世界的主流意见。关键词后的星号数量代表其与教师教育的相关程度

（三颗星代表相关度最大）。

首先，本书以教师专业发展为主线对涉及的关键术语进行解析，其中包括教师基本关键词（如“双师型”教师、反思型教师、新手型教师、专家型教师等）、教师专业发展的基本关键词（如教师继续教育、教师教育、教师专业发展、教师教育一体化等）、教师专业发展的相关知识关键词（如技术知识、教学法知识、学科内容知识等）、教师专业发展的相关实践方法关键词（如教师共同体、师本培训、同课异构、校本研修、网络研修等）。

其次，本书以基础知识为主线对涉及的理论知识类关键词进行解析，其中包括教育领域基本术语（如比较教育学、高等教育、义务教育、学前教育等）、教育教学基本术语（如分科课程、核心课程、活动课程、学习契约、学习风格、认知策略、认知风格、认知策略、认知工具等）、新时期教育与社会发展产生的新教育术语（如终身学习、博雅教育、通识教育、全纳教育、协同教育等）、教育教学基本理论或方法的相关术语（如行动研究、基于设计的研究、会话分析、建构主义、人本主义等）。

最后，本书对教师教育领域相关的重要人物、经典著作、组织机构、重要事件等进行解析。其中，重要人物涉及教育学、心理学、教师教育等领域的重要国内外学者（如赫尔巴特、杜威、夸美纽斯、加涅、董仲舒、施良方等），经典著作涉及国内外教育学、心理学、教师专业发展的重要著作（如《爱弥儿》《给教师的一百条建议》《教育过程》《教育漫话》《学习论：学习心理学的理论与原理》《课程理论：课程的基础、原理与问题》等），组织机构涉及国内外教育领域重要的组织名称（如中央电化教育馆、美国教育研究协会、美国教师联盟、卡内基教学促进基金会等），重要事件涉及国内外教育领域发生的重大事件（如美国进步主义教育运动、八年研究、国培计划、领雁工程等）。

数字时代教师教育关键词主要面向教师教育领域尤其是数字时代教师教育的理论与实践研究，对涉及的核心术语进行总结梳理和分类解析，既是为师范生、一线教师、教师教育工作者和相关研究人员提供基本工具，也可使人们从基本术语和理论层面对教师教育的相关内容有基本的理解与认识。

编　者

2020 年 2 月

于武汉桂子山

目　　录

第一部分　专业发展

1. “双师型”教师（☆☆☆）

“双师型”教师这一概念早在20世纪90年代就已出现，它主要是针对我国高等职业教育培养过程中出现的重理论、轻实践，重知识传授、轻知识应用和能力培养的情况，为了促使理论教学和实践教学的有机结合，改变高职院校教师能力结构比较单一、缺乏生产实践经验的现状而提出的。[①]作为一个有中国特色的新概念，“双师型”教师一经提出便很快受到了多方的关注，很多学者提出了多元化“双师型”教师的标准与观点，但迄今为止，“双师型”教师还没有一个统一的认定标准，人们对“双师型”教师概念的理解也莫衷一是。

目前，有关“双师型”教师的观点主要有以下五个：①“双师型”教师具备“双”资格。具有“双”资格的含义有两个：一是具有“双证书”，即学历证书和技术等级证书；二是具有“双职称”，即学术系列专业技术职称和技术系列专业技术职称。②“双师型”教师具备“双”素质。具备“双”素质指具有科研能力和特定技术的应用能力、理论教学和实践教学的素质。③“双师型”教师具有“双”资质。强调“双融合”，即“双证+双能”，“双师型”教师要求得到资格与能力的双方面资质认可。④“双师型”教师具有“双”指向对象。“双师型”教师有个体和整体两个层面的含义：个体层面要求教师具有“双”资质，整体层面要求教师队伍结构中既有来自高校的专任教师，又有来自企业的兼职教师。⑤“双师型”教师有“双”来源。如高职院校“双师型”教师队伍中，一部分来源于学校的“理论型”专任教师，另一部分来源于企（事）业生产第一线聘任的兼职教师。[②]

“双师型”教师是高职教育对专业教师的一种特殊要求，它要求专业教师具备两方面的能力和素质：一是具有较高的文化和专业理论知识，有较强的教学科研能力和素质；二是要有广博的专业基础知识、熟练的专业实践技能、一定的组织生产经营和科技推广能力，以及指导学生实践的能力和素质。“双师型”教师概念的提出对造就一支适应我国职业教育工作需要的高质量的教师队伍，为实现职业

① 何农. 关于“双师型”教师内涵的辨析[J]. 教育与职业，2008（11）：144-146.

② 肖凤翔，张弛. “双师型”教师的内涵解读[J]. 中国职业技术教育，2012（15）：69-74.

院校培养目标打下了坚实的基础。

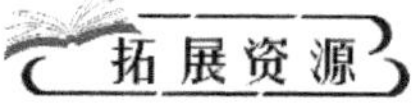

姚贵平. 解读职业教育“双师型”教师[J]. 中国职业技术教育，2002（6）：30-32.

2. 技术型教师（☆☆☆）

技术型教师（teacher as technician）观是技术理性主义主导下的一种教师观。它认为，知识是可以包装并传授或出售给别人的商品，教育、教学则是一种知识和信息的单向传输过程，教师只是用别人设计好的课程达到别人设计好的目标的知识传递者，承担着技术人员的角色。[①]因此，技术型教师关注的是如何在教学实践过程中，根据给定的教学目标和教学内容，从各种可能实现教学的技能中确认效用相对更大的技能，以便在实践中予以选择和运用，实现既定的教学目标。

与技术型教师观相匹配的是以胜任为本的教师教育模式（competence-based teacher education）。该模式希望通过帮助教师掌握一套熟练且适用的技术来为学校教育带来新的改观。然而，受技术理性认识论的影响，以胜任为本的教师教育模式强调对教师行为和技能的训练，但轻视对这些行为的思考；强调教师对专家、学者制定的教学目标、教学内容及方法的认同、理解和接受，却轻视教师在具体教学实践中的质疑、研究和合作。[②]这直接导致了技术型教师将其视野狭隘地限定于学科内容和传授方式上，缺乏对自己所持的教育理念和价值观的批判性反思，忽略了与学生及时有效的沟通，因而不能积极地研究和解决课堂中显现的信息和问题。

不可否认，教育领域中的技术化给教育、教学带来了前所未有的革命，对技术的强调仍是教育现代化的重要内容，且拥有丰富教学经验的技术型教师的教学行为模式也具有较强的实用性和有效性。但随着技术理性之弊端的暴露，人们已经发觉，处于不确定的、不稳定的复杂情境中的教育实践是不能被简化为单纯的技术控制过程的。因此，仅具有被高度专业化的学科知识已不能满足时代对教师素养的要求，而且缺乏反思能力和探究精神的技术型教师已经不能满足教师专业

---

① 饶从满，王春光. 反思型教师与教师教育运动初探[J]. 东北师大学报（哲学社会科学版），2000（5）：86-92.

② 王水玉，徐晓光. 教师专业成长策论[M]. 北京：中国大地出版社，2004.

化发展的需要。也正因为如此，“教师即研究者”的命题、反思型教师和专家型教师等观念的产生和发展才具备其合理性，并成为教师形象转变的必然方向。

3. 反思型教师（☆☆☆）

反思型教师是能够在教育教学实践中以研究和批判的态度不断分析和反思教育现象、及时调整自己、总结教育经验、提出教育新思想的教师。[①]反思型教师观产生于20世纪80年代欧美国家兴起的反思性教学思潮，是针对技术型教师观和能力本位的教师教育模式的弊端提出的一种教师观，其思想渊源可追溯至约翰·杜威（John Dewey）对“反思”概念的论述。

与技术型教师不同，反思型教师将注意力集中在教育教学目标、教学方法、教学效果、教学环境及其与教育教学实践之间的关系等教育实际问题。他们立足于某一特定的教育情境，以特定情境中的问题为导向，在行动中反思，对行动反思，进而获取实践性的经验知识。相对于训练和提高学生的能力，反思型教师更关注的是如何帮助学生去觉察自己的直觉式理解，陪伴他们进入认识的混乱状态，再从中探索出一些新的认识方向与新的行动。[②]相应地，反思型教师教育认同教师是发展中的个体，聚焦于教师的观察、分析、解释和决策等反思能力的培养，注重引导教师从实践中学习、在反思中成长。

反思型教师既是专业实践者，又是教育教学行动的研究者，应同时具备较强的反思意识和良好的反思习惯，以及敏锐的洞察力和科学的探究精神，能够批判性地分析、检验自己和他人的教学行为与教育信念，并对自己的行为负责。[③]要成为一名真正的反思型教师，在职教师和未来教师须充分运用教学反思、行动研究等方法和途径，高效地学习教育教学技能，勇于创新，并学以致用，自觉实践，持之以恒。[④]

国内教育研究者和教师教育者已经意识到，从技术型教师转向反思型教师

---

① 朱小蔓. 中国教师新百科·小学教育卷[M]. 北京：中国大百科全书出版社，2002：226.

② 〔美〕唐纳德·A. 舍恩. 反映的实践者：专业工作者如何在行动中思考[M]. 夏林清，译. 北京：教育科学出版社，2007：263.

③ 常波. 西方反思型教师教育思潮兴起背景综述[J]. 外国教育研究，2000（2）：31-34.

④ 薛剑刚，时俊卿. 做智慧型教师[M]. 北京：语文出版社，2011：96.

是教师专业成长的必然趋势。然而，文献资料表明，当前国内关于反思型教师观的研究尚处于理论倡导层面，更多的是对国外相关理论的分析介绍，缺乏对反思型教师培养问题的关注，也很少将反思型教师观与教师教育课程改革联系起来讨论。[①]

4. 新手型教师（☆☆☆）

大卫·波林纳（David C. Berliner）在研究教师专业发展的基础上指出，教师成长需要经过新手型、熟练新手、胜任型、业务精干型和专家型五个阶段，新手型教师则是其中的第一步。[②]20 世纪 90 年代以来，教师专业发展的研究逐渐受到教育研究人员的重视，并在理论和实践研究中进行了大量的探索，新手型教师与专家型教师的比较以及从新手型教师向专家型教师的转变逐渐成为教师心理研究的重要课题。

新手型教师是刚刚走上工作岗位的新教师或参加过实习的师范大学毕业生，处于教师专业发展的起点，与熟手型教师和专家型教师之间存在着很大差距。首先，新手型教师没有形成完整的知识体系，与教学内容有关的知识方面存在不足，很难选择恰当的方式传递教学内容；其次，新手型教师缺乏一般教学法方面的知识，要花更多的时间来维持课堂秩序、进入教学内容、保持课堂纪律并抓住学生的注意力，其课程计划的复杂性和内部关联性往往不足；最后，新手型教师教学经验不足，难以应对课堂突发事件，往往不能以创造性的方式解决问题。[③]

教师专业发展是新手型教师向专家型教师的转变过程，但是，并不是所有的新手型教师都能发展为专家型教师。正如乔治·波斯纳（George J. Posner）所说的经验+反思=成长，没有反思的经验是狭隘的经验，最多只能形成肤浅的知识。[④]因

① 王艳玲. 教师教育课程论[M]. 上海：华东师范大学出版社，2011：14.

② BERLINER D C. The Development of Expertise in Pedagogy[M]. Washington, D. C. : AACTE Publications, 1988: 2-6.

③〔美〕罗伯特·J. 斯滕伯格，温迪·M. 威廉姆斯. 斯滕伯格教育心理学（原书第 2 版）[M]. 姚梅林，张厚粲，等，译. 北京：机械工业出版社，2012：3-16.

④ 白改平，韩龙淑. 专家型教师与熟手型教师数学课堂教学行为的异同及启示[J]. 教育理论与实践：中小学教育教学版，2011，31（11）：34-36.

此，要促进新手型教师的成长并实现向专家型教师的转变，不仅需要理论知识的掌握与教学经验的积累，更需要在不断的实践与反思中提高技术、教学法与学科课程整合能力，创造性思维能力及问题解决能力，从而促进反思性实践者的形成。

拓展资源

POSNER G J. Field Experience: Methods of Reflective Teaching[M]. New York: Longman, 1989.

5. 专家型教师（☆☆☆）

20 世纪 70 年代后期，研究者将认知心理学中专长的研究方法应用于教育领域，“专家型教师”（expert teacher）由此产生。在我国，专家型教师则产生于 20 世纪 90 年代。1997 年，罗伯特·斯滕伯格（Robert J. Sternberg）提出了专家型教师的原型观，并指出专家型教师是具有某种教学专长的教师。大卫·波林纳（David C. Berliner）指出，专家型教师对教学情境的观察和判断是直觉的，不需要进行仔细分析和思考，凭借经验就能准确地发现问题，并采取适当的方法解决问题。理查德·波拉德（Richard Pollard）等在研究专家型教师与教育成效之间关系的基础上指出，专家型教师能够很大程度地提高教育质量，肯定了专家型教师的重要价值。[①]

斯滕伯格在其他领域有关专家行为的心理学研究的基础上，从知识、效率和洞察力三个方面说明了专家型教师的基本特点：①能够恰当地运用系统的专业知识（包括学科专业知识、教学法知识、实践性知识和经验性知识等）；②具备较强的问题解决能力，即能够用最短的时间实现问题的有效解决；③富有洞察力，即能够对问题进行深入、透彻的分析并寻找独特、新颖、恰当的解决办法。[②]

专家型教师是一个成功的教育体系的重要推动力量，是学习型社会的支柱，他们担负着培养高素质、综合型、创新型人才的任务。因此，专家型教师不仅要具备广博、系统的专业知识和丰富的教育教学经验，最大限度地激发学生的学习

---

① POLLARD R, TOMLIN M E. The use of expert teachers to improve education[J]. Education, 1995, 116: 3.

② STERNBERG R J. Abilities are forms of developing expertise[J]. Educational Researcher, 1998, 27（3）: 11-20.

兴趣和积极性，有效地管理自身行为并控制学习活动，还要具备较强的问题解决能力、教育科研能力，善于将社会需求、学校需要和学生特点结合在一起，专家型教师是教学实践中的主力军。因此，在教师专业发展中，我们应该为教师提供更多的学习和锻炼机会，促进他们向专家型教师不断转变。

拓展资源

[1] STERNBERG R J, HORVATH J A. A prototype view of expert teaching[J]. Educational Researcher, 1995, 24（6）: 9-17.

[2] BERLINER D C. Learning about and learning from expert teachers[J]. International Journal of Educational Research, 2001, 35（5）: 463-482.

6. 智慧型教师（☆☆☆）

从词义学角度看，《辞源》对“智慧”的解释是：“①聪明，才智。②佛教指破除迷惑证实真理的能力，梵语‘波若’之意译，有彻悟意。”[①]《现代汉语词典（第7版）》中的解释是“辨析判断、发明创造的能力”[②]。从哲学角度审视“智慧”，它代表了人思维的最高能力，英国哲学家罗素认为，智慧主要指人的求知好奇心和求知的能力[③]。而我国哲学家冯契认为，“智慧是对宇宙人生的某种洞见，它和人性自由发展有着内在的联系”[④]。综合以上观点，对“智慧”的理解，一方面，它是个体生命存在的象征，既代表了个体对外部事物的认知，也包含了对自身内在精神世界的体悟；另一方面，它又是个体在知识、经验等基础之上，在行动中应对问题的能力。“智慧型教师”这一概念正是在对“智慧”一词的深入理解基础之上提出的，对它的定义有赖于对“智慧”的理解。以下是国内学者对“智慧型教师”较具代表性的定义。

王枬教授认为，智慧型教师是指这样一类教师：他们把教师这一职业看成是自己生命中最重要的部分，并把自己的主要精力灌注到教师这一职业中，“捧着一

① 王玲玲. 浅析智慧型教师的内涵与生成[J]. 现代教育科学，2009（4）：35-36.

② 中国社会科学院语言研究所词典编辑部室. 现代汉语词典[Z]. 7版. 北京：商务印书馆，2016：1692.

③ 〔英〕伯特兰·罗素. 教育与美好生活[M]. 杨汉麟，译. 石家庄：河北人民出版社，1999：45-47.

④ 冯契. 智慧的探索[M]. 上海：华东师范大学出版社，1997：351.

颗心来，不带半根草去”是他们信奉的职业操守；他们怀着满腔的热情快乐地与学生交往，以学生的主动发展为最高目标，根据学生的个性特征因材施教；他们把自己看成是教育活动的研究者，是有思想、有见解、有独立判断和决策能力的人，教学就是艺术，教学就是创造；他们贵在自塑、自律。[①]

田慧生教授则认为，智慧型教师就是具有较高教育智慧水平的教师。智慧型教师的教育智慧是教育科学和艺术高度融合的产物，是教师在探求教育教学规律的基础上长期实践、感悟、反思的结果，也是教师教育理念、知识学养、情感与价值观、教育机智、教学风格等多方面素质高度个性化的综合体现。[②]

由此可见，智慧型教师作为教师职业发展的一个新境界，具有这样的特征：一是对教师职业本身高度认同，把个人生活与教育生活融为一体，使职业生活充满自由的快乐和创造的幸福；二是与教育智慧相连，使智慧渗透于教育生活的各个方面。因此，智慧型教师是教师教育生活的理想追求，对教师的成长提出了更全面的要求和更高的发展境界。[③]

7. “整合连贯型”教师教育模式（☆☆☆）

“整合连贯型”（integration-continued model）教师教育模式是在中小学教师培训机构的整合、基础教育的发展变化及师范生“所学非所教”等就业问题逐渐凸显，分离式培养中小学教师的传统教师教育模式受到巨大挑战的背景下提出的。其基本内涵是采取全面贯通、整体融合、统一培养的方法培养、培训中小学教师，整合相关教师教育资源；在培养过程中关注基础教育的整体性和连续性，注重基础教育作为一个整体既具有分段性、课程分科却又具有综合性等特征，创新教师教育课程体系和管理机制，以培养通晓整个基础教育原理与方法，具备基础教育整体观、全程观和一定学科综合素养，既能承担小学教育工作又能承担中学教育工作的高素质新型基础教育师资。[④]

---

① 刁培萼，吴也显，等. 智慧型教师素质探新[M]. 北京：教育科学出版社，2005：48.

② 刁培萼，吴也显，等. 智慧型教师素质探新[M]. 北京：教育科学出版社，2005：4.

③ 王玲玲. 浅析智慧型教师的内涵与生成[J]. 现代教育科学，2009（4）：35-36.

④ 罗明东，何元.“整合连贯型”教师教育模式的背景、内涵与展望[J]. 教育与职业，2011（18）：19-21.

"整合连贯型"教师教育模式的基本特征为：①基础性，即将通晓整个基础教育的基本原理与方法作为中小学教师从业的基本条件。换句话说，无论小学教师还是中学教师都应通晓整个基础教育的基本问题。②重点性，即师范生在把握基础性的基础上，结合师范生的学科专业学习，有所侧重地发展为基础教育某一阶段服务的能力，在整体把握基础教育的同时突出重点阶段。③选择性，即高师院校师范生能够根据自身的兴趣、就业环境及就业意向等，自主选择基础教育某一阶段中某一门学科的课程进行学习。④宽口径，即师范生通过该模式的职前培养，改变传统教师教育模式下师范生就业口径狭窄、单一的现状。①

"整合连贯型"教师教育模式是教师教育改革与发展的一种新思路和新理念。它既是对以往教师教育在理念上的突破和实践上的创新，也是对以往教师教育模式的一种补充。在多元化的教师教育模式改革中，"整合连贯型"教师教育模式为人们提供了一个全新的视角，同时也开辟了一个新的改革方向。

8. 成人高等教育（☆☆）

成人高等教育（adult higher education）是我国高等教育的重要组成部分，更是颇具中国特色的高等教育形式，自改革开放以来，它在我国取得了令人瞩目的成就，成了我国高等教育大众化发展中的一支主力军。对成人高等教育概念的解释，国内有许多种不同的表述，但较精确的是《教育大辞典》对成人高等教育的表述，具体表述如下：

成人高等教育是对符合规定标准的在业或非在业成年人实施的属于高等教育水平的教育，属继续教育（含职业培训）性质，与普通高等教育相对，旨在满足成年人提高自身素质或适应职业要求的需要，也是扩大高等教育机会，培养专门人才的途径之一，其特点是办学和教学形式多样化。成人高等教育的学习时间分脱产（全日制）、半脱产（部分时间制）、业余等不同类型；教学形式分面授、函授以及利用广播、电视等教学手段的教学；教学内容包括职业培训，可获得某种学历证书的系统专业教育，或根据个人不同兴趣和目的选学的一般或专门课程；

① 罗明东."整合连贯型"：教师教育模式改革的新探索[J]. 学术探索，2011（5）：121-127.

学习期限灵活，从数周到数年不等。[①]

通过对上述概念的剖析，可将成人高等教育的本质属性归纳为两个：一是成人性，即其具有成人教育的属性；二是高等性，即其具有高等教育的属性。前者反映了它的对象属性，后者反映了它的性质属性。它与一般成人教育的区别在于性质的高等性，它与普通高等教育的区别在于对象的成人性。因此，成人高等教育是一种融合了高等教育特点与成人教育特点的重要教育类型。它具有一般高等教育的理念与标准，并且这些理念与标准是成人高等教育能够居于教育层级中较高层次的依据。此外，成人高等教育具有自己的特殊规定性，即有自己的特殊对象及其教育需求、自身的服务目标与定位以及独特的功能与特点。

成人高等教育满足了一般大众日益激增的高等教育需求，它是高等教育为适应现代社会、经济发展的需求，对教育功能、服务对象以及教育形式的自我拓展。

9. 技术知识（☆☆☆）

技术知识（technological knowledge, TK）是依据对自然物质客体一定程度的认识，借助一定的物质手段，有效地改造、变革自然物质客体，使之成为满足人们需要的物质形式的知识。“技术知识”这一概念有以下几层含义：①技术知识主要以关于主体、客体、手段的知识为基础。其所研究的对象是作为主体的人对物质客体的能动的实践活动。②技术知识是关于能够满足人需要的“人为物”的思想模型。③技术知识是关于变革自然物质客体的实践活动的动态思想模型。④技术知识是关于物质实践活动效果和效率的知识。

技术知识虽然和科学知识同样具有理性、可检验性、积聚性、可传播性，但它仍区别于自然科学知识，是具有独特属性如规律性、难言性、有偿共享性、专有性等特点的知识。技术知识在构成上是由外显知识（explicit knowledge）和内隐知识（implicit knowledge）两部分共同构成的，其中内隐知识是技术知识的核心和关键。外显知识也称为显性知识或明言知识，可以被普遍地理解和共享，科学知识是显性知识的主要成分。

---

①《教育大辞典》编纂委员会. 教育大辞典・第3卷・高等教育　职业技术教育　成人教育　军事教育[Z]. 上海：上海教育出版社，1991.

技术知识不仅仅是认识自然的知识，更是改造自然的知识，它包括以下四个方面：①技术知识是关于人们所要变革的对象的一般性质和特殊性质的知识；② 技术知识是关于实现某种技术目的所要运用的原理、方法的知识；③技术知识是关于实践中具体制造、操作或如何利用某种物质手段的知识；④技术知识是与技术主体改造自然对象的技术实践过程密切相关的知识。

在教师教育领域，技术知识主要体现在职业技术教育上。在职业技术教育教学过程中，教师必须做到以下几点：理解技术知识的特点和传授的复杂性；提高技术知识的传授效果；把握技术知识形式之间的转化方式；提高教师隐性知识的共享水平。

拓展资源

[1] CROSS N. Designerly ways of knowing: design discipline versus design science[J]. Design Issues, 2001, 17（3）: 49-55.

[2] NONAKA I, TAKEUCHI H, UMEMOTO K. A theory of organizational knowledge creation[J]. International Journal of Technology Management, 1996, 11（7）: 833-845.

[3] SORENSEN K H, LEVILD N. Tacit networks, heterogeneous engineers, and embodied technology[J]. Science, Technology & Human Values, 1992, 17（1）: 13-35.

[4] CONSTANT E W. Scientific theory and technological testability: science, dynamometers, and water turbines in the 19th century[J]. Technology and Culture, 1983, 24（2）: 183-198.

[5] GARDNER P L. The roots of technology and science: a philosophical and historical view[A] // GARDNER P L. Shaping Concepts of Technology[M]. Netherlands: Springer Science+Business Media Dordrecht, 1997: 13-20.

10. 教学法知识（☆☆☆）

教学法知识（pedagogical knowledge，PK）是指教师拥有的与教和学的过程、实践、方法相关的深层次知识。其思想源于李·舒尔曼（Lee S. Shulman）在 20 世纪 80 年代提出的“学科教学法知识”（pedagogical content knowledge，PCK）概念。为了研究学科知识怎样转化为教学的内容，舒尔曼和他的同事在斯坦福大学启动了一个名为“教师知识发展”的研究计划，提出了一个理论框架来识别学科知识、学科内容知识和课程知识三种知识。后来，舒尔曼及其同事又添加了四个范畴的知识：一般教学法知识；有关教育目的、目标意图的知识；关于学习者的知识；关于其他课程的知识。教学法知识即其中所说的“一般教学法知识”，主要指超越于教学内容之上的、课堂管理和组织的一般原则与策略。

作为教师必备的基础性知识，教学法知识是教师组织教学的理论前提，它为教师提供了一套完整的教学框架。教学法知识是一种较为复杂的知识，它涉及教与学过程的方方面面，如教育目的、教学目标、学生特征、学习过程、教学方法、教学策略、教学技巧、学习评价等。另外，教学法知识又是一种深层次的知识，教师不仅需要了解和具备这些知识，还应该能够根据实际情况将这些知识灵活地运用到教学过程中，利用知识帮助学生在原认知基础上强化原有认识，发展新的认识。

目前，有关教学法知识的单一研究较少，教学法知识的研究较多集中在与具体学科内容的整合应用当中，而教学法知识本身是基本的、普遍使用的，不具备学科针对性。随着教育信息化的不断发展，技术的引用也为教学法知识提供了新的活动平台。同时，教师教育的焦点也已经由教学法知识的习得转变为整合能力的培养。然而，为教育教学提供基础性理论支持的教学法知识，其地位仍然至关重要。

拓展资源

[1] KOEHLER M, MISHRA P. What is technological pedagogical content knowledge（TPACK）? [J]. Contemporary Issues in Technology and Teacher Education, 2009, 9（1）: 60-70.

[2] KOEHLER M, MISHRA P, YAHYA K. Tracing the development of teacher knowledge in a design seminar: integrating content, pedagogy and technology[J]. Computers & Education, 2007, 49（3）: 740-762.

[3] SEGALL A. Revisiting pedagogical content knowledge: the pedagogy of content/the content of pedagogy[J]. Teaching and Teacher Education, 2004, 20（5）: 489-504.

[4] 闫志明，李美凤. 整合技术的学科教学知识网络——信息时代教师知识新框架[J]. 中国电化教育，2012（4）：60-62.

[5] 詹艺，任友群. 整合技术的学科教学法知识的内涵及其研究现状简述[J]. 远程教育杂志，2010，28（4）：78-87.

11. 学科内容知识（☆☆☆）

学科内容知识（content knowledge，CK）是要学的或要教的与学科相关的教师知识，是教师头脑中知识自身的数量与组织结构，主要指教师对所教授的学科知识的理解与应用水平。教师的学科内容知识与产生于高等教育机构的学术研究知识以及成人在离开学校后所保留的数学上的日常知识不同，它包括概念、理论、观点、组织框架知识、证据和证明知识，以及为发展这些知识所建立的实践和方法。

借鉴帕姆·格罗斯曼（Pam L. Grossman）的研究，帕特丽夏·弗里德里希森（Patricia J. Friedrichsen）等将教师应具备的学科内容知识的潜在来源分为三种：在校学科课程学习、教师教育和职业发展项目以及教学体验。这三种学习机会在规范性和意向性建构水平方面互不相同：在校学科课程学习为教师获得学科内容知识提供正式的学习环境；教师教育和职业发展项目为教师提供参加研讨会、讲座、与同伴合作、教学实践等正式或非正式的学习机会，帮助教师习得学科内容知识；教学体验则是一种典型的非正式学习。

学科内容知识对教师的职业发展极为重要。只有具备了完备的学科内容知识基础，教师才能帮助学生接收正确的信息，避免学生对学科内容领域产生误解。鉴于不同学科领域间的知识与探究的差异较大，教师应该深层理解其所教学科的基础知识。然而，学科内容知识本身是一个复杂的系统，文化战争、伟大著作的争议和因教学进化而引发的诉讼大战也表明，与课程内容相关的议题仍是存有论争和分歧的领域。

拓展资源

[1] SHULMAN L S. Those who understand: knowledge growth in teaching[J]. Educational Researcher, 1986, 15（2）: 4-14.

[2] KOEHLER M, MISHRA P, CAIN W. What is technological pedagogical content knowledge（TPACK）? [J]. Contemporary Issues in Technology and Teacher Education, 2009, 9（1）: 60-70.

[3] FRIEDRICHSEN P J, ABELL S K, PAREJA E M. Does teaching experience matter? Examining biology teachers' prior knowledge for teaching in an alternative certification program[J]. Journal of Research in Science Teaching, 2009, 46（4）: 357-383.

[4]〔美〕全美教师教育学院协会创新与技术委员会. 整合技术的学科教学知识：教育者手册[M]. 任友群，詹艺，主译. 北京：教育科学出版社，2011.

12. 学科教学法知识（☆☆☆）

学科教学法知识（pedagogical content knowledge，PCK）又叫做教学内容知识，是指教师从事教育教学活动时将所具备的学科内容知识（如事实、概念、规则、逻辑、原理等）转化为帮助学生有效学习的知识。这种知识要求教师能起到知识引领者的作用，要充分理解所教学科的内容，了解学生的认知水平、学习动机和学习风格等有关学生的知识。

教师知识包括学科知识、教学法知识、课程知识和有关学生的知识等各类知识的混合，但是 PCK 是教师知识内容中最核心的部分。PCK 强调"学科教学"，即不仅重视教学法知识，还强调知识的育人价值作用，主要有两方面内容：①在教育目标的指导下，教师有效组织教学内容的知识；②如何将教学内容传递给学生，即传授知识的途径与方法。

PCK 是教师教育研究的热点之一，其研究的发展主要分为四个阶段：①在 PCK 产生之前，教师只关注学科知识而很少关注学科知识是如何转化为教学内容的。在 1986 年，美国学者李·舒尔曼（Lee S. Shulman）提出这一概念之后，很多教育者投入这一研究课题中。但是，舒尔曼对 PCK 研究的局限性在于从静态的角度来研究。②在 20 世纪 90 年代初期，帕姆·格罗斯曼（Pam L. Crossman）对舒尔曼的超越在于他认为教学知识是处于不断变化中的，因为教师可以通过反思教学从而对课程内容和学生有新的认识，并且教师可以从各种渠道获得知识去更新原有的知识结构，所以对于 PCK 就要用一种动态的观点来审视。③受格罗斯曼观点的启发之后，科克伦（K. F. Cochran）等批判了舒尔曼只强调知识的客观实在性而忽视教师的主体作用的做法，从动态视域和建构主义的视角出发又发展了 PCK 概念，并提出了"学科教学认知"概念，PCK 概念原来只有关于教师教学方法的知识和学科内容知识，而这一定义在原来概念的基础上又增加了关于学生的知识和教学情境知识，其重视教师对学习者特征、已有的认知水平、学习风格、兴趣以及动机的理解，同时也重视教师对教学环境、社会环境因素的理解。④在

20 世纪末之后，教育者不仅重视 PCK 的理论研究，还将 PCK 引入具体学科教学实践中来，比如对英语、历史等学科教师的教学实践经验和情感体验的研究，并对 PCK 采用量化和质化相结合的研究方式，以更好地剖析 PCK 是如何影响教师的教学行为的。

PCK 是教师顺利实施课堂教学的关键，其对教师教育的启示是接受培训的教师是从事教育工作的人员，对他们的培训应体现“师范性”和“学术性”的特点，使接受培训的教师既懂得教学又懂得学术研究。教师和其他学科领域的专业人员（如历史学家、生物学家、科学研究者等）的区别之处并不在于他们掌握专业知识的多少，而在于他们懂得如何组织教学、懂得如何传授知识、懂得如何才能够促进学生的身心发展，所以，教师在教学中要注意积累教学经验，注重自身学科教学知识的养成，把所具有的学科专业知识转化为学科教学知识去更好地为学生服务，促进学生身心发展。教师教育者要用 PCK 理念来培养未来教师，促进教师专业化发展。

拓展资源

[1] SHULMAN L S. Those who understand: knowledge growth in teaching[J]. Educational Researcher, 1986, 15（2）: 4-14.

[2] GROSSMAN P L. The Making of A Teacher: Teacher Knowledge and Teacher Education[M]. New York: Teachers College Press, 1990.

[3] BALL D L, THAMES M H, PHELPS G. Content knowledge for teaching what makes it special?[J]. Journal of Teacher Education, 2008, 59（5）: 389-407.

13. 整合技术的学科内容知识（☆☆☆）

整合技术的学科内容知识（technological content knowledge，TCK）是指技术与学科内容相互融合、相互作用以及相互制约而产生的相关知识。这一概念起源于美国密歇根大学的米什拉（P. Mishra）和科勒（M. Koehler）于 2005 年提出的“技术、教学法与学科内容整合的知识”（technological pedagogical content knowledge，TPACK）的框架。TCK 是 TPACK 中的基本要素技术知识

（technological knowledge，TK）和学科内容知识（content knowledge，CK）两者相互作用的结果。

TCK 主要体现在三个方面：一是以学科内容为基础，选择或开发恰当的技术，如由张景中及其团队开发的针对数学教育教学的超级画板软件；二是利用技术便利性为学科内容知识提供多种呈现和表征方式，如教师利用互联网可以查阅与教学内容有关的拓展资源以及与学科发展相关的最新研究成果；三是学科内容知识对技术发展的影响，如物理学科的发展对计算机技术的发展的影响。

随着技术的不断进步，TCK 近几年也在不断发展，出现了很多信息技术与学科内容整合的思想与产品，并且在教师教学的实践中产生了良好的效果。目前对 TCK 的研究必须先梳理清楚学科内容与特定技术的关系以及两者的特点，这样才能有效地将它应用到教学中去。

作为 TPACK 的重要组成部分，TCK 为教师如何有效地将技术与学科内容进行结合以促进教学的展开提供了指导。然而，在具体的教学实践过程中，教师必须思考新技术的出现是否真的适合学科内容的呈现，而不是一味地追求潮流，盲目地进行技术与学科内容的整合。

拓展资源

[1] KOEHLER M, MISHRA P. What is technological pedagogical content knowledge（TPACK）? [J]. Contemporary Issues in Technology and Teacher Education, 2009, 9（1）: 60-70.

[2] SCHMIDT D A, BARAN E, THOMPSON A D. Technological pedagogical content knowledge（TPACK）: the development and validation of an assessment instrument for preservice teachers[J]. Journal of Research on Computing in Education, 2009, 42（2）: 123.

[3] ARCHAMBAULT L, CRIPPEN K. Examining TPACK among K-12 online distance educators in the United States[J]. Contemporary Issues in Technology and Teacher Education, 2009, 9（1）: 71-88.

14. 整合技术与教学法的知识（☆☆☆）

整合技术与教学法的知识（technological pedagogical knowledge，TPK）是 TPACK 框架所包含的知识领域之一，指的是各种技术在应用于教学情境时的存在性、组成部分和功能等知识，以及对教和学在以某种方式运用某项技术时如何发生改变的理解。

TPK 涉及的知识包括：对一系列技术工具在涉及具有学科发展适宜性的教学设计和教学策略时表现出的教学法上的支持性与约束性的认识；对适用于某项特定任务的一系列工具的了解；基于适合性选择技术工具的能力；运用技术支持性的策略；教学策略以及使用技术时的教学策略运用能力；如何激励学生使用技术，或者说如何使学生运用技术参与协作学习的知识。要建构 TPK，教师必须先深层理解技术的支持性和约束性以及技术所作用的学科境脉。

时至今日，更加透明和普及的技术运用使部分 TPK 转变为教学法知识，人们似乎不再需要强调技术了。然而，基于多数受欢迎的软件程序都不是为教育目的而设计的事实，TPK 显得尤为重要。但是，理解具体技术的支持性与约束性如何影响教师在其课堂上的行为并不简单，教师需要避免功能固着现象，并勇于超越技术的常见用法，发掘技术使用的新技巧，以便为设定的教学目标重新配置技术。如此看来，TPK 需要教师前瞻性地、创造性地、开放地寻求技术的使用，从而更好地促进学生的学习和理解。

拓展资源

[1] MISHRA P, KOEHLER M. Technological pedagogical content knowledge: a framework for teacher knowledge[J]. Teachers College Record, 2006, 108（6）: 1017-1054.

[2] KOEHLER M, MISHRA P, CAIN W. What is technological pedagogical content knowledge（TPACK）? [J]. Contemporary Issues in Technology and Teacher Education, 2009, 9（1）: 60-70.

[3] SCHMIDT D A, BARAN E, THOMPSON A D, et al. Technological pedagogical content knowledge（TPACK）: the development and validation of an assessment instrument for preservice teachers[J]. Journal of Research on Computing in Education, 2009, 42（2）: 123.

[4] COX S, GRAHAM C R. Using an elaborated model of the TPACK framework to analyze and depict teacher knowledge[J]. TechTrends, 2009, 53（5）: 61.

15. 技术、教学法与学科内容整合的知识（☆☆☆）

技术、教学法与学科内容整合的知识（technological pedagogical content

knowledge，TPACK）是一个对教师在技术增强型学习环境中实施有效教学实践所需的知识类型进行理解和描述的框架。这一概念由美国密歇根大学的米什拉（P. Mishra）和科勒（M. Koehler）于 2005 年首次正式提出，但其思想则源于李·舒尔曼（Lee S. Shulman）在 20 世纪 80 年代提出的“学科教学法知识”（pedagogical content knowledge，PCK）概念。

TPACK 在学科教学法知识的基础上，引入了技术这一新的要素，认为技术与特定内容或学科教学的整合需要理解以下三个基本组分之间的关系并对其展开协商：技术、教学法和学科内容。TPACK 包含 7 个不同的知识领域，它们分别是：①学科内容知识；②教学法知识；③技术知识；④整合技术与教学法的知识；⑤学科教学法知识；⑥整合技术的学科内容知识；⑦技术、教学法与学科内容整合的知识。这 7 个知识领域均置于一种特殊的境脉框架之中，其基本架构如下图所示。

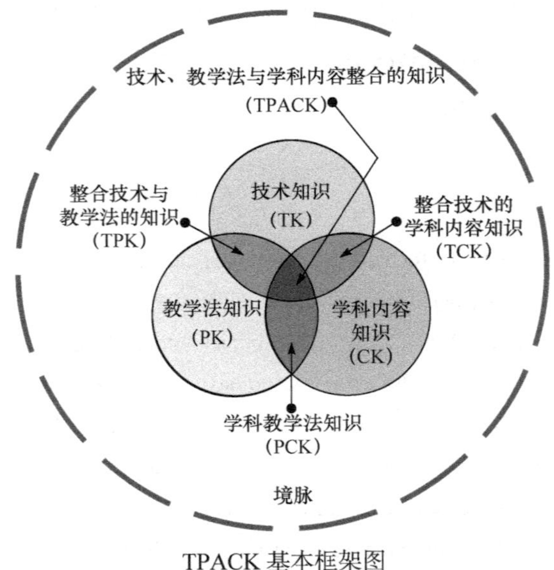

TPACK 基本框架图

自 2005 年 TPACK 作为一种教师应具备的整合知识框架被提出以来，引起了国内外教育界的广泛重视，并成为现代信息技术与课程整合、教师教育等研究的热点，相应的研究成果也在不断丰富。从 TPACK 概念框架的提出到现在，人们对于它的研究逐渐深入，并不断完善了这一概念框架。到目前为止，对 TPACK 的研究主要集中在 TPACK 概念框架、对教师 TPACK 现状调查以及 TPACK 在教师教育中的应用这三个方面。

作为一种面向教师教育，尤其是教师教育技术专业发展课程培训项目和信息技术与课程整合实践的组织架构，TPACK 这一框架近年来正变得日益流行。很多教师教育项目中均引入了 TPACK 的理念与方法，并产生了良好的效果。目前，有关 TPACK 的研究正在持续向前发展，虽然它面临着如何科学准确地界定其所包含的各种不同的知识领域之边界的问题。

16. 观课议课（☆☆）

观课议课是参与者相互提供教学信息，共同收集和感受课堂信息，在充分拥有信息的基础上，围绕共同关心的问题进行对话和反思，以改进课堂教学，促进教师专业成长的一种研修活动。它的目的是构建一个平等、民主、进取的教研文化环境，促进教师个人理论的自觉转变、教学研究方法的根本转变以及学校科研功能的重要转变，并且它具有主题性、探究性、互动性、反思性等特点。

从以前的“听课说课”到现在的“观课议课”，它并不是词语上的变化，而是一种教研文化的改革。“‘观’强调用多种感官（包括一定的观察工具）收集课堂信息，特别是用心灵感受课堂，体悟课堂；议课的任务不是追求单一的权威的改进建议，而是讨论和揭示更多的发展可能以及实现这些可能的条件和限制。”[①]它强调平等、开放，是对单向的、权威的听课评课文化的反叛，适应了一轮课程改革的需要。

观课议课主要适用于日常的教研和教师培训活动。因此，在教师培训的过程中，帮助教师学会有效地观课议课，要通过以下几个步骤：①建设进取、合作、民主、创新的学校文化。②要有充足的观课准备：首先，提前协商观课主题，然后，让授课老师做观课说明，最后，提前进教室与学生沟通。③要致力于发现课堂：要用心灵感受课堂，置身其中。④要致力于理解教学：以平等对话为基础，基于教学案例讨论，推进有效教学，从而发现教学中的关系和可能。[②]

在学校教育中，有效的观课议课对教师专业的发展有着很大的启发：①利

---

① 陈大伟，余慧娟. 为了教师的批判精神——关于“观课议课文化”的对话[J]. 人民教育，2006（7）：29-31.

② 陈大伟. 走向有效的观课议课[J]. 人民教育，2007（23）：35-40.

用教师间的交流对话，能够推广优质的教育教学方法和教学经验，进而有利于提高教师的教育教学质量及水平；②有效地观课议课可以形成良好的教学风气，更加有利于教学改革的深入进行；③在教师间进行讨论的过程中，也可以促进教师特别是青年教师的成长和进步；④教师在观察研究中总结反思，不仅提高自己解决问题的能力，而且有助于改进教学，制定出更加适合学生的教学策略。

17. 教师共同体（☆☆☆）

教师共同体是一种在职教师专业发展的新形式。它是在学校推动下或在教师自发组织下，以学校为基地，基于教师共同的目标和兴趣自愿组织的一种专业性团体，旨在通过合作对话与分享性活动来促进教师专业成长、推进教学改革。换言之，教师共同体是一种通过团队学习、资源共享、教学交流、集体教研等手段实现教师之间的优势互补、相互融合，具有共同目标、共同行为准则的教师学习型组织协作体。教师共同体的建立为教师专业发展提供了精神家园，是实现教师教学、研究和学习三者有机结合的专业生活方式的载体。

深入了解教师共同体的特点有利于更好地完善教师共同体的自身建设，并充分发挥它在教师发展中的促进作用，除了具有自愿性、平等性、分享性等性质外，教师共同体还具有以下特点：①实践性。教师共同体扎根于学校和学校的教学教育实践，运行并作用于学校，因而具有很强的实践情境性。②研究性。教师共同体以研究教师在教育教学中所遇到的问题为主要活动内容，这是一种合作性的同伴研究。③专业性。教师共同体是由教师自愿组成的专业团队，其活动目的、内容、方式、结果都与教师各自的专业和专业成长密不可分。④合作性。教师共同体以教育教学为基础实践，通过合作对话与分享性活动，以实现教师专业的成长。⑤开放性。为使教师共同体中教师的视野更加宽阔，就必须加强教师与外界的交流。①

教师共同体的建立对加强教师之间的交流与合作起到了一定的推动作用，有利于促进教师的自主专业发展、学校的改进完善、学生的发展，有利于推动教师

---

① 王天晓，李敏. 教师共同体的特点及意义探析[J]. 教育理论与实践，2014，34（8）：25-26.

教育责任的延伸、深化课程改革。近年来，教师专业化已成为指引当代国际教师教育改革的主要方向，在此背景下，不同类型的教师共同体也应运而生。在建设教师共同体时，首先，应充分认识教师共同体的合作性，在教师之间建立共同的愿景、互相理解、分享的思维方式，以及组织他们参加共同的教学研究活动，使其拥有共同专业发展的集体记忆与特有的话语体系，从而形成一个有机组合的团队；其次，应强调加强各专业教师之间的交流与合作，将教师置于各种专业共同体之中，使教师能够通过参与多方面合作性的实践来滋养自己的教学知识和实践智慧，提高自身的教学水平和授课质量。

拓展资源

[1] 洪伟，叶赛楠. 网络环境下教师共同体的建构——从理论到实践[J]. 中国教育技术装备，2009（6）：12-13.

[2] 孟繁华，等. 学校发展论[M]. 北京：教育科学出版社，2011：130.

18. 教师继续教育（☆☆☆）

教师继续教育也称为教师在职进修、教师在职培训或教师在职教育，是指“对取得国家规定的合格学历的中小学教师进一步提高政治思想素质和教育教学能力的再培训、再进修、再学习，也包括部分骨干教师学历层次的再提高”①。20 世纪 70 年代，法国成为世界上第一个为教师在职培训立法的国家。此后，随着终身教育观念的确立，教师继续教育日益得到重视，各国纷纷颁布法令、条例或文件，以保证教师在职培训工作的顺利进行。

教师继续教育是一种以终身教育理念为指导，有计划、有组织地为在职教师提供的旨在提高其专业化水平而非获得专业资格的教育与培训活动。它是对教育的完善，是发展教师个性的手段。首先，教师继续教育的学习时间以短期为主，其主要任务是较频繁地对教师进行知识扩展，以提高其教育技能、保持知识结构的先进性、提升综合教学能力和教学管理水平，帮助他们吸收、消化先进科学知识和科学技术的新成果。其次，教师继续教育的内容以补缺性、拓宽性知识为主。

① 胡相峰，段作章. 高师素质教育导论[M]. 长春：吉林人民出版社，2001：105.

它以教师不同层次的知识基础和实际需要为根据制定教学内容，因而还具有一定的实用性、针对性和先进性。此外，教师继续教育的教育方式是灵活多样的，如研讨班、专题报告会、读书班、进修班、国内访问学者等。

教师继续教育为教师提供了进一步学习、更新知识、开发智力、提高业务能力的机会。在教师继续教育中，应以教师为主体，在教育过程中给教师以自主权，使其真正担当起自身发展的重任，并使他们发挥出其在专业发展上的主动性、积极性和创造性；以培养教师的学习方法、学习能力为主，使教师形成可持续的专业发展能力，实现高效发展。在教师教育过程中应确立教育重点，使教师以提高自身教育实践能力为核心，主动完善自身专业素质。总之，教师继续教育最终是要在教师个人的自主专业发展目标和政策目标之间取得平衡。就我国教师继续教育的现状而言，教师继续教育改革的重点是扭转教师因缺乏发展主人翁意识而被动发展的局面。

拓展资源

[1] 胡相峰，段作章. 高师素质教育导论[M]. 长春：吉林人民出版社，2001：105.
[2] 周赞梅. 专家教师研究[M]. 北京：知识产权出版社，2006：263-265.

19. 教师教育范式（☆☆☆）

源自托马斯·库恩（Thomas S. Kuhn）于 1962 年出版的《科学革命的结构》一书中用“范式”（paradigm）来系统地阐述其对科学发展的本质看法后，“范式”一词便成为自然科学和社会科学研究中的一个重要概念，同样也受到了教师教育领域的关注。[①]库恩范式理论中的“范式”并不仅仅是一个概念，它更是一个系统的理论体系。英国学者玛格丽特·马斯特曼（Margaret Masterman）在《范式的本质》（*The Nature of Paradigm*）一书中对库恩的范式做了系统考察，并将其概括为三个层次：一是形而上学范式，也称为哲学范式或元范式，泛指科学家所共同接受的信念；二是社会学范式，指科学家普遍认可的科学成就和学术传统，包括构成学术研究基础的概念系统、基石范畴和核心理论在内的理论框架；三是人工范式或构造范式，是将范式作为一种依靠本身成功示范的工具、一个解决疑难的办

① 何菊玲，栗洪武. 教师教育范式：结构与内涵——基于库恩范式理论的解读[J]. 教育研究，2008（4）：83-88.

法、一个用来类比的图像。[①]

根据库恩范式的基本结构，教师教育范式结构实际上也包含着形而上学范式、社会学范式和人工范式三个层面。形而上学层面的教师教育范式是指教师教育共同体的共同信念，这种信念是共同体在哲学认识论高度对教师教育基本问题（主要包括教师教育的性质、何谓教师以及如何成为教师等问题）的认识；社会学层面是指教师教育共同体在共同信念的指引下所形成的教师教育的理论、学派、研究传统与方法及其相应的政策等；人工范式层面主要是指教师教育具体的实践操作层面，它包括教师教育的课程、教学以及相应的评价体系。总体而言，教师教育范式是在教师教育的课程与实践改革中，将教师教育共同体的信念、理论范式作为一种示范工具和解决疑难的办法，用以解决教师教育实践中的问题。但是教师教育的人文性和实践性，决定了教师教育范式不只是一个科学研究的范式，而且是一个教师教育理论研究与实践操作融为一体的范式。[②]

教师教育领域在思想上与实践上都发生了彻底的变革，以培养技术熟练的工匠型教师为目标的传统的教师教育范式受到了极大的挑战。正如库恩在《科学革命的结构》中所指出的“一种新的科学范式的出现往往是由于前范式日益陷入危机导致的”[③]。因此，新型的教师教育范式必将取而代之并在实践中得到广泛认可。

20. 教师教育（☆☆☆）

教师这一职业可以追溯到古代教育的起源，但作为培养师资的专业性教育——教师教育却是近代的产物。从古代学校的产生到近代工业制度的形成，一直没有对教师进行专门训练的机构，也没有形成专门的教师教育研究领域。直到17世纪，产业革命中用机械化的大工业生产逐渐取代手工作坊，对工人的科学知识要求逐渐提高，促进了学校教育的不断发展，也为教师提出了更高的要求，因此，专门负责培养教师的教师教育应运而生。[④]19 世纪后半叶开始对在职教师进

① 何菊玲，栗洪武. 教师教育范式：结构与内涵——基于库恩范式理论的解读[J]. 教育研究，2008（4）：83-88.

② 何菊玲，栗洪武. 教师教育范式：结构与内涵——基于库恩范式理论的解读[J]. 教育研究，2008（4）：83-88.

③ 〔美〕托马斯·库恩. 科学革命的结构[M]. 金吾伦，胡新和，译. 北京：北京大学出版社，2003：133-137.

④ 陈时见. 教师教育课程论：历史透视与国际比较[M]. 北京：人民教育出版社，2010：5-14.

行职后教育，教师教育体系不断完善。

教师教育是从师范教育发展而来的，但两者之间也存在着一定的差异。与师范教育相比，教师教育更倾向于教师培养的专业化、综合化和一体化，它是对传统师范教育基于终身教育理念的一种体现和延伸，主要体现在两个方面：顺序上包括职前培养、入职教育和在职培训；形式上包括正规的大学教育和非正规的校本教育。2002 年《教育部关于“十五”期间教师教育改革与发展的意见》指出：教师教育是在终身教育思想指导下，按照教师专业发展的不同阶段，对教师的职前培养、入职教育和在职培训的统称。教师教育强调教师职业的专业性，将教师视为拥有专业知识并能够根据特有的专业经验为特定对象提供教学服务的专业人员，注重教师在知识、技能和情感态度等各方面的发展。

教师教育是促进教师专业发展，满足教育改革和社会发展需要的关键。《教育部 2003 年工作要点》强调：“加快建立开放灵活的教师教育体系，提高办学层次，推进师范院校改革，鼓励综合性大学开展教师教育。”所以，应加强和改革教师教育，提高师资培训质量，创新教育模式，完善教师培训制度，加强教师教育师资队伍建设，建立教师教育质量评估制度，完善现代教师教育体系，促进教师专业发展和专业化进程。

拓展资源

[1] 李进. 教师教育概论[M]. 北京：北京大学出版社，2009.

[2] 王艳玲. 教师教育课程论[M]. 上海：华东师范大学出版社，2011.

21. 通才教师教育（☆☆☆）

自 20 世纪 80 年代以来，高等教育出现了从重视“专业教育”向提倡“专业教育”与“通才教育”相结合的重要转型，提出“为未来所做的最好准备不是为某一具体职业而进行的狭窄的训练，而是使学生能够适应变化的世界的一种教育”[①]。随后，“通才教育”这一概念便得到了世界各界学者的广泛关注。具有代表性

① 刘明伟. 探索教师培养的新模式“通才教师教育”——以太原师范学院为例[J]. 太原师范学院学报，2012（4）：140-143.

的是美国学者对通才教育的解释，即它是在传统的古典主义教育和专业教育之间充当调和的角色，使大学教育中人才培养和专业知识的教育能互相协调的发展。它不排斥专业教育，而是把专业教育放到更广阔的背景上来进行；它也不排斥专业训练，而是强调综合能力之上的专业教育，注重能力和方法的有机结合。

通才教师教育正是在研究和借鉴国内外通才教育的理论和实践的基础上，根据我国基础教育改革和发展的现状以及教育、教学的实际情况提出的新的教育理念，是一条既符合高等教育发展的一般规律，又具有特色的教师教育的新路。

通才教师教育就是要先奠定学生较广泛的人文社会科学、自然科学或艺术科学的知识基础，再进行某一具体专业的学习和教师教育专业的训练。通过这种模式，培养在基础教育领域中具有广泛的学科适应能力的教师。通才教师教育是通才教育在高等师范院校教师教育领域的具体体现，是通才教育与教师教育有机结合的产物。通才教师教育同时也是素质教育对教师素质提出的新要求。它要求未来教师不仅精熟自己所学的学科知识，更要具备终身学习的能力，在未来教师工作中很好地适应教育教学的不断变革，更好地适应未来教育改革发展的需要。[①]

通才教师教育的实施，不仅可以拓宽教师的知识面，为未来从事教师工作打下基础，也可以促进教师专业水平的提升及终身学习能力的养成。它在教师教育领域做出的贡献是不可忽视的，尤其是对高等师范院校已经产生了影响，未来它将带领我国教师教育领域走向新的境界。

22. 教师教育一体化（☆☆☆）

1972 年，英国的《詹姆斯报告》提出了“培养、任用、培训”的教师教育模式；1975 年，联合国教科文组织第 35 届国际教育会议通过了《关于教师作用的变化及其对教学专业的职前教育、在职教育的影响的建议》，强调教师培养与进修相统一的必要性。[②]这两个文件为教师教育一体化的提出与模式建构提供了思想指导，而 20 世纪末美国创建的教师专业发展学校则是对教师教育一体化的探索

① 刘明伟.“通才教师教育”值得探索[N]. 中国教育报，2010-05-17.

② 赵彦俊. 职前教师实践性知识生成研究：以“顶岗支教”为研究个案[M]. 北京：中央编译出版社，2010：209-211.

与尝试。

教师教育一体化是在终身教育思想和教师专业发展等理论的影响下产生的。终身教育思想强调教育要贯穿人的一生，贯穿在人类学习、生活和工作的方方面面，对教师也是如此。以终身教育思想为指导，打破职前、入职和在职培训相割裂的局面，将教师教育的视野扩展到教师一生的专业发展当中，从而实现教师教育的一体化。教师教育一体化强调教师成长和专业发展的连续动态过程，注重教师的可持续发展。教师教育一体化包括两方面的含义：首先，对教师的职前、入职和在职培训进行统一规划，使之成为一个相互衔接的一体化过程；其次，将促进教师专业发展的教师教育机构联系起来，实现一体化的教师教育。

教师教育一体化是在终身教育的倡导下，为适应社会发展和教育改革需要而对教师专业发展提出的新要求，它反映出教师职业发展的本质规律。实现教师教育一体化，需要做到以下几点：①加强教师专业发展研究，构建职前、入职和在职培训相关联的一体化教师教育课程体系；②调整教师教育机构设置，形成相互关联、协调统一的教师教育机构体系和领导关系；③建立教师成长档案袋，在记录前期培训和专业发展情况的同时为下一阶段的培训提供重要参考。

拓展资源

[1] 联合国教科文组织. 教育——财富蕴藏其中[M]. 联合国教科文组织总部中文科，译. 北京：教育科学出版社，1996.

[2] 教育部师范教育司. 教师专业化的理论与实践（修订版）[M]. 北京：人民教育出版社，2003.

[3] 张贵新，饶从满. 关于教师教育一体化的认识与思考[J]. 课程·教材·教法，2002（4）：58-62.

23. 师范生（☆☆☆）

师范生（normal university student）是大学生的一种，其所修专业为教育类方向。师范生的就业目标或职业取向比较明确，基本都是到各级各类学校（如幼儿园、小学、中学、大学等）或教育机构（如教育部门以及各种类型的专业培训机构等）从事教学或管理工作。因此，师范生是未来教师的预备者。

师范生的类型有很多，根据所修专业的不同，一般可分为文学师范生、数学与应用数学师范生、外语（如英语、法语、日语等）师范生、物理学师范生、化学师范生、生物学师范生、历史学师范生、思想政治教育师范生、地理师范生、计算机科学与技术师范生、教育技术学师范生、体育师范生、科学教育师范生、美术学师范生、音乐学师范生、教育学师范生以及心理学师范生等，这些不同专业的师范生将成为未来不同学科的教师。在我国，从2007年国务院办公厅发布《教育部直属师范大学师范生免费教育实施办法（试行）》这一文件开始，师范生又被分为免费师范生和非免费师范生。其中，免费师范生在校学习期间除了可以免缴学费、住宿费之外，还会获得一定的生活补助，而这些对于非免费师范生来说是不能享有的，即非免费师范生需要自己交学费、住宿费，也没有生活补助。但是该办法规定，免费师范生必须承诺在中小学至少执教10年；非免费师范生则没有这一限制。这就是免费师范生和非免费师范生的两个主要区别。

师范生除了要精通本专业领域内的知识技能，还要具备一定的学科教学能力、教育管理能力以及较高的教师职业道德等教师职业素养。而大多数情况下，师范生的这些职业技能是能在师范院校得到培训的。随着社会的发展和政策的变化，很多非师范院校，尤其是综合性大学，也会设置一些师范专业。值得注意的是，在非师范院校中，非师范专业毕业的学生通过学习某些规定课程（如教育学、心理学等相关课程）并在课程考试中达到师范生的相应要求，也可以成为师范生并从事教育工作。然而，也并不是所有的师范生都要将教师作为自己毕生的职业追求，相反，师范生也可以从事其他行业的工作。

24. 免费师范生（☆☆☆）

2007年3月5日，温家宝同志在第十届全国人民代表大会第五次会议上作政府工作报告时明确指出了两项促进教育发展和教育公平的重大措施，其中一项就是“在教育部直属师范大学实行师范生免费教育，并建立相应的制度”[①]。随后，北京师范大学、华东师范大学、华中师范大学、陕西师范大学、西南大学、东北

① 温家宝. 政府工作报告——2007年3月5日在第十届全国人民代表大会第五次会议上[DB/OL]. http://www.gov.cn/gongbao/content/2007/content_595132.htm/[2007-03-05].

师范大学六所部属师范大学作为试点学校率先实行了师范生免费教育。

《教育部直属师范大学师范生免费教育实施办法（试行）》规定：①从 2007 年秋季入学的新生起，在国家六所部属师范大学实行师范生免费教育；②免费教育师范生在校学习期间免除学费，免缴住宿费，并补助生活费；③部属师范大学师范专业实行提前批次录取；④免费师范生入学前与学校和生源所在地省级教育行政部门签订协议，承诺毕业后从事中小学教育十年以上；⑤免费师范毕业生一般回生源所在省份中小学任教；⑥非师范专业优秀学生，在入学二年内，可在教育部和学校核定的计划内转入师范专业，并由学校按标准返还学费、住宿费，补发生活补助；⑦免费师范生可按学校规定在师范专业范围内进行二次专业选择；⑧免费师范生毕业前及在协议规定服务期内，一般不得报考脱产研究生。

师范生免费教育在一定程度上为教师教育做出了相当的贡献，尤其是对农村教育来说有着积极的影响作用，它让很多经济条件相对困难的学生上大学的愿望得以实现，而这些免费师范生毕业后返回生源地任教，也有助于解决广大农村地区师资匮乏的问题。然而，相关调查也显示，不少免费师范生在身份认同、毕业就业上都出现很多迷茫的问题，甚至认为个人的发展受到了限制；也有调查显示，免费师范生的职业技能降低了。这种种现象说明，师范生免费教育的相关政策和制度还有待完善。

拓展资源

[1] 方增泉，戚家勇. 推进和完善师范生免费教育制度——基于北京师范大学 2007—2009 级免费师范生的调查[J]. 教师教育研究，2011，1：63-68.

[2] 王庭照，许琦，栗洪武，等. 我国师范生免费教育研究热点的领域构成与拓展趋势——基于 CNKI 学术期刊 2007—2012 年文献的共词可视化分析[J]. 教育研究，2013，34（12）：102-109.

[3] 张燕，赵宏玉，齐婷婷，等. 免费师范生的教师职业认同与学习动机及学业成就的关系研究[J]. 心理发展与教育，2011，27（6）：633-640.

[4] 赵宏玉，齐婷婷，张晓辉，等. 免费师范生的教师职业认同：结构与特点实证研究[J]. 教师教育研究，2011，23（6）：62-66.

25. 师范教育（☆☆☆）

我国西汉的杨雄在《法言·学行》中指出，“务学不如务求师。师者，人之模范也”，古语中也有“学高为师，身正为范”的说法。这表明，从古代开始，人们就将教师看成是学生的模范，师范教育中的“师”也蕴含着职业道德。传统意义上，师范教育就是培养师资的教育，从我国师范教育的发展历史来看，其重点是职前教育，但也不仅限于此。由顾明远教授等主编的《教育大辞典》中将“师范教育”定义为“培养师资的专业教育，包括职前培训、初任考核试用和在职培训”。杨之岭等编著的《中国师范教育》中则指出，“师范教育包括培养新师资的职前教育和在职教育”。

师范教育的发展是近代工业革命背景下教育发展的产物。1695 年，德国的弗兰克（A. H. Francke）在哈雷（Halle）创办的教员养成所是最早的师范教育机构。[①]到 19 世纪下半叶，多数国家开始颁布法令设置师范院校，使师范教育不断走向系统化、制度化和正规化。对我国来说，盛宣怀于 1897 年在上海创办南洋公学，分设外院、中院、上院和师范院四院，标志着我国师范教育的开始。1902 年，京师大学堂内设师范馆，培养中学师资，首开我国高等师范教育的先河。随着社会的不断发展和教育改革的逐渐深入，师范教育越来越受到人们的重视，专门的师范院校和综合性师范大学得到了快速的发展，师范教育体系不断完善。

经过几百年的发展，师范教育已经形成了相对完整、合理的体系，为学校师资队伍的建设提供了重要保证。但是，为了不断适应社会发展和教育改革对教师提出的新要求，包括各级师范院校在内的师范教育机构还需要进一步转变教育思想，改善教学内容、教学方法、教学手段，强化现代信息技术与学科课程整合能力的培养，加强职业技能训练和思想道德教育，把提高教师实施素质教育的能力和水平作为师资培养、培训的重点，以培养适应现代教育需要的新型教师队伍。

---

① 顾明远. 师范教育的传统与变迁[J]. 高等师范教育研究，2003，15（3）：1-6.

26. 师本培训（☆☆）

师本培训（teacher-based training）属于教师培训的一种。“本”，即以教师为本。师本培训则是指强调教师主体地位的教师培训。国际上，教师培训模式分为两种：院校培训模式和校本培训模式。校本培训模式兴起于英美，传入我国后虽然获得广泛认可，但其演化历程仍反映出一统化师训范式所固有的若干负面倾向。[①]在此背景之下，我国教师教育领域开始探索符合时代发展及教育教学要求的教师培训模式，师本培训应运而生。

师本培训的根本出发点为“生本教育”。“生本教育”，即以学生为本，推崇尊重学生个体差异、关注学生个性化发展的教学理念，以此为基础，师本培训开启了一种因材施教的新型教师培训模式，旨在促进师训走个性化和特色化发展的道路。师本培训具有自身的独特理念：在价值层面，师本培训以培养个性化教师为目标，注重一般教学规范性与教师个性的和谐发展，使教师在课程与教学中获得自由发展的空间；在伦理层面，师本培训强调关注并尊重每位受训教师、实训者与受训者人格地位平等；在资源层面，师本培训将教师视为一种丰富且可再生的培训资源，强调全面并合理地开发教师的潜在能力与价值；在评价层面，师本培训的评价重在教师的科研业绩，其目的在于培训体系的改进与教师情感的激励。[②]师本培训的开展有其自身的特点：①以教学现场为培训基地，使培训扎根于实际课堂；②开展高师院校与中小学的深度合作，共同完善教师培养体系；③以课堂诊断与教学沙龙为常规方法，跟踪到人、落实到课；④以课题研究为主要载体，培养教师的研究能力。[③]

我国教师队伍不断发展壮大，教师培养则是一项长期而艰巨的工作。从教师的专业发展来看，教师的成长离不开师本培训和教育教学实践。师本培训是教师自我能力得以发掘和提升的基本途径，也是教师职业素养不断提升的重要保证。随着“生本教育”的不断推进，师本培训也将逐步深化。

---

① 潘涌. 师本培训：范式转型与重心下移[J]. 教师教育研究，2010（1）：28-34.

② 潘涌. 论师本培训[J]. 教育导刊，2006，11：20-23.

③ 潘涌. 师本培训：范式转型与重心下移[J]. 教师教育研究，2010（1）：28-34.

拓展资源

潘涌. 走向师本：新课程背景下的师训范式转换[J]. 教师教育研究与评论，2006（1）：125-135.

27. 教师素质（☆☆☆）

根据《汉语大词典》，“素质”有“事物本来的性质”之意。在现代汉语中，“素质”多用于人。一般认为素质是人们在先天遗传的基础之上，受环境的影响、教育的塑造以及自身的训练而逐步形成的相对稳定的内在品质。[①]教师，作为社会中一种特定的角色，有其自身的特点。因此，教师素质可归结为教师这一特定角色必须具备的心理和行为品质。《教育大辞典》中指出，教师素质是“教师为完成教育教学任务所应具备的心理和行为品质的基本条件”。

关于教师素质，国外一般不使用这一概念，更多地使用教师知识、教学胜任能力、教师个性品质、教学风格等概念。[②]国内学者从不同角度出发对教师素质进行了界定，可归纳为以下几点：①教师素质是指教师所应该具备的所有素质，体现了对理想教师形象的追求，突出“全面性、理想性”[③]；②林崇德等把教师素质界定为教师在教育教学活动中表现出来的、决定其教育教学效果、对学生身心发展有直接而显著影响的心理品质的总和[④]；③周奇认为，除与教学活动相关的素质要求，新时代对教师的要求也包含于教师素质之列，如前瞻性、开放性、合作性、创造性、专业性等。[⑤]

对于教师素质结构的定义也是众说纷纭。概括地讲，教师素质结构可归结为真、善、美三个维度。真的维度反映教师对世界及教育教学活动发展规律的探索、理解和认识，其内容包括教师知识结构与教育理念；善的维度反映教师主体从事教育事业的价值追求和取向，其内容主要指教师的职业道德和个性品质；美的维度是在真与善的基础上产生的教师欣赏美和创造美的能力特征，是教师顺利实施

---

① 谢安邦，朱宇波. 教师素质的范畴和结构探析[J]. 教师教育研究，2007，19（2）：1-5.

② 宗永杰. 教师素质构成研究述评[J]. 现代教育论丛，2009（3）：15-18.

③ 王卓，杨建云. 教师专业素质内涵新诠释[J]. 教育科学，2004，20（5）：51-53.

④ 林崇德，申继亮，辛涛. 教师素质的构成及其培养途径[J]. 中国教育学刊，1996（6）：16-22.

⑤ 周奇. 新世纪教师专业素质初探[J]. 教育探索，2001（1）：46-47.

各项教育活动并保证其效能的心理特征。[①]

对教师素质的探讨以及教师素质结构的完善为教师教育、教师培训提供了一定的依据，同时也为教师专业化发展提供了一定的方向与指导。在课程改革背景下，对教师素质的关注有利于课程改革的顺利推行及教师队伍能力素质的不断提升。

拓展资源

鞠献利. 教师素质论[M]. 济南：山东教育出版社，1999.

28. 教师（☆☆☆）

教师（teacher），口语称老师，也被誉为“人类灵魂的工程师”。教师具有广义和狭义两重含义：广义上，教师指的是一种社会角色，泛指传授经验知识的人；狭义上，教师是指教育从业者，即受过专门知识教育和技能训练，并在学校担任教育教学工作的人。我们通常所说的教师，基本都是狭义层面上的教师，即受社会委托，在学校中从事学科教学、教育管理等工作的人员，其主要职责是为学生传递科学文化知识与技能、学习方法与策略等，让学生的潜能得到发挥，综合素质得到提高，并将其培养成为一名社会所需的人才。

教师的形成可追溯至原始社会，那时，一些部落首领以及具有经验的长者、能人等就会在日常生活中，将一些生活经验、知识技能（如钻木取火、构木为巢等）等传授给下一代，而他们就是最初的“教师”。随着社会的发展和生产力的提高，奴隶社会学校教育的出现，让教师成了一种独立的社会职业。到了现代社会，生产力更是飞速发展，学校规模也迅速扩大，一种专门培训教师的教育形式——教师教育便出现了，教师不仅在数量上得到了增长，在质量上也得到了提升，另外，教师分类也呈现出多样化的特点。根据教师所授学科或教学内容的不同，可将其分为数学教师、物理教师、舞蹈教师等；根据教师所在学校级别或教学对象的不同，可将其分为幼儿教师、小学教师、中学教师、大学教师等；根据

① 谢安邦，朱宇波. 教师素质的范畴和结构探析[J]. 教师教育研究，2007，19（2）：1-5.

教师工作性质的不同，可将其分为行政教师、教学教师等；根据教师自身职级的不同，又可将其分为助教、讲师、副教授、教授等，这种分类方式往往体现在大学。

教师不仅要具备扎实的学科知识储备，了解本领域知识技术的前沿动向；还要具备专业的教育教学技能，如基本教具的使用能力、学科教学方法策略以及充分利用肢体语言等；另外，教师还应有较高的职业道德素养，如爱岗敬业、关心学生、为人师表、诲人不倦等；最后，教师还要树立终身学习的意识，要为促进自身的可持续发展而不断学习。在很多国家和地区，教师还应达到规定的学历要求，并且要获得由教育部门颁发的教师资格证书。而在不同的地区、时代和文化背景下，教师学历要求也各有差异，有些国家和地区还会定期（如每隔两年）对在职教师进行资格审核，通过审核才可以继续从教。

29. 全科教师（☆☆☆）

全科教师这一概念起源于西方发达资本主义国家——英国，主要是以“人才培养的全面性、整体性策略”为基石而提出的，指在小学教育发展过程中实施全科教育，培养教师跨学科教学的能力。这里的全科教师并不是要求一个教师担任所有学科的教学工作，而是将各个学科内容进行科学整合进而帮助学生系统、全方位地认识世界，了解世界。在我国，全科教师很多时候是指专门为农村教学点培养的能够承担多门学科教学任务的小学教师，其内涵主要体现在综合培养的价值取向上，旨在解决农村和偏远地区学校师资力量匮乏、教师年龄偏高、专业能力不足等问题。

农村小学全科教师采取的是“全科培养、免费教育、定向就业”的培养模式，按照高校与优质小学联合培养的新机制，采用“通识基础课程、学科教育课程、教师专业课程和教育实践课程”有机结合的课程体系，着力培养学生能够贯彻素质教育、适应新课改、具有“一专多能”的全科教学能力，以适应农村教学点教学工作的需要。除了在培养模式上与普通师范生不同外，农村小学全科教师还享有“两免一补”的优惠政策，即免除学费、住宿费并且每月发放一定数额的生活补助。

农村小学全科教师的培养价值包括以下几点：首先，对小学全科教师的培养是与时俱进的必然要求。对小学教师实行全科培养，不仅有利于小学教师队伍结构的整体优化，还顺应了时代潮流的需要，符合小学包班授课的国际趋势。其次，小学全科教师的培养是促进学生全面发展的必要途径。从学生的认知发展特点出发，小学阶段的学习应是系统的、全方位的、统一的整体，不宜采用分科式教学割裂学生对世界的认识。最后，小学全科教师的培养是社会现实的需要。培养小学全科教师可以有效缓解我国农村小学师资力量薄弱、专业能力不足、教学质量低下的局面，对解决教师教育存在的矛盾具有一定的实用性。

拓展资源

[1] 陶青，卢俊勇. 免费定向农村小学全科教师培养的必要性分析[J]. 教师教育研究，2014，26（6）：11-15，21.

[2] 肖其勇. 农村小学全科教师协同培养机制探索[J]. 中国教育学刊，2015（5）：81-85.

[3] 黄俊官. 论农村小学全科教师的培养[J]. 教育评论，2014（7）：60-62.

30. “四有”教师（☆☆）

2014 年 9 月，习近平总书记视察北京师范大学时提出做好教师要做到“四有”：“有理想信念、有道德情操、有扎实学识、有仁爱之心。”①“四有”教师的具体内涵如下：

首先，要有理想信念。好老师心中要有国家和民族，要明确意识到肩负的国家使命和社会责任，忠诚于人民的教育事业，树立正确的世界观、人生观、价值观和事业观。同时，好的老师还要自觉践行社会主义核心价值观，以坚定的理想信念引领学生健康成长，为党和人民培养社会主义事业的建设者和接班人。

其次，要有道德情操。好教师应以身作则，不断加强自我修养，努力提升自身道德情操和人格品质，做“以德施教、以德立身”的楷模。学生不仅受老师的学识和能力的影响，还受到包括老师为人处世所持的价值观的影响。教师应时时刻刻牢记自己的天职是教书育人，引导、帮助学生把握好人生方向，尤其是引导

① 程建平. 培养新时代“四有”好老师[N]. 人民日报，2017-11-23（17）.

和帮助青少年学生扣好人生的第一颗扣子。

再次，要有扎实学识。好教师要有扎实的知识功底、过硬的教学能力、勤勉的教学态度以及科学的教学方法。这四个方面是老师的基本素质，其中知识是根本基础。教师应树立终身学习的理念，始终站在知识发展的前沿，努力拓宽知识视野，更新知识结构，不断提高自身教育教学能力，以渊博的学识启发学生，引领学生，激发学生的探索精神和创新精神，努力做一个专业、博学、智慧型的老师。

最后，要有仁爱之心。好老师应该是仁师，要有爱心。要牢牢树立“大爱”理念，热爱自己的岗位、学生及一切美好的事物。好的老师不仅要尊重学生的个性，理解学生的情感，更要包容学生的缺点和不足，让每一个学生都成长为有用之才。好的教师并不是与生俱来的，而是在日常的教学管理实践中、在教育改革的发展中锻炼成长起来的，每个教师都要成为符合党和人民要求、学生喜欢和敬佩的好老师。

拓展资源

陈姣. 好教师要做到“三个超越”[J]. 人民教育，2016（22）：8.

31. 教师职业倦怠（☆☆☆）

教师职业倦怠（burnout）指的是教师个体在教育教学过程中因不能有效地调节工作压力或处理工作中的挫折而出现的一种心力枯竭的情感状态，是教师不能顺利应对压力的一种极端反应。这一概念是教育研究人员和心理学家在对职业倦怠研究的基础上，结合教师职业面临的压力及近年来教师产生职业倦怠的现象进行深入研究而提出的。

教师职业倦怠作为一种职业伤害，会对教师和学生的身心发展产生负面影响，同时也会严重威胁教师的教育事业。引发这种职业伤害的因素有很多，大体上可以归为以下几个方面：①社会因素，随着当前社会对教育的注重，越来越多的期望被赋予在教师身上，教师身上的压力也越来越大，导致其无法承受如此重压而身心疲惫；②组织原因，组织上对于教师的关怀与照顾不足，教师在顶着巨大压力的同时还要兼顾组织上的安排，因而造成心力交瘁；③个人因素，教师自身缺乏自信且自我概念水平低，把结果归因于运气和命运时，消极倦怠心态的产生概率也会提高[①]；④职业因素，教师工作中面对的是年轻的学生，思维方式会存在一定差异，尤其是现在学生的个性化需求越来越多，班级学生人数也越来越多，致使教师无法应对每个学生的需求，因此更易产生焦虑情绪。[②]

教师职业倦怠揭示了当前教师职业面临的问题以及他们面临的巨大压力，对促进教师教育和教师职业发展都具有重要意义。在教师教育过程中，应当尽可能地营造轻松的气氛，释放教师内心的压力。而且还应当积极鼓励教师，提升教师的自信和自我概念水平，并让教师摒弃命运之说的信念，相信成功是由自身因素而非其他因素决定的。除此之外，在教师教育实践中，还应该给教师以及时的关怀，教给他们心理疏导的方法，提升其抗压能力。

拓展资源

[1] 杨秀玉，杨秀梅. 教师职业倦怠解析[J]. 外国教育研究，2002（2）：56-60.
[2] 唐芳贵，罗军. 关注教师职业倦怠[J]. 教育与职业，2005（16）：46-47.

32. 教师职业素养（☆☆☆）

教师职业素养，又称教师职业素质。准确地讲，二者略有不同，素养是指人们从事某一工作时所应具备的素质与修养，是品德、知识、才能和体格等诸方面的先天条件和后天学习与锻炼的综合结果，较之“素质”有进一步提升的空间。教师职业素养，即从事教师这一职业的人为了适应和满足该职业的要求而必须具备的基本品质和基本能力。

教师职业素养是教师能够顺利开展教育教学工作、不断完善自身知识能力结构的重要保障，是教育理念、道德、知识以及心理品质的综合体现，是教师素质的升华。教师职业素养的主要内容包括：教师的职业素质、道德素质、专业知识

① 杨秀玉，杨秀梅. 教师职业倦怠解析[J]. 外国教育研究，2002（2）：56-60.
② 唐芳贵，罗军. 关注教师职业倦怠[J]. 教育与职业，2005（16）：46-47.

素养、教育教学能力、心理素质等。[①]随着教育改革浪潮的到来，素质教育的提出使得创造性思维和创新能力也被纳入教师职业素养之中。职业素质是教师职业素养的基础，崇高的道德品质则是教师教育教学能力的重要保障。具有职业素养的教师不仅拥有广博的科学文化知识、精深的学科专业知识以及娴熟的教育科学知识，具有极强的备课能力、传授能力、课堂教学组织和管理能力以及自我调控能力，具备坚强的意志与良好的心理素质，同时又善于培养学生的创新意识和实践能力，这正是素质教育背景下，教师应具备的基本能力。[②]

鉴于此，教师素质需要逐步提高到教师职业素养的高度。职业素质和道德素质是教师职业素养的基础；专业知识素养、教育教学能力、心理素质以及创新能力则是丰富和深化教师职业素质的体现，即从职业素质升华到职业素养的层次。[③]

对教师而言，具备良好的教师职业素养不仅有利于更好地向学生传授知识、答疑解惑，同时也有助于丰富和提升个人的能力水平。教师职业素养的提出，为教师教育指明了方向，更好地推动了我国教师队伍的建设和发展。

拓展资源

刘志军. 教育学[M]. 北京：高等教育出版社，2011.

33. 教师职业专业化（☆☆☆）

教师职业专业化，是指教师由普通职业转变为拥有独特专业要求、职业条件、培养制度和管理制度的专门职业，并取得相应专业地位的过程。[④]20 世纪 60 年代，联合国教科文组织在其官方文件《关于教师地位的建议》中指出：教育工作应被视为专门职业。1996 年，联合国教科文组织在日内瓦召开的第 45 届国际教育大会上提出了教师职业专业化的建议，主张改善教师的社会地位与社会形象。[⑤]在我

① 周苹. 试论素质教育下教师职业素养的深化[J]. 教育教学论坛，2013（44）：37-39.

② 刘志军. 教育学[M]. 北京：高等教育出版社，2011.

③ 周苹. 试论素质教育下教师职业素养的深化[J]. 教育教学论坛，2013（44）：37-39.

④ 朱炳灿，薄志杰. 教师职业专业化探析[J]. 周口师范学院学报，2005, 22（4）：93-95.

⑤ 史宁中，柳海民. 教师职业专业化：21 世纪高师教育持续发展的生命力[J]. 高等师范教育研究，2002，14（5）：28-34.

国，1986年，国家统计局和国家标准局颁布的《中华人民共和国国家标准职业分类与代码》将教师列入“专业技术人员”的行列；1993年，《中华人民共和国教师法》指出，“教师是履行教育教学职责的专业人员”；1995年，《中华人民共和国教育法》重新确认了这一规定。

随着教师职业被纳入专业化范畴，教师教育体系也开始日趋完善，主要体现在：首先，国家对教师任职既有规定的学历标准，也有必要的教育知识、教育能力和职业道德要求；其次，专门的教师教育机构、教师评价机构和教师培养方案逐渐形成；最后，教师职业专业化的相关制度也慢慢建立起来了，主要包括教师资格证书制度、教师教育机构认证制度以及在职教师的培训制度等。[①]然而，近年来，尽管我国在教师职业专业化方面也做出了很大努力，但是多数学者认为，我国教师职业离专业化还有很大差距，仅能算作“准专业”或“半专业”。因此，要实现教师职业专业化仍然是一个漫长的过程，这不仅需要教师通过自身努力完善个人能力、提高个人素养，还需要国家政策法规的支持和保障。

教师职业专业化是一个不断深化的过程，它是教师教育发展的潜在动力，也是提升教师社会价值的根本途径。教师职业专业化与教师个人专业化相互依存、相互支持，共同构成了教师专业化。

拓展资源

钟启泉．教师“专业化”：理念、制度、课题[J]．教育研究，2001（12）：12-16.

34. 教师专业发展（☆☆☆）

教师专业发展（teacher’s professional development）出现于20世纪80年代，是教师教育改革的产物，经过几十年的理论研究和实践探索，其已经成为受世界关注的热点话题。对于教师专业发展的含义，还没有形成统一的界定。罗水清指出，教师专业发展是教师为提升专业水准与专业表现而经自我抉择所进行的各项活动与学习的历程，以期促进专业成长，改进教学效果，提高学习效能。[②]克里斯

① 朱炳灿，薄志杰．教师职业专业化探析[J]．周口师范学院学报，2005，22（4）：93-95.

② 赵昌木．教师专业发展[M]．济南：山东人民出版社，2011：6-7.

多夫·戴（Christopher Day）则认为，教师专业发展包含所有自然的学习经验和有意识组织的各种活动，这些经验和活动直接或间接地让个体、团体或学校得益，进而提高了课堂教育质量。[①]

教师专业发展不同于教师专业化，它是教师个体由非专业人员转变为专业人员的过程，由新手型教师逐渐成长为专家型教师的过程。[②]大卫·波林纳（David C. Berliner）在人工智能领域对“专家系统”研究的启发下，将教师专业发展分为新手型、熟练新手、胜任型、业务精干型和专家型五个阶段。[③]乔治·波斯纳（George J. Posner）则提出了教师专业成长的公式——经验+反思=成长，并指出没有反思的经验是狭隘的经验，最多只能形成肤浅的知识。因此，教师专业发展不仅是教师知识、技能和教学经验的增长，更是在实践与反思中促进反思性实践者形成的过程。

教师专业发展的最终目的是教师不断成长促进教学质量的提高和学生学业的发展，它既是一种教师的个体行为，也是一种组织行为。因此，在教师专业发展中，我们既要关注教师知识、技能的发展和专业素养的提升，又要强调学生发展和教学质量的提高；既要激发教师主动参与的意识和满足其专业发展需要，又要争取学校、教师教育机构和社会的支持。

拓展资源

[1] LITTLE J W. Teachers' professional development in a climate of educational reform[J]. Educational Evaluation and Policy Analysis, 1993, 15（2）: 129-151.

[2] SANDHOLTZ J H, MERSETH K K. Collaborating teachers in a professional development school: inducements and contributions[J]. Journal of Teacher Education, 1992, 43（4）: 308-317.

35. 教师专业发展学校（☆☆☆）

教师专业发展学校（professional development school，PDS）的概念最初由美

① 魏会廷. 教师学习共同体：促进教师专业发展的新途径[M]. 武汉：武汉大学出版社，2014：6.

② 赵昌木. 教师专业发展[M]. 济南：山东人民出版社，2011：8-9.

③ BERLINER D C. The Development of Expertise in Pedagogy[M]. Washington, D. C. : AACTE Publications, 1988: 2-6.

国教育改革者于 20 世纪 80 年代提出，指的是由中小学和大学教育学院共同创建的一种新型教师教育学校。其目的是在中小学与大学之间建立协作关系，实现教师教育中理论与实践的有机结合。教师专业发展学校不仅是一个培养未来教师和培训在职教师的场所，还是在大学与中小学相互合作的过程中，不断进行教育改革的机构，旨在将职前教师培养、在职教师研修和学校教育改革融为一体。在教师专业发展学校中，教师不仅可以学习理论知识，参与教师、学生的科研活动，更能够以实习指导教师、大学教育助手和教师指导者的身份参与教育教学实践，将理论学习、实践锻炼与自我反思结合在一起，实现专业知识增长与专业技能提高。

1967 年，罗伯特·谢弗尔（Robert Schaefer）在《作为探究中心的学校》（*The School as a Center of Inquiry*）中提出了由大学教授和学校教师共同创建公立学校的设想。伴随着 1986 年美国教育改革的第二次浪潮，这一思想逐渐受到人们的重视。①1986 年，霍姆斯小组在《明天的教师》报告中第一次提出了“教师专业发展学校”的概念。此后，卡内基的报告中也提出了建设联系中小学和大学的教师教育学校是为教师职业准备的最好环境的观点。20 世纪 80 年代末，美国第一所教师专业发展学校在马萨诸塞州的布鲁克林建成，并逐渐在各地推广。2001 年，在我国，首都师范大学首先建设教师专业发展学校，随后一部分发达省市也开始着手建设。但总体来说，我国教师专业发展学校还处于起步阶段，尚未形成适合自身需要的培养体系和运行机制。②

教师专业发展学校不同于传统的教师培训学校和师范教育院校，它是通过为教师提供更多理论与实践相结合的机会，从多层次、多方位延伸了职前、在职教师教育的覆盖范围。从职前教师的角度，教师专业发展学校可以为他们提供更多的教育实践机会，有利于未来教师教学技能的发展和教学素养的提升；对在职教师而言，教师专业发展学校为他们的不断反思和长期发展创造了条件，实现了其专业知识与技能的不断更新与发展。

拓展资源

[1] DARLING-HAMMOND L. Professional Development Schools: Schools for Developing a

① 〔美〕L. 达林–哈蒙. 美国教师专业发展学校[M]. 王晓华，向于峰，钱丽欣，译. 北京：中国轻工业出版社，2006：1-9.

② 林浩亮. 当前我国教师专业发展学校存在的问题及其对策[J]. 教育探索，2012（3）：103-106.

Profession[M]. New York: Teachers College Press, 1994.
[2] SCHAEFER R J. The School as a Center of Inquiry[M]. New York: Harper & Row, 1967.

36. 教师专业化（☆☆☆）

最初，教师并不是一个专门职业，随着教育事业的深入发展和社会的不断进步，教师职业也逐渐走向专业化。20 世纪 50 年代，美、英等国为提高教师的社会地位，率先提出了有关教师专业化的概念。1966 年，国际劳工组织和联合国教科文组织发布的《关于教师地位的建议》中明确指出：应把教育工作视为专门的职业，这种职业要求教师经过严格地、持续地学习，获得并保持专门的知识和特别的技术；要求对所辖学生的教育和福利拥有个人的及共同的责任感。这是第一次以官方文件的形式对教师专业化所做的说明。[①]近年来，随着世界各地教育改革的不断深入，教师教育越来越受到人们的重视，教师专业化程度也在不断加深。

教师专业化（teacher professionalization）与教师专业发展所关注的教师在内在专业特性的提升和职业专门化的培养上不同，它是针对教师队伍整体而言的，是教师职业不断成熟，逐渐获得鲜明的专业标准，并获得相应专业地位的过程。霍莱把教师专业化界定为两方面的内容：①关注一门职业成为专门职业并获得相应地位的过程；②关注教学的品质、职业内部的工作方式，教学人员如何将其知识技能与工作职责结合起来，并整合到同事关系以及与其服务对象的契约和伦理关系所形成的情境中。[②]

教师专业化是改善教师地位和工作条件的重要措施，它不仅关系到教师队伍的发展和建设，更影响着未来的社会发展和文化进步，是时代发展和社会进步的必然要求。因此，我们要以教师专业化为导向，深化教师培养制度改革，加快教师专业的一体化进程，建立健全教师专业化的制度保障体系，从而实现科学水平与教育水平的同步提升。

---

① 赵昌木. 教师专业发展[M]. 济南：山东人民出版社，2011：4-9.

② HERBST J. And Sadly Teach: Teacher Education and Professionalization in American Culture[M]. Madison: University of Wisconsin Press, 1989.

拓展资源

[1] 教育部师范教育司. 教师专业化的理论与实践（修订版）[M]. 北京：人民教育出版社，2003.

[2] HERBST J. And Sadly Teach: Teacher Education and Professionalization in American Culture[M]. Madison: University of Wisconsin Press, 1989.

37. 教师专业社群（☆☆☆）

1989 年，伯尼尔（N. R. Bernier）等在其专著《专业发展的社会情境》（*The Social Context of Professional Development*）中就指出：教师教育正走到了一个十字路口，一个方向是延续武断的、专制的官僚组织体制；另一个方向则是转向参与、合作、分享权力与责任、扎根社群的专业发展方式。①以"社群"作为教师教育的组织群体观点在欧美学者中得到广泛认同，但学者们在"社群"概念的运用上出现了一些混乱，以至于出现了"实践社群""专业社群""学习社群""对话社群"等多种表述方式，但这些概念在内涵上并没有实质性差异，因而将其统称为"教师专业社群"。

在探讨"教师专业社群"这一概念之前，首先需理解"社群"的一般概念。萨乔万尼（Thomas J. Sergiovanni）曾经这样定义社群："社群是个体的集合体，这些个体基于自己的意愿而紧密联合起来，共享一些观念与理想。这种联合会使一群个体的'我'转型为'我们'。"②托马斯（G. Thomas）等也明确指出：教师教育思想的一个重要转向就是将关注的重心从"个体化的努力"（individual effort）转向"学习的社群"（communities of learners），在社群中，教师通过参与合作性的实践来滋养自己的知识和智能。③在这些思想的影响下，我国有学者将"教师专业社群"定义如下：教师专业社群（teacher professional community）一般是指教师和学校内同事以及校外学者、专家、家长，组成一个社区，在民主、平等的气

① BERNIER N R, MCCLELLAND A E. The Social Context of Professional Development[M]. New York: The Falmer Press, 1989: 19-54.

② 衣庆泳，周成海. 欧美教师教育的重要转向：以教师专业社群为组织载体[J]. 外国中小学教育，2007（6）：40-46，50.

③ THOMAS G, WINEBURG S, GROSSMAN P L, et al. In the company of colleagues: an interim report on the development of a community of teacher learners[J]. Teaching & Teacher Education, 1998, 14（1）: 21-32.

氛下进行专业对话，实施批判的反省，研究改进教学，促进全体教师的专业成长。

许多学者对教师专业社群的特征进行了深入的探讨。例如，哈伯曼（Mechthild Habermann）认为，教师专业社群的特征包括：持续地分享思想、合作、平等主义、高效能、重视实际应用等。马克斯（Helen M. Marks）等描述了教师专业社群的特征：教师共享一定的目标；以合作的方式解决问题；个人化以及对教学的实际问题进行专业对话。维特海默（M. Wertheimer）将教师专业社群的基本特征归纳为以下六点：互相依赖、互动、参与、共同的兴趣、关注个人以及少数人的观点、有意义的关系。①

教师教育不仅仅是教师教育观念、教学技能的提升与练就，更应着眼于教师群体的专业发展。在教师专业社群中，教师不仅可以尝试新的理念，反思他们的工作成果，也可以重建教与学的知识，因此，教师专业社群的建立对促进教师专业发展和教学能力水平的提升有极大的意义。

38. 职业教育（☆☆）

职业教育（vocational education）产生于 18 世纪末欧洲对技术技能型人才的需求，是工业化的产物。但是，由于职业教育的社会存在具有复杂性，对什么是职业教育，至今还没有准确的定论，即使是联合国教科文组织对职业教育的界定也在不断地修订过程中。1962 年，联合国教科文组织成员国一致通过的《关于技术与职业教育的建议》中指出，职业教育是由学校或其他教育机构提供的旨在为工业、农业、商业和相关的服务等领域提供人才准备的所有教育形式。1974 年对其进行了修订，职业教育内涵也发生了变化："职业教育"是作为一个涉及教育过程方面的综合术语来使用的，除了包括普通教育外，还涵盖了技术和相关科学的学习，以及与经济和社会生活各部门的职业有关的实际技能、态度、理解力和知识的获得，并将它视为继续教育的一个方面。2001 年对其进行了再次的修订，使得职业教育的内涵更加丰富，主要包括：①普通教育的一个组成部分；②准备进入某一就业领域以及有效加入职业的一种手段；③终身学习的一个方面以及成为

① 衣庆泳，周成海. 欧美教师教育的重要转向：以教师专业社群为组织载体[J]. 外国中小学教育，2007（6）：40-46，50.

负责任公民的一种准备；④有利于环境可持续发展的一种手段；⑤促进消除贫困的一种方法。[①]

除联合国教科文组织对职业教育的界定之外，国内外还有一些较具代表性的定义，例如，由顾明远教授等主编的《教育大辞典》（第 3 卷）中指出，职业教育是“传授某种职业或生产劳动所需要的知识和技能的教育”。《澳大利亚教育辞典》对其的定义是：给学生提供与某一领域特定工作相关技能的课程和各种活动，旨在发展个人特定的职业技能。约旦教育和高等教育大臣蒙齐尔 · W. 马斯里认为：“职业教育和培训旨在培养青年人作为技术工人在基本职业一级就业。”[②]

无论对其进行怎样的定义，都必须围绕职业教育所具有的本质特征，即职业性、技术性、社会性、终身性和全民性。其中，职业性和技术性是职业教育的本质属性，其他特征则是职业教育的派生属性。[③]也有学者认为，职业教育的本质属性是“技术技能职业性”，即职业教育针对的职业不是所有的职业，而是以应用技术和操作技能为主要内容的职业。职业教育作为教育体系的一部分，为社会培养应用型及技能型人才提供了强有力的支持，满足了社会对技能型人才的迫切需求，有效地促进了社会的进步与发展。

拓展资源

[1] 贺国庆，朱文富，等. 外国职业教育通史（上、下卷）[M]. 北京：人民教育出版社，2014.
[2] 李继延，等. 中外职业教育体系建设与制度改革比较研究[M]. 上海：复旦大学出版社，2014.

39. 职前职后一体化（☆☆）

“职前职后一体化”作为一种新型的教师教育模式，又称为“教师教育一体化”，它伴随着教师专业化的发展而逐步推进。职前职后一体化起源于 20 世纪 70 年代、80 年代以后，英、法、美等国的教师培养体系逐渐由职前、职后两级分离转向职前培养、入职辅导、职后提高三环合一，职前职后一体化逐步由理念转变为实

---

① 卫道治，吕达. 英汉教育大词典[M]. 北京：人民教育出版社，2004：256-257.
② 欧阳河. 职业教育基本问题初探[J]. 中国职业技术教育，2005（12）：19-26.
③ 和震. 论现代职业教育的内涵与特征[J]. 中国高教研究，2008（10）：65-67.

践。[①]我国于 20 世纪 90 年代开始进行相关探索，以上海地区为代表，逐步尝试进行中小学教师职前职后一体化实验，从而带动了全国许多省市的大规模教育实验，掀起了教师教育职前职后一体化研究与实践的热潮。[②]

职前职后一体化教育的理论基础为终身教育理论和教师专业发展理论。终身教育理论为教师教育职前职后一体化指明了努力方向；教师专业发展理论为职前职后一体化的实施做出了原则性的指导。对于职前职后一体化的概念，国内学者从不同角度进行了解释。钟启泉教授提出："取消教育学院建制，由高师院校统一规划职前与职后的教师教育，构建我国一体化教师教育体制。"[③]刘捷提出：教师教育一体化包括培养目标的一体化、课程实施的一体化、培养过程的一体化和教师队伍的一体化。[④]张新贵认为："教师教育一体化包括内部的各阶段相互联系与补充，也包括外部的各种教育机构与教育资源的相互促进协调，以促进教师教育与教育质量的提高。"[⑤]

职前职后一体化关注教师教育的整体性与连贯性。职前教育主要指师范生的学校教育以及教师的职前培训，通过系统地学习教育教学的理论知识，从而树立教育教学理念，掌握基本的教学技能，换言之，职前培养的目标为教师基本素质的培养；职后教育主要解决教师遇到的实际教育教学问题，通过培训使教师掌握处理教学问题的思路和方法，具备解决突发情况的策略和能力，由此可见，职后教育的目标为专家型教师的培养。[⑥]职前职后教育是连续的、一体化的，它们处于不同阶段旨在解决不同问题，但其目标是一致的，即促进教师的专业发展。

职前职后一体化既是社会发展对师范教育的时代要求，同时也反映了基础教育的迫切需要，通过加强职前培养与职后培训的整合衔接，实现了资源的优化配置，打破了各阶段相互隔离的局面，使得教师教育各阶段既相互独立又相互联系，有计划、有步骤地朝着同一目标前进，一定程度上保证了教师队伍终身学习的实

---

① 许红梅，宋远航. 教师教育职前职后一体化研究的理论基础[J]. 佳木斯大学社会科学学报，2011，29（2）：93-95.

② 许红梅，宋远航. 教师教育职前职后一体化研究的理论基础[J]. 佳木斯大学社会科学学报，2011，29（2）：93-95.

③ 钟启泉. 教师"专业化"：理念、制度、课题[J]. 教育研究，2001（12）：12-16.

④ 刘捷. 专业化：挑战 21 世纪的教师[M]. 北京：教育科学出版社，2002.

⑤ 张贵新，饶从满. 关于教师教育一体化的认识与思考[J]. 课程・教材・教法，2002（4）：58-62.

⑥ 李莉. 职前职后一体化教育　提高师范生专业素养[J]. 新课程研究（中旬刊），2013（8）：56-57.

现以及教师专业化的发展。

40. 同课异构（☆☆☆）

同课异构就是选用同一教学内容，根据学生的实际、现有的教学条件和教师自身的特点，进行不同的教学设计，“同课”指相同的教学内容，“异构”则指不同的教学设计。总而言之，它是不同教师面对统一的教学内容，立足于各自的教学风格，遵循教学的科学规律，广泛占有各种资源，进行各种教学构想并予以优化后付诸实践，从而发现问题，解决问题，最终优化课堂教学的一种教学活动。①

同课异构教学活动开展的根本意图是为教师们提供一个互动合作平台，且通过平台上面对面的交流讨论充分调动教师参与积极性，教师在讨论中相互借鉴、相互学习，从而有效地改进教师的教学方法、提高教师的教学水平与教学质量。同时，教师教学的“技术、教学法与学科内容整合的知识”也不再仅是从书本中获得，而是从实践中习得与发展，这有效促进了教师专业技能的发展。

目前，为促进教师专业发展、加大课堂教学研究力度、实现学校教师的智慧共享，同课异构教学活动已经在我国各个中小学得到了广泛的应用。然而，由于教学背景、教学环境、教学主体以及教学方法的复杂性，在实施同课异构时教师要考虑以下几点因素：①课程学科的特点；②教学目标与内容的特点；③学生认知水平和心理特点；④具体教学环境的特点；⑤教师自身的特点。②

简而言之，随着同课异构教学活动在学校教育中的不断开展，它对教师教育产生以下几点影响：①同课异构教学活动为教师提供一个自主创新的环境，从而有效地挖掘教师的创新性思维和潜在的能力，继而提高教学水平。②对于同时参加同课异构活动的专家老师和新手老师，经验丰富的专家老师对新参加工作的新手老师起到了一个很好的指导作用，有利于新手老师更快地进入角色。③在活动中，教师要独立思考、自我反思，制作出一套合理的、科学的具有自身教学风格的教学方法、策略。

---

① 张荣生，曾扬明. 同课异构：“变”与“不变”的定律[J]. 中小学教学研究，2009（10）：61-62.

② 任庆梅. 中小学英语同课异构教研方式的理论思考[J]. 基础英语教育，2010（3）：3-7.

拓展资源

[1] 魏晓彤. “同课异构”网络教研模式的探究[J]. 中国电化教育，2011（2）：110-113.
[2] 肖若茂. “同课异构”——教师专业成长的一种有效途径[J]. 中国科技信息，2008（5）：253-254.

41. 校本培训（☆☆☆）

校本培训（school-based in-service training）是指在教育行政部门和师资培训机构的指导与支持下，由学校发起与组织，以学校教育教学发展和改革所面临的各种实际问题为中心，充分利用校内外的各种资源，注重教师教、学、研的时空统一，有效实现教师专业发展的培训模式。①作为师资培训的新模式，校本培训于20世纪70年代起源于英、美等国，20世纪80年代至90年代逐渐引入东南亚、非洲、拉丁美洲等一些发展中国家；而我国教师校本培训开始于20世纪90年代，上海、四川、湖北、吉林等地先后开展了以学校为基地的教师学习活动。目前校本培训已成为世界范围内尤其是发达国家教师在职培训的主流。

对校本培训的理解要建立在把握“校本”内涵的基础之上，综合国内外专家的观点，“校本”可归纳为三层含义：①校本培训的目的在于促进学校以及教师的发展；②在学校中，由了解学校问题并处于学校问题之中的校领导和教师理论联系实际地共同发现问题、探讨问题、解决问题；③基于学校，有关教师培训的计划和活动必须从学校和教师的实际需求出发。由此可见，校本培训立足于学校的同时也服务于学校，是真正意义上的在岗培训。②它强调以教师任职学校为基地，从规划、实施、管理直至评估，均在教师的直接参与下进行，集学习、研究、实践于一体，集中培训与教师自学相结合，不仅保证了培训的长期性、教师的主体性，同时也保证了教育资源利用的经济性。“培训重心下移、阵地前移是校本培训方式的主要特征，代表了培训改革的方向。”③目前，校本培训的主要方式包括以下几种：个别自学式、协作学习式、课题研究式、个别指导式、现场诊断式、情

---

① 田秋华. 校本培训模式研究[D]. 广州：华南师范大学，2003.
② 施莉. 校本培训核心思想解读[J]. 师资培训研究，2004（2）：41-46.
③ 李玉斌. 校本培训：教师培训新模式[J]. 电化教育研究，2002（3）：69-72.

境交流式、专题讲座式、参与互动式、观摩交流式等。[①]

校本培训的产生改变了传统的、单一的教师培训理念，强化了学校在教师培训和发展中的基础地位，使其成为教师与学生共同学习与发展的场所。校本培训的实施促进了教育理论与教学实践的融合，使教师的继续教育取得了显著成果，日趋成为提升教师专业素养、促进教师发展的有效途径。

拓展资源

周建平. 对“校本培训”的认识与思考[J]. 中小学教师培训，2001（10）：15-18.

42. 校本研修（☆☆☆）

校本研修是我国目前教师专业发展的形式之一，校本研修是指“以本校教师为主体、学校为主导、本校教育教学问题为对象、提升本校教育教学质量为根本目的的一套学校教师专业发展制度，其核心是通过教师的专业发展达成学生的发展和学校的发展”[②]。它是一种以课程改革为背景，在传统的教研组活动基础上，演变而来的教师教学研讨和教师专业发展的新形式、新方法和新路径，是融合了教师培训、教育科研、教学研究、学校管理和校本课程开发等内容的行动研究。

校本研修主要通过学校制度化的组织学习，以改善教学实践为行动目标，以改善教师专业行为、提高教师队伍专业修养为主要目的，以倡导培养与提升教师基于发展的持续学习能力和基于问题的研究应用能力为本质指向，开展知识更新、自我反思、行动研究和经验分享的合作学习，帮助教师建立正确的教学价值观，并以此改善课堂与教学，以逐步实现区域性校际协作、资源共享。由此可以得出，校本研修的开展需要满足以下几个条件：①以学校教育教学的发展为目标；②在学校中进行；③以学校教师为研修主体；④以教育教学实践中产生的实际问题为研修对象和内容。

校本研修尊重教师个体的发展，充分地发挥了教师个体的创造力和教师群体

① 李大健. 新课程背景下中小学教师校本培训研究[J]. 中国教育学刊，2004（6）：56-59.

② 戚业国. 校本研修的制度性困惑与机制创新[J]. 教师教育研究，2013（5）：67.

的合作力，从而在整个教学组织中形成了浓厚的学习氛围。校本研修凭借着群体间持续不断的互动学习与实践，使个体价值与群体绩效得以最大限度地显现。同时，校本研修是在综合教育改革的背景下切实开展的，它整合了多角度、多方面的力量，创造了良好的校本研修生态环境，使教师可以在专家引领、同伴互助、个体反思实践中实现其专业发展。因此，可以说校本研修的有效开展，彻底终结了传统教研活动远离教学、研教分家的状况，它使教学科研成为改善教师自己的教学行为、提升自己的教学业务能力的活动。

校本研修最直接的作用就在于对教师教学行为的改进。校本研修的开展是全体教师专业成长和发展的有效保证，是教师队伍建设的最有效途径，是改善教学的实践活动。因此，在开展校本研修过程中，需通过教师之间的共同合作，引导每一个教师正确地应用研究方法，尤其帮助其思考一些涉及教学价值本源的问题。此外，还需将校本研修中的实践活动所带来的改变都纳入研究的视野，以实践活动能否使教师激发更强的自信和动力、能否使课堂内外的学生都充满活力作为校本研修的评估标准，以实现最有利于教师教育教学行为的及时调控和改变。

拓展资源

[1] 戚业国. 校本研修的制度性困惑与机制创新[J]. 教师教育研究，2013（5）：67-71.
[2] 徐学俊，周冬祥. 教师校本研修及其区域协作机制探索[J]. 教育研究，2004（12）：65-69.

43. 网络研修（☆☆）

网络研修是一种借助网络协同学习平台开展的有组织、有目的的教师自主研修活动的新模式，是对传统教研与培训的变革与创新，旨在打破传统教研培训活动的时空局限与资源共享的限制。该模式能够充分发挥教师在教研活动中的主体作用，拓宽他们的教学研究途径，缩小城乡教师教育资源的差距，全面提高教师教育教学水平。

马立等基于对教师网络研修的理论研究和实践探索，初步提出了教师网络研修的要素框架。[①]①创建先进的网络研修平台和服务体系，是有效开展网络研修的物质技术保障，也是构建新模式的前提条件。②建立教师网上学习共同体，是开展网络研修活动的主体。③混合式学习方式的有效应用和创新，是教师继续教育新模式运作的核心内容。④资源创建与流动是有效进行网络研修的基础，引领与互动是成功开展网络研修的关键。⑤创建基于网络的教师专业发展评价与管理体系，是教师继续教育新模式正常运行、持续长效发展的依据与保证。

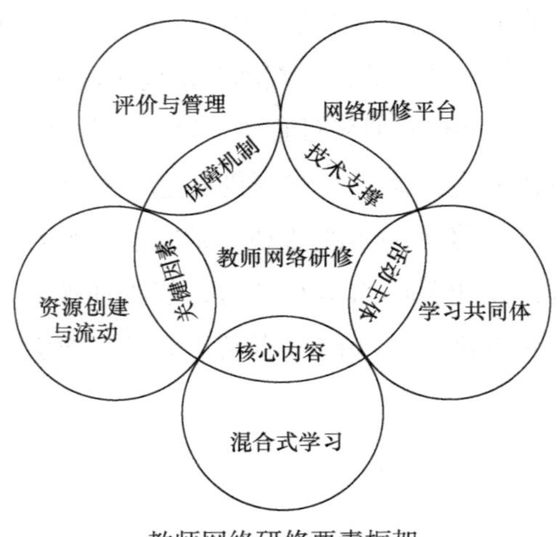

教师网络研修要素框架

在教师网络研修的实践应用中，主要关注的是应用效果和应用过程中的影响因素和解决策略。应用效果研究侧重教师网络研修对教师专业素养和教研能力的提升，但是受各种因素的影响，教师网络研修的效果各不相同。因此，网络研修并不是教师研修的唯一途径，也未必是教师研修的最佳途径，应将教师研修的组织形式、技术手段、评价方式、保障基础等方面的各种相关要素的优势，按照一定的适配原则，创造性地融合起来，生成适应各种研修目的、任务、要求的低成本、高效益的研修方案。其中最常见的方式是将网络研修与教师面对面研修活动进行有机结合，利用虚拟与真实两种研修环境的优势为教师提供更为灵活多元、便捷自由的发展选择，有效地推动教师的专业化发展。

① 马立，郁晓华，祝智庭. 教师继续教育新模式：网络研修[J]. 教育研究，2011（11）：21-28.

拓展资源

[1] 冯立国. 远程教育教师网络研修项目的设计与实施[J]. 中国远程教育，2017（8）：64-71.

[2] 戴军. 信息化背景下教师网络研修本体价值的反思与澄明[J]. 中小学教师培训，2016（1）：22-24.

[3] 李中亮. 中小学教师网络研修问题研究[J]. 中国成人教育，2016（4）：134-138.

第二部分　基础知识

1. 比较教育学（☆☆）

比较教育学（comparative education）是一个比较成熟的学术研究领域，是为了了解本国教育与其他国家之间的异同，通过研究别国的各种教育理论和教育实践问题，从影响它们发展的主要条件和因素中找出共性和差异并做出比较性评价，从而探索出问题的发展趋势和一般规律，以为本国的教育改革提供经验。马克-安东尼·朱利安（Marc-Antonie Jullien）是最早研究比较教育学的学者，他在1817年出版了题为《关于比较教育的工作纲要和初步意见》的小册子，并提出了比较教育的方法论，因此确立了他“比较教育学之父”的地位。比较教育学作为跻身大学学术氛围的一个学术研究领域，始于1933年坎德尔（Isaac L. Kandel）出版的《比较教育》一书，其长足发展则发生在第二次世界大战（简称二战）之后[①]。

比较教育学是一个学术性质偏高的研究领域，主要研究各国的教育措施与方法，对比各国之间的差异。由于这种比较夹杂了文化与环境等因素，因此，比较教育在深化国际交流的同时，也使各国之间的教育知识与问题得到了扩展，这对促进教育进步具有重要的影响作用。当下，比较教育学主要有四种理论学说，分别是结构功能论、人力资本论、现代化理论和依赖理论。在应用方面，它提供不同国家或地区开办教育的丰富经验，可以作为改进本国或本地区教育实务的范例。

比较教育从19世纪初诞生以来，经历了200年左右的发展历程。在整个发展过程中，比较教育研究不断深入，研究成果不断涌现，学科建设也因此获得了重大进展。二战结束以后，教育的国际化进程大大加速，比较教育的研究对象和研究领域开始突破民族国家的限制，逐步深入国际领域，如整个国际社会的教育问题、跨越民族国家疆界的教育现象以及教育方面的国际关系等，都逐渐被纳入了比较教育学的研究领域。比较教育在研究内容、研究方法、研究机构等多方面都凸显出多样化的特点。然而，尽管比较教育的研究已取得很大成绩，并日益受到世界各国的重视，但由于各国的教育制度不同，指导思想各异，如何解决比较教

① 王承绪. 比较教育学史[M]. 北京：人民教育出版社，1999.

育研究中的“统一对比标准问题”，还需要各教育研究者深入探索，闯出新路[①]。

比较教育学的研究促进了教育的国际化进程，使中国的教育走向全世界。教育的国际化需要相互交流，在当今这个联系越来越紧密的世界，教育将成为国际沟通、培养具有跨文化人才的重要渠道。新时代的教育实践者们应该拥有国际化的视野，善于吸收国外优秀的教学成果，并将其应用于本国的教育实践。

拓展资源

[1] 〔加〕许美德，〔法〕巴斯蒂，等. 中外比较教育史[M]. 朱维铮，译. 上海：上海人民出版社，1990.

[2] BROADFOOT P. Comparative education for the 21st century: retrospect and prospect[J]. Comparative Education, 2000, 36（3）: 357-371.

2. 高等教育（☆☆）

高等教育（higher education）是指以中等教育为基础实施的一种致力于培养专业型高级人才的教育。通常情况下，按照教育程度可将其划分为三个层次：专科教育、本科教育以及研究生教育。负责实施高等教育的机构为高等院校，即专科学院、大学、研究所等。

随着高等教育的发展，它的研究范畴和职能也逐渐发生了变化。最初，高等教育是指“大学教育”，主要是围绕特定专业进行的教育活动。直至 19 世纪，高等教育才形成了多层次、形式复杂的高等教育体系。另外，由于社会文化的差别，各国对高等教育概念的界定也不一致。《苏联百科词典》中对高等教育的解释是：高等教育是社会各部门的高级专业技能专家必须经历的教育阶段，是一种在完成中等教育之后所接受的专业教育[②]。我国的《新编中国大百科全书（A 卷）· 经济教育》则指出：高等教育是完成中等教育或具有同等学力学习者接受的高层次专业教育，它担负着培育高层次专业型人才和建设学科的责任。[③]

---

① 蔡婷婷，丁邦平. 西方比较教育研究现状及其对我国的启示[J]. 外国教育研究，2006，33（4）：1-5.

② 谢安邦. 高等教育学[M]. 2 版. 北京教育出版社，1999：3.

③ 黄勇，张景丽，金昌海. 新编中国大百科全书（A 卷）· 经济教育[M]. 延吉：延边大学出版社，2005：174-175.

高等教育作为专门培养高级专业型人才的教育，在遵循普适的教育规律和教育原则的基础上，采用与高等教育对象和社会需求相匹配的教育方式，对全面具备基础知识的高等教育对象实施的一种深层次、专业化的教育。与其他教育相比，高等教育具备以下三个特点：①培养具有较高专业水平和研究能力的高层次人才；②基于教育对象的身心发展特征，采用较为专深的教育内容和抽象的教育方式；③具有教学、科研、社会服务等多种职能，各职能之间相互作用、相互补充。[①]

高等教育与教师教育之间是一种相互从属的关系。高等教育机构中的师范类院校是为专门培养高层次的特定教师而设置的，而类似于教育学的师范类专业又将高等教育作为一个研究方向进行探索，并将得出的研究成果作为高等教育工作者实践的理论依据。

3. 学前教育（☆☆）

学前教育（preschool education）是指以从出生到接受小学教育前这一阶段的儿童为教育对象，结合儿童身心发展特点实施的一种促进儿童全面发展的启蒙教育，因此也被称为“幼儿教育”。最早的学前教育是人类为了维持种族繁衍与生存，将先辈的生活经验在儿童还处于婴幼儿时期就教授给他们的简单活动。[②]直到 18 世纪末期，社会各领域都得到了快速发展，学前教育才正式产生。随着人类儿童观的改变，学前教育逐渐受到社会的重视，其研究内容与范围也在不断拓宽，主要表现为：从幼儿教育扩展到包括早期教育在内的学前教育；从注重行为规范培养和智力启蒙到关注儿童身心全面发展。目前，已经有各种类型的学前教育机构使它从非正式教育步入正式教育的行列。幼儿园、托儿所、保育学校、幼儿学校等机构成为开展学前教育的主要场所。

学前教育是社会发展的产物，其意义可概括为两个层面：微观层面上，学前教育是促进个体学前发展的主要方式，是基础教育、高等教育甚至终身教育的奠基石。宏观层面上，学前教育是推动社会政治、经济、文化等各方面发展的起点，

---

① 刘继南. 高等教育概论[M]. 北京：北京广播学院出版社，1992：2-5.

② 桂景宣. 学前教育概论[M]. 北京：高等教育出版社，2007：34.

是国家实现民族兴旺、提高国民素质的战略基础。按照学前教育发生的环境不同，又可以将其分为学前社会教育和学前家庭教育，两者相互结合，共同构成促进儿童整体发展的教育活动。

学前教育作为终身教育过程中的起步阶段，已经成为教育体系中的重要组成部分。一方面，许多教师教育机构相继开设了学前教育专业，为培养学前教育工作者提供了专业化的指导，使其逐渐走向专业化；另一方面，学前教育工作者的专业化为学前教育提供了人员支持，也使学前教育向培育学龄前儿童全面发展的目标迈进了一步。

4. 义务教育（☆☆）

义务教育（compulsory education）是指国家运用法律手段，保障学龄儿童不受经济、地域、种族等多种因素的制约，在一定年限内接受的一种免费、普遍的基础教育。其目的是提高国民整体素质，为培养高素质人才奠定基础。

义务教育最初是欧洲宗教国家为满足宗教教育的需求而提出的概念。1619年，德国义务教育法令的提出被视为义务教育的正式开端。美国、英国、法国等国家由于受到工业革命和工人运动的影响，纷纷于19世纪后半叶开始建立正式的义务教育制度。我国最早出现义务教育的思想是在清朝末年，而真正实施则是在1986年《中华人民共和国义务教育法》颁布后。

目前，义务教育思想已被世界各国所采用，并形成了理论与实践相结合的义务教育体系。在理论方面，不仅从教育学的基本理论出发，对义务教育的目的、本质、功能展开了探究，还结合民主教育、终身教育等思想，丰富了义务教育的内涵，也拓宽了研究范围。在实践方面，由于各国文化、政治、经济等多方面的差异，并没有形成一种统一的实施方案。主要的差异表现为两个方面：其一，接受义务教育的年限不同。目前，中国在普及九年义务教育的同时，还将一些沿海城市作为实验区实施12年义务教育。美国作为发达国家的代表，义务教育的年限基本为12年，但由于美国为联邦制国家，教育制度由各州决定，所以各州的义务教育年限也不一致。其二，义务教育的目标、内容也不尽相同。由于各国处于不同的社会发展阶段，义务教育担负的使命也不一样，进而导致了义务教育体系之间的差异。

义务教育作为实现教育公平的一种重要方式，一直备受教育研究者的关注。立足于各国普及义务教育的发展历史可以看出，师资培训与义务教育的发展进程密切相关。一方面，教师的数量和质量在一定程度上是义务教育客观需要的体现；另一方面，师资质量又能够促进义务教育的普及与发展。

拓展资源

成有信. 九国普及义务教育[M]. 北京：人民教育出版社，1985.

5. 终身学习（☆☆）

终身学习（lifelong learning）是指通过一个不断的支持过程，激励并使人们能够获得他们终身所需的全部知识、技能，并在任何任务、情况和环境中有信心、有创造性和愉快地应用它们。1968 年，哈钦斯（R. M. Hutchins）出版了《学习型社会》一书，他尖锐地批判了以往的教育并提出了“学习社会”的观点。“学习社会”被认为是终身教育的终极目标，由于“学习社会”属于学习范畴，与“终身教育”的教育范畴不统一，直接产生了一个与终身教育密切相关但又不同的概念——“终身学习”。1976 年 11 月，联合国教科文组织召开第 19 次全体会议，在其通过的《关于成人教育发展的报告》中，“终身学习”被正式确立为一个专业术语。

终身学习是个人的学习主体性和主动性在一生中不断获得满足和发展的过程，是学习权和发展权的实现。[①]终身学习与其说是一种学习方式不如说是一种生存方式。因为在终身学习的范畴里，学习活动的范畴是教育范畴和生存范畴的综合。也就是说，没有终身学习的理念和能力是难以在未来的环境中生存下去的。在终身学习中，学习者的角色由“客体”转换为“主体”。学习活动是一个学习者基于自己的意愿，根据自身需求选择不同的手段和方法来展开，以达到某一明确目标的过程，而这个过程还需要社会的支持。在终身学习中，教师的角色没有消

① 厉以贤. 终身教育、终身学习是社会进步和教育发展的共同要求[J]. 教育研究，1999（7）：31-36.

失，而是需要进行重新定位。教师应该是学习的引导者、支持者，而不仅仅是知识的传授者。作为教学一线的教师，也应该参与教育教学的研究，而不是将理论知识生搬硬套用于教学活动。

近半个世纪以来，随着科学技术的发展和社会的进步，终身学习已经从一个专业术语发展成为一种理念。到目前为止，关于终身学习的研究主要集中在以下几个方面：①学校教学改革；②学习社区和组织的建设与发展，如开放大学；③信息技术作为实现终身学习手段的应用，例如远程教育的探索；④终身学习成果的认证及其制度的建设。

在终身学习的社会背景下，学校是教育变革的核心力量，其教育质量的提高要依靠教师素质的提高。所以，教师教育项目应该将其重点放在教师角色的定位及教师研究能力的培养上。终身学习的首要意义要求教师自身必须是终身学习者，因此，教师教育应当引导教师向终身学习的方向发展。

拓展资源

[1] 联合国教科文组织国际教育发展委员会. 学会生存：教育世界的今天和明天[M]. 华东师范大学比较教育研究所译. 北京：教育科学出版社，1996.

[2] 高志敏. 关于终身教育、终身学习与学习化社会理念的思考[J]. 教育研究，2003（1）：79-85.

[3] 黄雅丽. 终身学习社会背景下教师的角色定位[J]. 福建师范大学学报（哲学社会科学版），2003（5）：120-122，127.

[4] CANDY P C. Self-Direction for Lifelong Learning, A Comprehensive Guide to Theory and Practice[M]. San Francisco: Jossey-Bass, 1991.

6. 终身教育（☆☆）

终身教育（lifelong education）是在 20 世纪 60 年代发展起来的一种国际教育思潮，通俗来讲，它是指“人们在一生各个阶段中所受到的各种培养的总和”。终身教育强调的是学习与工作、生活之间的交替关系，主张通过最佳的方式和途径适时地为人们提供必要、有效的资源与指导，它既包括学校教育，也包括社会教育，既包括正规教育（formal education），也包括非正规教育（non-formal education），还包括非正式教育（informal education）。

终身教育的思想可追溯至古希腊时期（萌芽期），苏格拉底曾指出，教育的真正本质在于“使人们经由一生的时间，达成真正的生活目的”；柏拉图也提到，“教育是一个从出生到死亡的历程，人只有通过持续不断地学习，才有可能成为一个健全的人”。1919 年，终身教育开始进入酝酿期，英国重建部成人教育委员会指出实施普遍教育和终身教育的迫切需求；后来，杜威也提出“教育即生活”“教育应该贯穿人的一生”等观点。但直到 1965 年，“终身教育”这一术语正式由联合国教科文组织成人教育局局长保罗·朗格朗（Paul Lengrand）提出。①此后，终身教育得到了广泛传播、推广和普及，各国纷纷将其作为本国的教育方针、政策并纳入国民教育体系。

终身教育的提出和开展对世界各国的教育改革与发展具有非常重要的意义：一方面，它扩大了教育的概念并对其进行了全新的解释，改变了过去人们将人的一生划分为教育期和工作期两个阶段的观念，为人们实现自我发展指出了一条崭新的道路；另一方面，它促进了教育社会化的形成和学习型社会的建立，让教育走出了学校，扩展到了人类社会生活的整个空间。教师教育同样要走向终身教育，教师要树立终身学习的观念，积极主动地完善自我，以促进自身专业的可持续发展。

拓展资源

[1] LENGRAND P. An Introduction to Lifelong Education[M]. London: Croom Helm, 1975.

[2] LENGRAND P. Prospects of lifelong education[A]//CROPLEY A J. Lifelong Education: A Stocktaking[M]. Hamburg: Unesco Institute for Education, 1979: 28-36.

[3] FIELD J. Lifelong education[J]. International Journal of Lifelong Education, 2001, 20（1-2）: 3-15.

[4] MEDEL-AÑONUEVO C, OHSAKO T, MAUCH W. Revisiting Lifelong Learning for the 21st Century[M]. Hamburg （Germany）: UNESCO Institute for Education, 2001.

7. 博雅教育（☆☆）

博雅教育（liberal education）也译为自由教育或文雅教育，我国出版的《教

① LENGRAND P. Lifelong education: growth of the concept[A]//TITMUS C J. Lifelong Education for Adults: An International Handbook[M]. Oxford: Oergamon Press, 1989: 5-9.

育大辞典》中对“自由教育”的解释是“见‘文雅教育’”，而“文雅教育”（general education）包含两种解释：①亦称“博雅教育”或“自由教育”，是以一般文化修养课程为主要内容来促进人的智慧、道德和身体等多方面发展的教育思想，创始人为古希腊的亚里士多德；②提倡尊重儿童，促进儿童天性自由发展，使其成为自由人的教育思想，代表人物是法国的卢梭。①

博雅教育是西方文化中最早的教育学说。它源于古希腊，又被古罗马人延续和发展，并在中世纪的教会学校中得到了勃兴。19 世纪末和 20 世纪初，它代表了欧美中等教育的主要路线。此后，博雅教育受到进步主义教育的影响而声势日微，20 世纪 50 年代后，随着“回归基础”教育运动的开展而复兴。美国巴德学院的乔纳森·贝克（Jonathan Becker）指出，现代博雅教育是为培养学生的学习欲望、训练批评性思维、有效交际以及公民义务的能力而建立的高等教育体制。它的特色是有一套灵活的课程，允许学生选择，要求学习不仅要有深度还要有广度，同时，它还强调学生的中心地位并要求他们在课堂内外直接使用批评性的读本。概括起来，现代博雅教育的特征是灵活的课程体系、适切的学习材料和以学生为本的教学方法。②

在教师队伍中开展博雅教育，是对现代高等教育过度专业化导致人的片面发展的矫正和超越。它突出以师为本，更加关注教师的发展，旨在培养具有广博知识和优雅气质的教师，进而促进教师的全面发展。博雅教育能否开展对学校的教育质量能否得到提升，学生能否得到全面健康的成长，教育事业能否得到长远持续的发展至关重要。

拓展资源

[1] URCIUOLI B. Excellence, leadership, skills, diversity: marketing liberal arts education[J]. Language & Communication, 2003, 23（3）: 385-408.

[2] FRIEDLANDER J. Measuring the Benefits of Liberal Arts Education in Washington's Community Colleges[R]. Los Angeles: Center for the Study of Community Colleges, 1982.

① 涂艳国. 试论古典自由教育的含义[J]. 清华大学教育研究，1993（3）：15-18.

② 连进军，解德渤. 作为概念体系的自由教育及其发展脉络——兼与博雅教育、通识教育辨析[J]. 高等教育研究，2013，34（1）：25-31.

8. 通识教育（☆☆）

通识教育（general education），又称通才教育，它是以培养情感和智力全面发展的人（又称全人）为目标的教育。西方的通识教育从亚里士多德的“自由人教育”（liberal education for free men），经由纽曼（Henry Newman）所倡导的“博雅教育”（liberal education），发展到受马修·阿诺德（Matthew Arnold）影响而推行的现代大学“通识教育”，经历了漫长的历程，其内涵和外延都随着时代和社会的发展而变化。[①]

真正将通识教育推向高潮的是曾任哈佛大学校长的科南特（J. B. Conant）。1943 年，他建立了哈佛大学委员会，致力于研究“自由社会中通识教育的目标”。1945 年 7 月，旨在“探求在我们珍爱的自由社会里证明是正确的通识教育的概念”的《自由社会中的通识教育》（*General Education in A Free Society*）报告（也称红皮书）发表。报告认为通识教育应该强调对人文科学、自然科学和社会科学遗产的学习；高等教育不仅让学生获得信息、特殊技能和才能，而且必须通过通识教育为其社会成员提供共同的知识体系。[②]最早将通识教育与大学教育联系起来的是鲍登学院的帕卡德（A. S. Packard），他认为：“我们学院将给青年一种通识教育，一种古典的、文学的和科学的，一种尽可能综合的教育，它为学生进行任何专业学习做准备，为学生提供所有知识分支的教学，这将使学生在致力于学习一种特殊的专业知识之前，对知识的整体状况有一个综合的、全面的了解。”[③]英国教育家纽曼认为，大学是训练和培养人的心智的机构，大学讲授的知识不应该是对具体事实的获得，或实际操作技术的发展，而是一个状态和理性的训练[④]。由此可见，大学通识教育的开展是为培养“全人”，即能够有效地思考（to think effectively）、交流思想（to communicate thought）、做出适当的判断（to make relevant judgement）、

---

① 曹莉. 关于文化素质教育与通识教育的辩证思考[J]. 清华大学教育研究，2007（2）：24-33.

② CONANT J B. General Education in A Free Society: Report of the Harvard Committee[M]. Cambridge: Harvard University Press, 1945.

③ PACKARD A S. The substance of two reports of the faculty of Amherst College to the Board of Trustees, with the doings of the board thereon[J]. North American Review, 1829, 28（63）: 294-311.

④ 李承先. 高等教育发展代价论[M]. 上海：学林出版社，2009：146.

区别不同价值观念（to discriminate among values）的人。[①]

教师教育实施通识教育不仅是为了培养合格的人民教师，更是为了培养积极参与社会生活、有社会责任感、全面发展的社会的人和国家的公民。将通识教育纳入教师教育体系是一种趋势，它是完善师范院校自身体制、提高教师职业道德水平、增强国民素质的保障。

拓展资源

CONANT J B. General Education in a Free Society: Report of the Harvard Committee[M]. Cambridge: Harvard University Press, 1945.

9. 全纳教育（☆☆）

全纳教育（inclusive education）是 1994 年由联合国教科文组织在西班牙萨拉曼卡召开的“世界特殊需要教育大会”中提出的。但迄今为止，尚未对全纳教育的定义作出明确界定。

美国的全国全纳教育重建中心将全纳教育定义为：提供均等的有效教育机会，为了培养学生作为社会的正式成员来面对未来的生活，在就近的学校中的相适年龄的班级中，要给予他们充分的帮助与支持。英国全纳教育中心则认为：全纳教育指的是在适当的帮助下，残疾和非残疾儿童与青少年在各级普通学校的共同学习。英国的全纳教育专家托尼·布恩（Tony Booth）等人也对全纳教育作出了阐释：全纳教育是要加强学生参与的一种过程，是要促进学生参与就近学校的文化、课程和团体的活动并减少学生被排斥的教育。[②]联合国教科文组织 2005 年发布的《全纳教育指南：确保全民教育的通路》中对全纳教育的定义是：全纳教育是通过增加学习、文化和社区参与，减少教育系统内外的排斥，应对所有学习者的多样化需求，并对其做出反应的过程。以覆盖所有适龄儿童为共识，以常规体制负责教育所有儿童为信念，全纳教育涉及教育内容、教育途径、教育结构和教育战略

① 连进军，解德渤. 作为概念体系的自由教育及其发展脉络——兼与博雅教育、通识教育辨析[J]. 高等教育研究，2013，34（1）：25-31.

② 张宝蓉. 以全纳教育的视角看教育公平[J]. 教育探索，2002（7）：5-8.

的变革和调整。①

我国学者对全纳教育的研究还处于探索时期，尚未对其做出比较规范的解释，但通过分析国外的研究成果可知，全纳教育是一种全新的教育理念和一种持续的教育过程，它接纳所有学生，反对歧视排斥，促进积极参与，注重集体合作，满足不同需求，尽力全纳社会，而将其仅仅理解为将特殊儿童全部纳入普通学校中来是远远不够的。

拓展资源

黄志成. 全纳教育：21 世纪全球教育研究新课题[J]. 全球教育展望，2001，30（1）：51-54.

10. 协同教育（☆☆）

在人类社会中有三大教育系统：家庭教育系统、学校教育系统和社会教育系统。当某一教育系统的要素或信息进入另一教育系统，与该教育系统要素相互联系与作用，产生协同效应，影响该教育系统的功能时，这种现象称为协同教育（cooperative education），它是一种新的教育现象。②“协同”一词来自协同学，协同学是由德国著名理论物理学家哈肯（Hermann Haken）创立的一门系统科学的分支理论。

协同教育主要有三种类型：①协同家庭教育。它包括学校协同家庭教育和社会协同家庭教育两种形式。学校协同家庭教育是指学校教育系统要素（即教师）或学校教育媒体进入家庭教育系统产生教育功能；社会协同家庭教育则是指社会教育系统要素（即社会教育组织）或社会教育资源进入家庭教育系统产生教育功能。②协同学校教育。它包括家庭协同学校教育和社会协同学校教育两种形式。家庭协同学校教育是指家庭教育系统要素进入学校教育系统产生教育功能；社会协同学校教育是指社会教育系统要素进入学校教育系统产生教育功能。③协同社会教育。它包括家庭协同社会教育和学校协同社会教育。家庭协同社会教育是指家庭教育系统要素进入社会教育系统产生教育功能；学校协同社会教育是指学校

---

① 周满生. 全纳教育：概念及主要议题[J]. 教育研究，2008（7）：16-20.

② 李运林. 协同教育是未来教育的主流[J]. 电化教育研究，2007（9）：5-7.

教育系统要素进入社会教育系统产生教育功能。三大教育系统的独有要素相互渗透进入另一系统便产生协同教育。

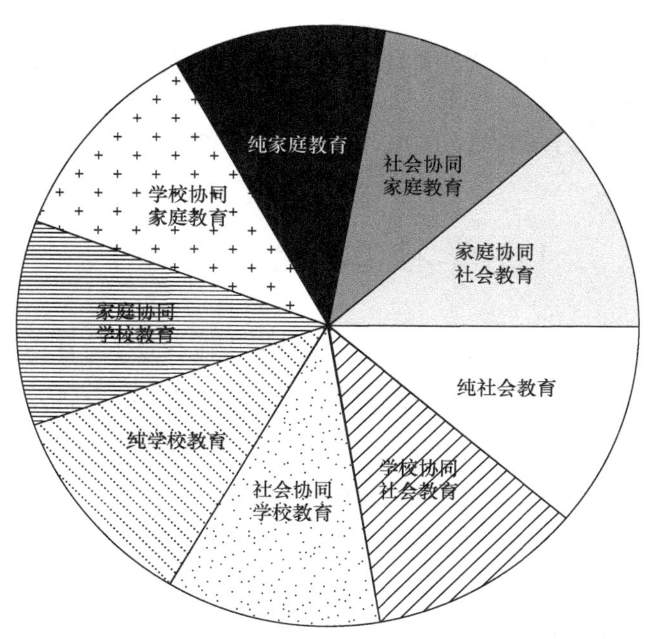

三大教育系统独有的要素进入另一系统产生多种类型的协同教育

20 世纪 90 年代初，国外研究者关注较多的是协同教育系统技术的开发及其应用的效果。目前，对协同教育资源的设计、开发和利用及提供个性化的教育服务已成为研究的主流。在我国，从研究的整体情况来看，尽管协同教育的发展较快，但相关研究还不多，对学校、家庭和社会教育的研究还处于不断探索的阶段，研究内容较宽泛，研究方法缺乏科学性和系统性，实证研究较少。近几年，随着计算机和网络进入家庭，诸多网络科技开发商开发了不少家校互联网络系统。2002 年，中央电化教育馆将"'家校直通车'研究和应用"正式立项为"十五"教育技术研究课题，相关教育信息化工程建设速度的加快推动了协同教育相关系统技术研究的推进。

由此可以看出，协同教育作为教育系统中的重要组成部分，将发挥越来越重要的作用。因此，教育工作者们在设计实施学校的教育方案时，应该考虑到家庭教育和社会教育的影响与配合，通过协同教育提高教育的整体质量和效果。

拓展资源

[1] 刘繁华. 基于现代信息技术的协同教育平台（网站）的设计与应用研究[J]. 电化教育研究，2007（1）：30-33.

[2] 李耀麟，刘魁元，杨慧敏. 基于协同教育理论的数字化校园构建研究[J]. 中国电化教育，2012（1）：132-137.

[3] 刘繁华. 家校协同教育通道的研究[J]. 中国电化教育，2009（11）：16-19.

11. 学习型社会（☆☆）

学习型社会（learning society）又称为学习化社会或学习社会，它是在理论层面上对现代社会发展状态的一种整体描述。学习型社会的发展大致经历了三个阶段：第一阶段为20世纪60年代初至70年代末，美国著名学者、芝加哥大学原校长哈钦斯（R. M. Hutchins）提出“学习型社会”这一术语，之后联合国教科文组织公开发表的《学会生存：教育世界的今天和明天》报告书对此概念进行了具体深化；第二阶段为20世纪80年代初到90年代末，“学习型社会”的概念逐渐进入政府以及国家的政策文件中，从理论层次上升到实践层次；第三阶段为21世纪至今，构建学习型社会成为全世界的主流趋势。①

对于学习型社会的内涵，国内外众多学者从不同角度进行了界定。哈钦斯主张，学习型社会应“提供资源并制定相关政策促进学习与人格的完善”②。1998年，兰森（Stewart Ranson）教授在《处在学习型社会》（*Inside the Learning Society*）一书中系统阐述了学习型社会的内涵，即学习型社会是一个需要了解其自身特点和变化规律的社会、一个需要了解其教育方式的社会、一个全员参与学习的社会、一个学会民主地改变学习条件的社会。③我国学者朱新均认为，学习型社会是以社会学习者为中心，以终身教育体系、终身学习服务体系、学习型组织为基础，以形成终身学习文化为基本特征，能保障和满足社会成员学习基本权利和终身学习

① 朱孔来，李俊杰. 国内外对学习型社会研究的现状评述及展望[J]. 贵州大学学报（社会科学版），2011，29（4）：136-144.

② 朱孔来，李俊杰. 国内外对学习型社会研究现状评述及未来展望[J]. 湖南师范大学社会科学学报，2011，40（6）：93-97.

③ 顾明远，石中英. 学习型社会：以学习求发展[J]. 北京师范大学学报（社会科学版），2006（1）：5-14.

需求，从而有效地促进社会成员全面发展和社会价值得以充分实现，以及社会可持续发展的一种开放、创新、富有活力的新型社会[①]。由以上观点归纳可知，学习型社会就其形式来说，是要构建一种全民学习的社会氛围；就其实质来说，是要通过学习促进全社会的发展。

与传统社会组织形态相比，学习型社会有其独有的特点。学习型社会以终身学习为导向，拥有开放的信息系统，学习资源丰富，学习资源组织方式灵活，个体获得学习的机会多样化，学习时间可选择，人们在学习中不单是为了获取知识，更是为了获得交互作用的机会。[②]从某种意义上来讲，学习型社会更关注人们精神世界的发展，是一种更先进、更发达的社会状态。

学习型社会的构建是教育社会化的基础与支持，有利于打造全民学习的优良社会风气，提高全民科学文化素养，进而推动整个社会的进步与发展，同时，学习型社会也为教育领域提供了一个契机，在此背景之下，社会教育资源得到充分利用与开发。

12. 学习契约（☆）

学习契约（learning contract）又称学习合同，是一种由学习者与指导教师共同协商、设计、实施和评价的关于某一学习主题的书面协议。“学习契约”概念的出现源于“契约学习法”的提出。契约学习法是由美国人马尔科姆·诺尔斯（Malcolm Knowles）提出的一种实践性学习法，其中学习者是控制和管理学习的对象，而教师则更注重于帮助学习者找到有效的学习计划，学习者和教师之间记录下相互的责任和义务关系，在学习的一开始就达成一致，形成学习契约。[③]

学习契约是计划、组织、实施、管理和评估学习过程的依据，分为表格式和提纲式。诺尔斯认为：学习契约包括学习者与帮促者（专家、指导教师或学友）关于学习目标（包括知识、技能、态度及评价）、实现学习的方法（包括学习资源和策略）、学习活动预定的日期、学习者达到既定学习目标依据、判断或验证依

---

① 朱新均. 学习型社会建设的理念、路径和对策[J]. 现代远程教育研究，2011（1）：3-11.

② 王洪才. 学习型社会与教育转变[J]. 教育研究，2004（1）：38-42.

③ 韩晓妍，刘成新. 学习契约的应用设计及案例分析[J]. 中小学电教，2011（Z2）：110-113.

据标准、得分标准和等级评定等方面达成的书面协议。[①]简言之，学习契约详细说明了学什么、如何学、如何检验学习效果。本质上，学习契约用计划学习过程取代计划学习内容，从而建构出一种全新的学习历程。在学习过程中，学习契约可以不断修正，它赋予了学习者自主学习的决定权，规定了学习者必须履行的学习义务，为学习者有效地开展自主学习提供了基本框架。[②]学习契约的制定遵循一定的基本流程：①诊断学习需要；②确立学习目标；③规划学习资源和策略；④确定目标实现依据；⑤确定验证依据标准；⑥学习活动的日程安排；⑦实施学习契约。[③]

学习契约作为一种支持自主学习的有效评估工具，允许学习者把握自己的学习进度、尊重学习者的兴趣，从而极大地满足了学习者的个别化学习需要。由于学习者自己参与了学习契约的制定，了解工作任务安排及预期目标，因而有助于学习者在学习过程中根据契约的内容来客观地评价自己的学习，严格要求自己，同时也能激发学习者的学习动机与学习热情。学习契约是实现教师个性化教学与学生自主化学习的有效途径，它使学生由被动变为主动，使教师由主导变为辅助，使学习者在学习上更具独立性、责任感和自我管理的技巧，有利于新型师生关系的构建。

拓展资源

STEPHENSON J, LAYCOCK M. Learning contracts: scope and rationale[A]//STEPHENSON J, LAYCOCK M. Using Learning Contracts in Higher Education[M]. London: Kogan Page, 1993: 17-25.

13. 创新课堂（☆☆）

创新课堂是我国当前提倡的一种以人为本的课堂教学形式，又称为创新课堂教学，是相对于传统课堂教学形式而言的。它起源于 20 世纪 90 年代，随着《中

① 林育曼. 高校网络化自主学习绩效管理探析[J]. 高教探索，2011（6）：104-108.

② 钟志贤，林安琪，王觅. 学习契约：远程学习效果评价的书面协议[J]. 中国远程教育，2007（12）：36-39.

③ KNOWLES M S. The Adult Learner: A Neglected Species[M]. Houston: Gulf Publishing Company, 1978: 212-217.

共中央国务院关于深化教育改革，全面推进素质教育的决定》的发布和在新课程改革推进的过程中逐渐蓬勃发展起来的。它的目的是以知识、实践为载体，充分发挥个体的主体作用，培育学生的创新思维和能力，培养符合社会发展的创新型、高素质人才。

传统课堂存在“重教有余、重学不足，灌输有余、启发不足，复制有余、创新不足”的缺陷，创新课堂正是为了解决这些弊端提出的。创新课堂以创新教育理念为依据，以创新观念为指导，其革新理念体现在以下几个方面：①确立以人为本的教学理念，确定学生在课堂中的主体地位，以学生自身的发展作为教学的目的和核心。②探究性教学方法走进课堂，激活学生存储的知识，引导学生自主探索、创造性运用知识的能力，让学生在探索知识的过程中收获愉悦的心情。③教师转变成学生学习的组织者、促进者和指导者，在教学中起到主导作用，是学生学习过程中的指导者、问题解答者。④采用开放的、多元的教学评价体系，客观全面地评价学生，促进学生的全面发展。[①]

创新课堂实行以人为本的教育理念，有助于增强学生的学习积极性和学习的主体意识，这对促进教师教育进程的发展有着极大的启示作用。因此，在教师教育进程中，采用先进的教学理念调动教师的学习积极性，充分地发挥教师学习的主观能动性，加深教师专业知识的掌握程度。除此之外，在教师教育中，教师作为学习的主体，有助于教师掌握先进的教学理论，改进教师的教学技能和方法。最后，在教师教育进程中，充分地运用信息技术为教学带来的便利，调动教师运用信息技术的积极性，增强教师的信息技术能力。

14. 学习共同体（☆☆）

“共同体”是一个人类社会学范畴的概念。社会学者认为，它进入学科领域应从 1887 年斐迪南·滕尼斯（Ferdinand Tonnies）出版的《共同体与社会》（*Gemeinschaft und Gesellschaft*）一书算起，德文“Gemeinschaft”意为礼俗社群，“Gesellschaft”意为法理社会，表示任何基于法理社会协作关系的有机组织形式。

---

① 雷桂萍. 论创新课堂教学[J]. 中国职业技术教育，2003（22）：46-47.

滕尼斯使用“Gemeinschaft”这一概念的目的在于强调人与人之间的紧密关系、共同的精神意识以及对“Gesellschaft”的归属感和认同感。[①]在教育领域，“共同体”一词最早见于欧内斯特·博耶（Ernest L. Boyer）1995 年发表的题为《基础学校：学习共同体》的报告中，这一报告用了“学习共同体”的概念，并指出，“学校是学习的共同体，学校教育最重要的是建立真正意义上的学习共同体”。美国范德堡大学认知与技术小组在总结开发贾斯珀系列（Jasper series）历程时也提出了“学习共同体”的概念，即许多学者已经开始探索如何组织环境以支撑复杂的学习，这种环境为学习共同体或学习者共同体[②]。

人们在实践学习共同体的过程中，对它的内涵给予了许多解释，例如，罗兰·巴特（RoLand Barth）在《从内部改进学校》一书中指出，学习共同体是一个学生和成人都能够根据对他们的特殊重要性，积极主动地学习，并能互相促进彼此学习的地方[③]；霍德（Shirley M. Hord）认为，学习共同体就是一个协作的团体，其中参与者平等贡献，参与共享，关注的是持续的反馈和探索[④]；莱夫（Jeau Lave）和温格（Etienne Wenger）则将学习共同体视为参与学习活动的学习者（包括专家、教师及学生）围绕共同的主题内容，在相同的学习环境中，通过参与、活动、反思、会话、协作、问题解决等形式构建的一个具有独特文化氛围和境脉的动态结构。[⑤]

学习共同体的建立对促进学习来说是有其现实意义的，它有利于学习成员在学习过程中培养人与人之间的信任感、互惠感和分享感。学习成员可以通过在学习共同体中的学习与工作，最终实现学习成员之间相互信任、相互影响，从而有序、有规章制约地参与学习活动，同时也可以相互受益，强化和共享价值观念，并达到超越时空和心理藩篱、分享学习体验和结果、相互沟通情感的良好状态。

① 〔美〕约翰·杜威. 民主主义与教育[M]. 2 版. 王承绪，译. 北京：人民教育出版社，2001.

② 冯锐，金婧. 学习共同体的思想形成与发展[J]. 电化教育研究，2007（3）：72-75.

③ 冯锐，金婧. 学习共同体的思想形成与发展[J]. 电化教育研究，2007（3）：72-75.

④ SEELS B, CAMPBELL S, TALSMA V. Supporting excellence in technology through communities of learners[J]. Educational Technology Research and Development, 2003, 51（1）: 91-104.

⑤ 黄娟，徐晓东. 校际主题综合学习共同体的建构与实践研究[J]. 中国电化教育，2003（10）：15-18.

15. 学习风格（☆☆）

“学习风格”（learning style）是哈伯特·塞伦（Herbert Thelen）在1954年首次提出的一个术语，但迄今为止，关于其内涵的界定尚未达成统一的认识。基夫（James W. Keefe）认为，“它是反映学习者如何感知信息、如何与学习环境相互作用并对之做出反应的学习方式的相对稳定的指标，是学习者特有的情感、认知和生理行为”[①]。里德（Joy M. Reid）则将学习风格视为学习者接受、加工和贮存新信息，理解和掌握新技能的习惯性的、自然的学习方式，它不会因为学习内容和教学方法的不同而发生改变。[②]在我国，比较公认的是谭顶良给出的定义，即“学习风格是持续一贯的、带有学习者个性特征的学习方式，是学习者的学习策略和学习倾向的总和”[③]。由此可见，学习风格具有稳定性、个性化、差异性等特点。

学习风格的研究始于20世纪50年代，自塞伦提出这一概念之后，美国心理学家威特金（Herman A. Witkin）等人从学习风格的社交功能这一维度提出了将学习风格划分为场独立型和场依存型两类的思想，并引起了各领域研究者的注意，掀起了学习风格研究的浪潮。到了20世纪70年代至80年代，关于学习风格的理论和模式呈现出爆发式的增长，并开始应用于教育教学领域。90年代后，学习风格的研究领域逐渐扩大并不断深入，如有关教学风格和学习风格的匹配对学生成绩的影响研究、新兴教学技术与学习风格相联系促进教学效果的研究等。一直到现在，学习风格仍然是一个研究热点。而不同研究者对学习风格的分类也存在差异，如威特金将其分为场独立型和场依存型，大卫·库伯（David Kolb）将其分为发散型、同化型、聚合型和顺应型，里德将其分为触觉型、听觉型、视觉型、动觉型、个体型和合作型，凯根（Jerome Kagan）将其分为沉思型和冲动型，帕斯克（Gordon Pask）将其分为综合策略型和分析策略型，等等。

在教师教育中，学习风格的研究不仅有利于针对不同学习风格的教师开展不

---

① KEEFE J W. Learning style: an overview[A]//KEEFE J W. Student Learning Styles: Diagnosing and Prescribing Programs[M]. Reston: National Association of Secondary School Principals, 1979: 1-17.

② REID J M. Learning Styles in the ESL/EFL Classroom[M]. Boston: Heinle and Heinle Publishers, 1995.

③ 谭顶良. 学习风格论[M]. 南京：江苏教育出版社，1995：9-10.

同的学习活动，还有利于指导教师根据自己的学习风格有针对性地提高自身的知识技能。而关于学习风格的测量、分析和应用也是教师必须要学习的一项重要教学技能，因此，掌握学习风格对促进教师专业发展、提高素质教育质量具有重要的意义。

拓展资源

[1] HONEY P, MUMFORD A. Using Your Learning Styles[M]. Maidenhead: Peter Honey, 1986.

[2] REID J M. The learning style preferences of ESL students[J]. TESOL Quarterly, 1987, 21（1）: 87-111.

16. 操作性条件反射（☆）

操作性条件反射是由美国著名心理学家斯金纳（B. Frederic Skinner）在桑代克（Edward. L. Thorndike）和华生（John B. Watson）的理论基础上，进行了大量的动物实验后提出的，是从华生行为主义派生出来的一种新行为主义理论。

操作性条件反射是指“非已知刺激发出的联结反应”[①]，即有机体在某种情境中自发做出的某种行为，又因得到强化而提高了该行为在这种情境中发生的概率，从而形成了该反应与情境的联系。因此，它是有机体对环境进行的主动操作行为。该理论是根据斯金纳用自己发明的“斯金纳箱”所做的经典实验提出来的，斯金纳在实验箱内放入一只饥饿的老鼠，当饥饿的老鼠四处乱撞时，无意中按压了横杆从而获得了食物，如此重复几次后，就形成了条件反射，因为压杆反应是对环境的一种“操作”，所以称这种反应为“操作性条件反射”。

操作性条件反射的基本模式是 $S^D \rightarrow R \rightarrow S^R$，被称为三项相倚关系（three-term contingency）模式。其中 S^D 是指辨别性刺激（discriminative stimulus），提供了一个引发反应（R）的机会，而强化刺激（S^R）是在被试产生反应之后出现的事件，其主要目的是提高该反应再次出现的概率。这个模式也可以简单地标记为 A—B—C 模式，即“前提—行为—后果”模式。

操作性条件反射是行为心理学的基本概念之一，它的出现打破了“没有刺激，

① 何克抗. 教学设计理论与方法研究评论（上）[J]. 电化教育研究，1998（2）：20-25.

就没有反应”的传统行为主义观点，填补了条件反射类型上的一项空白，它更接近于人们的日常生活学习，被广泛应用于教学仪器和程序教学的设计中，因而在世界范围内曾产生了较大的影响。在教师教育领域，操作性条件反射对了解教师学习现状，提高教师学习效率具有重要意义及价值。一方面，教师教育者应针对不同教师的不同个性特征和学习需求，给予不同的学习资源、学习工具和辨别性刺激等；另一方面，教学设计者应通过及时强化来调动教师参与学习活动的积极性，增强其学习的兴趣和信心。

拓展资源

[1] SWEATT J D. 学习和记忆机制[M]. 2 版. 北京：科学出版社，2012.
[2] 何克抗. 教学设计理论与方法研究评论（上）[J]. 电化教育研究，1998（2）：20-25.

17. 工具性条件反射（☆）

工具性条件反射是由美国著名心理学家桑代克（Edward L. Thorndike）通过对动物和人的实验研究提出的联结理论。其过程大致如下：有机体发现如果想要获得更令人满意的结果或出现一种更好的情形，就必须以在某种情境下发生某种行为为前提，那么以后在相似的情境下这种行为再次出现的可能性就会增大；如果在某种情境下发生某种行为后，接着就出现了一种更糟糕的情形或令人更加不满意的结果，那么以后这种行为再次出现的可能性就会减小。即学习是由刺激情境与正常反应之间形成的联结构成的。

这一理论是桑代克根据迷箱实验而得出的：把一只饥饿的猫放在设有门闩装置的迷箱里，箱外放着一盘食物，在猫偶然打开门闩逃出迷箱后，桑代克记下猫逃出所需的时间；接着又将它放回迷箱，进行下一轮尝试。实验中的猫正是因为受到笼子外的食物的刺激，才产生了逃出笼子的反应，而桑代克实验里的那个迷箱就是“工具”。桑代克在解释动物的适应性行为的过程中，成功地证明了有机体在新环境下会采取尝试错误的行为，以达到目标并清除障碍。于是，桑代克将这种最终达到目标的行为称为工具性行为，将这种自我研究型的学习方式称为工具性条件反射。

工具性条件反射的提出揭示了试误学习的过程，打破了之前“学习是一种理智过程”的认知，为联结主义心理学的发展奠定了基础。在教师教育领域，教师教育者应认识到教师的学习过程是从领会刺激情境开始的，然后进入习得阶段，最后才到储存阶段。因此，在教师教育活动开展之前，教师教育者应先将教学目的告知教师，以调动教师学习的积极性；并根据教师兴趣设置一定的奖励，以激发教师的学习动机；还需要在教学过程中安排一定的练习和复习，以不断地巩固教师所获得的新知识。

拓展资源

[1] 〔美〕查尔斯·S. 卡弗，迈克尔·F. 沙伊尔. 人格心理学[M]. 5 版. 梁宁建，等，译. 上海：上海人民出版社，2011.

[2] 〔美〕格尔德·米策尔. 心理学入门[M]. 张凤凤，金建，译. 北京：中央编译出版社，2011.

18. 认知策略（☆☆）

认知策略（cognitive strategies）这一术语最早是在 1956 年杰罗姆·布鲁纳（Jerome Bruner）研究人工概念形成时提出的。1974 年，美国教育心理学家加涅（Robert M. Gagné）在布鲁纳的理论基础上，提出认知策略是学习者用以支配自己的心智加工过程的内部组织起来的技能。根据我们对学习过程的描述，学习过程受内部的执行控制过程的修正和调节。这些内部定向过程被称为认知策略①。由此看出，加涅将认知策略基本分为两种：①学习策略，这是一种集中注意力、组织信息、细化内容、熟悉使用和探索知识的智慧策略；②思考策略，即一种导致发现、发明或创作性的理智技能。

简单地说，认知策略就是优化信息加工效果、提高加工效率的一种认知技能。即优化信息加工效果、提高加工效率作为认知策略功能方面的本质属性，其作用的对象仍是个体外部的认知信息材料，而非个体内部的认知加工过程。同时，它可以对信息进行分门别类的系统储存，以及进行有效的加工与整理，具有自我控

① 邵瑞珍，皮连生，崔柳舒. 学与教的心理学[M]. 上海：华东师范大学出版社，1990：103-105.

制与调节的作用。此外，认知策略作为一种认知技能既属于程序性知识又属于方法范畴，更具有统摄性与概括性，对学习者自身的学习、记忆以及思维行为起着支配作用。

在现代学习理论中，认知策略是一种控制过程，是学习者用以选择和调整其注意、学习与思维方式的内部过程。①从教师教育方面来看，教学设计者在设计教学过程时，需要根据不同的具体教学情形确定不同的认知策略，并基于不同的认知策略设计出不同类型的教学方案。教师教育者应依据认知规律和特定的教学时间、地点和条件，灵活机动地选择和组织教学内容、教学方法、教学手段、教学顺序，以实现教师更为明确的、良好的认知效果。

拓展资源

张逢成. 探究式教学中的问题设计[M]. 徐州：中国矿业大学出版社，2011：160.

19. 认知风格（☆☆）

认知风格（cognitive style）是认知心理学中用来描述个人知觉、思维、记忆以及问题解决方式的一个术语，常常是指学习者在加工信息（包括表征、组织、接受、转化、贮存、提取和使用信息等）时习惯采用的不同方式。目前，对于认知风格的界定尚未形成一个统一的认识，但大多数人认为，它具有以下三个基本特征：①它是学习者的理智特征，具有个性化的特点；②它描述的是那些在时间上相对稳定的过程，即具有一定的持久性；③学习者完成类似的任务时始终表现出这种稳定性，即一致性。②除此之外，它还具有两极性、价值中性、与智力无相关或相关不显著等特点。

认知风格种类繁多，按照不同的标准，可将其分为下列几种类型：①场依存型与场独立型。场依存型的人在信息加工过程中受环境因素影响较大，被称为“外部定向者”；而场独立型的人则不受或很少受环境因素的影响，被称为“内部定向

① 〔美〕加涅，布里格斯，韦杰. 教学设计原理[M]. 皮连生，庞维国，等，译. 上海：华东师范大学出版社，1999：67.

② 施良方. 学习论[M]. 北京：人民教育出版社，2001：467-468.

者”。②冲动型与沉思型。冲动型的学习者往往以很快的速度形成自己的看法或做出反应；而沉思型的学习者则倾向于先评估各种不同的方案，经过深思熟虑之后再做出反应。③整体性策略和系列性策略。采用整体性策略的学习者在解决问题或从事任务时，往往会使用比较复杂的假设，从多个层次和不同维度来思考不同的方法；而采用系列性策略的学习者提出的假设则比较简单，往往是采用逐步递进的线性方式来解决问题或完成任务。④求同思维和求异思维。求同思维者在解决问题或从事任务时倾向于追求熟悉的内容，表现出相对保守和稳定的思维方式；而求异思维者则倾向于追求新颖的内容，善于创造和使用新的方法策略。⑤外倾和内倾。外倾者的行为主要指向外部世界的各种事件，其思维是受寻找客观事实支配的；而内倾者则倾向于根据个人的标准或价值观来评判外部事件。需要指出的是，认知风格不存在好坏之分，只是在不同的情境下表现出不同的优势而已。

对教师教育工作者来说，首先要让每位教师对自己的认知风格形成正确的认识；其次，要根据不同教师的不同认知风格，结合教学内容，给予不同的教学指导和学习支持；再次，在开展协作学习时，要结合教师的不同心理特征和认知方式进行分组；最后，还要让教师学会针对不同认知风格的学生设计不同的教学方案。

拓展资源

[1] RIDING R, RAYNER S. Cognitive Styles and Learning Strategies: Understanding Style Differences in Learning and Behavior[M]. London: D. Fulton Publishers, 1998.

[2] RIDING R, CHEEMA I. Cognitive styles—an overview and integration[J]. Educational Psychology, 1991, 11（3-4）: 193-215.

20. 认知工具（☆☆）

认知工具（cognitive tools）是认知心理学领域的一个概念，关于其内涵，不同的学者有不同的解释。戴瑞（Sharon J. Derry）认为，“它是一种支持（support）、指引（guide）、拓展（extend）使用者思维过程的心智模式和计算机设备”[①]。克雷默（Kwindla Hultman Kramer）则指出，“认知工具是人们为完成某一任务，用以组织思维的观点、范式、技术以及思维模式等”[②]。与其他学者不同的是，乔纳森（David H. Jonassen）将认知工具视为“心智工具”（mindtool），并提出它“是以计算机为基础的可用于帮助学习者发展批判性思维与高阶思维的工具或学习环境”[③]。由此可见，认知工具可分为两种：一种是指像黑板、书本、投影仪等物化设备的有形认知工具；另一种是如思维、策略、元认知等内在方法的无形认知工具。

认知工具的理论基础主要体现在两个方面：一是建构主义学习环境理论。乔纳森将其视为构成学习环境的核心要素之一，认为它对帮助学习者进行信息处理、完成认知操作以及知识建构具有重要作用。二是分布式认知（distributed cognition）理论。分布式认知用个体与其他个体、人工制品所组成的功能系统的层次来解释认知过程，而认知工具能够在学习者与信息技术之间形成智能伙伴关系，充当人工制品的作用，如虚拟仿真实验能够帮助学习者更好地理解知识。关于认知工具的分类也有很多种，比较有代表性的也是乔纳森的观点，他将其分为五类：①语义组织工具，用于理清观点间的语义关系，如语义网络（概念图、思维导图）、数据库等；②动态建模工具，即帮助学习者描述观点间动态关系的工具，如电子报表、微世界、专家系统等；③信息阐释工具，如概念可视化软件、有意义的信息检索工具等；④知识构建工具，如最典型的多媒体知识库；⑤交流协作工具，包括聊天室、博客等在内的社交软件。

综上可知，认知工具对促进高效教学具有重要的意义。因此，教师不但要充分利用各种认知工具来开展有利于提高自身专业技能的自主学习和协作学习，提高学习效率；更要准确把握不同认知工具的不同功能及其适用条件，从而为自己教学实践的设计提供理论上的指导，最终在促进学习者的有意义学习、发展其高阶思维能力（higher-order thinking skills）并实现信息技术与学科课程的有效整合

---

① JONASSEN D H. Technology as cognitive tools: learners as designers[EB/OL]. http: //itech1. coe. uga. edu/itforum/paper1/paper1.html[2017-03-05].

② KRAMER K H. Moveable objects, mobile code[D]. Cambridge: Massachusetts Institute of Technology, 1998.

③ JONASSEN D H, REEVES T. Learning with Technology: Using Computers as Cognitive Tools[M]. JONASSEN D H. Handbook of Research on Educational Communication and Technology. New York: Scholastic, 1996: 693-719.

上发挥重要作用。

拓展资源

[1] JONASSEN D H. What are cognitive tools? [A]//KOMMERS PAM, JONASSEN D H, MAYES J T, et al. Cognitive Tools for Learning[M]. Berlin: Springer Verlag Publications, 1992: 1-6.

[2] EGAN K. The Educated Mind: How Cognitive Tools Shape our Understanding[M]. Chicago: University of Chicago Press, 1997.

21. 认知负荷（☆☆）

认知负荷（cognitive load）是由美国认知心理学家约翰·斯威勒（John Sweller）在乔治·米勒（George A. Miller）等人研究的基础上首先提出的。认知负荷的概念自问世以来，就始终没有统一的定义。约翰·斯威勒将认知负荷定义为，是处理被给信息所需要的“心智能量的水平”[①]。库珀（Graham Cooper）认为，认知负荷是在特定作业时间内，施加于个体的工作记忆的心理活动总量[②]。帕斯（Fred G. W. C. Paas）和范·麦里恩博尔（Jeroen J. G. van Merrienboer）认为，认知负荷由多维度构成，是执行一项具体任务时施加于个体认知系统的负荷[③]。结合以上说法可以看出，认知负荷与完成某项特定的任务相联系，该任务在工作记忆中进行信息加工，这种加工必须有相应心智能量的支持才能顺利进行。

认知负荷理论（cognitive load theory，CLT）认为有三种类型的认知负荷：内在认知负荷（intrinsic cognitive load）、外在认知负荷（extraneous cognitive load）以及相关认知负荷（germane cognitive load）。内在认知负荷与学习任务的固有本质有关，是由要学习的材料的性质与学习者的专业知识之间的交互决定的。因此，决定内在认知负荷的因素有两个：一是外部因素，即学习材料的复杂性水平；二是内部因素，即学习者所具有的认知图式。外在认知负荷又称无效认知负荷，是

① SWELLER J. Cognitive load during problem solving: effects on learning[J]. Cognitive Science, 1988, 12（2）: 257-285.

② COOPER G. Cognitive load theory as an aid for instructional design[J]. Australasian Journal of Educational Technology, 1990, 6（2）: 108-113.

③ PAAS F G W C, VAN MERRIENBOER J J G. Instructional control of cognitive load in the training of complex cognitive tasks[J]. Educational Psychology Review, 1994, 6（4）: 351-371.

由教学内容的呈现方式没有考虑信息的知识或认知结构而导致的认知负荷。外在认知负荷会增加工作记忆的负荷，其主要是由学习材料引起的。相关认知负荷是指与促进图式建构和图式自动化过程相关的认知负荷，它与学习者的认知努力相关。

认知负荷理论认为，教学工作者在进行教学设计时，应尽可能地降低学习者的内在认知负荷和外在认知负荷，并在保证总的认知负荷不超过学习者能承受的认知负荷的前提下，适当地引导学习者投入更多的心理努力，提高相关认知负荷，从而实现图式的构建与图式的自动化。教学工作者可以从以下几个方面来优化学习者的认知负荷结构以提高教学效果。①控制内在认知负荷：充分考虑教材的特点以及学习者的认知水平。②降低外在认知负荷：合理选择教学材料，减少冗余信息，并优化材料的呈现方式以提高教学水平。③提升相关认知负荷：激发学习者的学习动机，引导学习者投入更多的认知努力。

22. 工作记忆（☆☆）

工作记忆（working memory，WM），是指个体在执行认知任务中，对信息暂时保持与操作的能力。[①]1960 年，乔治·米勒（George A. Miller）等人在他们的著作《行为的计划与结构》（*Plans and the Structure of Behavior*）中提出了工作记忆的概念，此后，工作记忆一直被用于动物和计算机的模拟研究。1968 年，阿特金森（Richard Chatham Atkinson）和希夫林（Richard Shiffrin）在心理学的研究中开始使用工作记忆这个概念，但仅把它等同于短时记忆。直到 1974 年，巴德利（Alan David Baddeley）等人在批判短时记忆的基础上，将工作记忆的概念引入认知心理学的研究中。

工作记忆被形容为人类的认知中枢，是当前认知心理学和认知神经科学中最活跃的研究领域之一。相关研究发现，工作记忆与智力、推理、学习、创造力等高级认知活动之间存在着一定程度的相关性。[②]目前针对工作记忆的机制，国际上

① BADDELEY D A. Working memory[J]. Biological Science, 1983, 302（1110）: 311-324.

② FRY A F, HALE S. Processing speed, working memory, and fluid intelligence: evidence for a developmental cascade[J]. Psychological Science, 1996, 7（4）: 237-241.

已经提出了十几个有影响力的理论模型，在众多的工作记忆模型中，巴德利的多成分模型被认为是相对完善和成熟的。巴德利早期的研究认为，工作记忆由语音回路（phonological loop）、视觉空间模板（visuospatial sketch pad）两个附属系统和中央执行系统（central executive）组成。2000 年，他又增加了情景缓冲区（episodic buffer）这一子系统，将工作记忆发展为四成分模型。

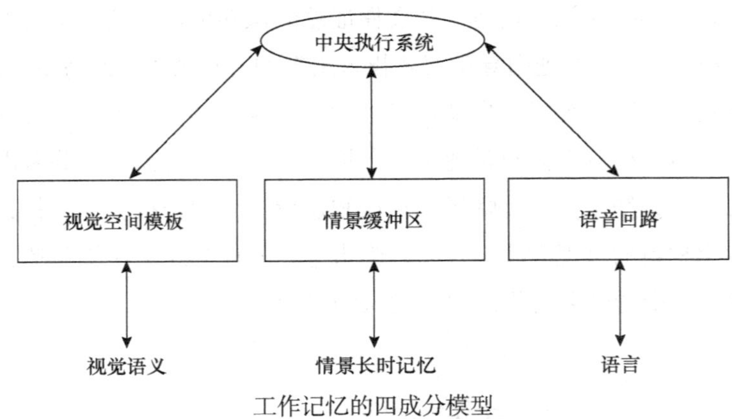

工作记忆的四成分模型

大量的研究表明：工作记忆在个体的认知行为中起着不可替代的作用，是个体在复杂认知行为中表现差异的重要甚至是核心的因素。工作记忆在高级认知活动中具有双重作用：首先，工作记忆负责获取当前的信息，与长时记忆的信息相联系；其次，工作记忆暂时保存重要的信息，从而获得对任务的整体理解。①

拓展资源

[1] BADDELEYD A. The episodic buffer: a new component of working memory? [J]. Trends in Cognitive Sciences, 2000, 4（11）: 417-423.

[2] BADDELEY D A. Working memory and language: an overview[J]. Journal of Communication Disorders, 2003, 36（3）: 189-208.

[3] MILLER G A, GALANTER E, PRIBRAM K H. Plans and the Structure of Behavior[M]. New York: Adams Bannister Cox, 1986.

① BADDELEY A. Working memory: looking back and looking forward[J]. Nature Reviews Neuroscience, 2003, 4（10）: 829-839.

23. 感觉记忆（☆☆）

感觉记忆（sensory memory，SM），又称作瞬时记忆或感觉登记（sensory register）。当客观刺激停止作用后，感觉信息会在一个极短的时间内保存下来，这就是感觉记忆。与长时记忆和短时记忆相比，感觉记忆的存储时间很短，为 0.25—1 秒。

进入感觉记忆的信息以感觉痕迹的形式被登记下来，其主要特点有：①感觉记忆的编码方式形象多样。首先，感觉记忆记住信息的方式，是外界刺激物的形象，因此具有鲜明的形象性；其次，根据感觉记忆的编码方式可以将感觉记忆分为图像记忆（iconic memory）、声像记忆（echoic memory）以及触觉记忆（haptic memory），其中图像记忆是感觉记忆主要的编码方式。②感觉记忆的容量很大，但保留时间很短。图像记忆容量一般为 9—20 比特，保留时间为 0.25—1 秒；而声像记忆容量大约为 5 比特，保留时间大约是 2 秒，最长不超过 4 秒。③感觉记忆保留时间非常短暂。如果对感觉记忆中的信息加以注意，信息就被转入短时记忆，否则，信息很快就会消失，也就是遗忘。

记忆信息加工分级模型如下图所示。从图中可以看出：来自外界的信息短暂地保存在感觉记忆中，如果没有受到注意就会消失。得到注意的信息进入短时记忆，在短时记忆中，个体将这些信息加以改组和利用并做出反应。为了分析存入短时记忆的信息，个体会调出存储在长时记忆中的知识。因此，短时记忆中的信息有两处来源，分别是来自感觉记忆中的信息和长时记忆中的信息。然而短时记忆保存信息的容量是有限的，因此信息需要经过复述才能进入相对持久的长时记忆。

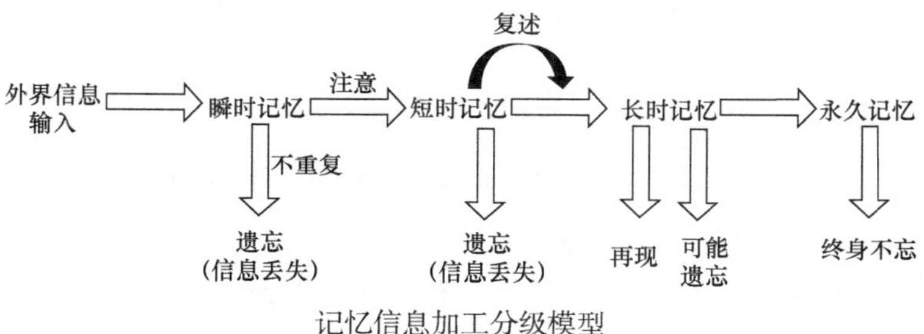

记忆信息加工分级模型

感觉记忆是学习者在多媒体课堂中应用最多的记忆加工方式和信息编码方式，它主要通过图像记忆和声像记忆两种方式使信息进入感觉记忆，所以多媒体教学材料的性质和特征决定了教学内容是否最大限度地刺激学习者的视听器官，从而引起学习者的学习注意力，并进一步左右着下阶段短时记忆和长时记忆信息来源的质量，对多媒体课堂教学效果起到了基础性作用。因此，教学工作者要根据每次课堂教学的内容来灵活地安排教学材料，保证学习者的课堂学习效果。

24. 短时记忆（☆☆）

短时记忆（short-term memory，STM），是记忆的一种类型，是个体对刺激信息进行加工、编码、短暂保持的记忆，与长时记忆相比，其具有信息存储时间短、信息存储容量有限等特征。

短时记忆具有两个重要特征：一是信息存储时间短，这就意味着它的内容会随着时间的推移自发衰变。在无复述的情况下，短时记忆的保持时间通常是 5—20 秒，最长不超过 1 分钟。比如你拨打一个新号码，再拨时就又需要查电话簿。如果想要将进入短时记忆的信息长期保持，就必须对这些信息进行不断的复述。二是信息存储容量有限，早在 19 世纪中叶，爱尔兰数学家和天文学家威廉·汉密尔顿（William Hamilton）就进行过一个简单的实验，证明短暂呈现时人们正确把握的项目数为 5—9 个，平均 7 个，因而产生了“神秘数——7”这个说法。1956 年，美国认知心理学家乔治·米勒（George A. Miller）发表了一篇重要的论文《神奇的数字 7±2：我们信息加工能力的局限》，明确提出短时记忆的容量是 7±2 个单元（组块），即一般为 7 个，并在 5—9 个波动。这对于短时记忆的研究具有里程碑式的意义。

通常，我们将短时记忆的加工过程分为编码、保持、提取三个阶段：①短时记忆的编码主要是声音编码，其基本论据是采自康拉德（R. Conrad）的实验，除此之外，视觉编码和语义编码也是短时记忆编码的方式。②保持即通过某种方式使记忆痕迹维持的阶段，在保持阶段，记忆的痕迹会随着时间而逐渐衰变，此时复述就是短时记忆保持的有效方式。③提取是恢复保持信息的阶段，就是把短时记忆中的刺激信息回忆出来，目前关于提取的模型主要有罗伯特·斯滕伯格（Robert J. Sternberg）的系列加工模型、唐圣德（James Tarlton Townsend）的平行加工模型以及魏克格伦（Wayne Wickelgren）的直通模型等。

在学生学习过程中，尤其是对于语言类知识的习得，不可避免地需要依靠记忆来获取知识。为了更好地记忆这些知识，如何使进入短时记忆的信息经过进一步加工，得到更好的存储并进入长时记忆，是我们需要重点解决的一个问题。记忆的认知加工策略有很多，如复述策略、组块化策略、联想策略、分类策略、精细加工策略等，因此，教学工作者在教学过程中，要正确选择并充分利用这些策略，以促进学习者的学习。

拓展资源

MILLER G A. The magical number seven, plus or minus two: some limits on our capacity for processing information[J]. Psychological Review, 1956, 63（2）: 81-97.

25. 元认知（☆☆）

“元认知”（metacognition）是个体关于认知过程的认识和调节这些过程的能力，包括对思维和学习活动的认知和控制。自美国发展心理学家约翰·弗拉维尔（John H. Flavell）在 20 世纪 70 年代首次提出“元认知”这一概念之后，越来越多的心理学家开始对元认知产生兴趣并进行研究，使得“元认知”迅速成为心理学界的宠儿和教育心理学界的多产研究领域之一。单从研究者对“元认知”的界定就可以看出，人们对“元认知”的认识正在不断加深。弗拉维尔认为，“元认知”是“反映或调解认知活动的知识或活动”[①]，安·布朗（Ann L. Brown）则将“元认知”定义为“个人对认知领域的认识与控制”[②]，而罗伯特·斯滕伯格（Robert J. Sternberg）则更直接地指出：“元认知即认知的认知。”[③]

---

① FLAVELL J H. Metacognition and cognitive monitoring: a new area of cognitive-developmental inquiry[J]. American Psychologist, 1979, 34（10）:906-911.

② BAKER L, BROWN A L. Metacognitive skills and reading[A]//PEARSON P D. Handbook of Reading Research[M]. New York: Longman, 1984: 353-394 .

③ STERNBERG R J. Encyclopedia of Human Intelligence[M]. New York: Macmillan, 1994.

国内不少学者认为元认知包含三个元素：元认知技能、元认知知识、元认知体验。[①]元认知技能主要是指主体对自身认知活动进行调节的技能，它是认知主体实现活动调节的基础，这个过程可能是有意识的，也可能是无意识的。在元认知技能早期形成过程中，意识占据着主要的指导地位，当这种技能发展到一定程度时，它就可能会成为一种自动化的产物。元认知知识主要是指主体对活动过程与结果的认识，主体经历一系列的认知活动之后，会对活动要素以及影响活动的方式形成自己的认识。元认知体验主要是指主体在完成活动过程中对所经历任务的整体感受，主要包括所遇到的问题与困难、解决问题采用的方法，以及对活动完成的情况、效果、收获等的一系列体验。

元认知不仅是心理学的研究热点，在其他学科领域中也有着广泛的应用，如元认知训练在阅读课中的应用，它不仅能够对学生的信息选择与加工产生极大的帮助，对整个学科课程的学习也能够起到一定程度的改善。学习者根据自身学习的特点，运用元认知原理对自身的学习过程进行积极的监控、反馈与调节，能够帮助他们更快地达到学习目标。[②]

自元认知概念提出后，出现了很多类似于元认知的“元”的研究，如元科学、元理论、元哲学等，越来越多的研究人员将研究焦点转移到对研究对象的反思与探索上。随着人类认识的不断发展以及元认知理论研究的不断深入，元认知的应用和实践领域将更加宽广。[③]

26. 长时记忆（☆☆）

长时记忆（long-term memory，LTM），是指信息能保持多年甚至终身的记忆。乔治·米勒（George A. Miller）在他 1956 年发表的《神奇的数字 7±2：我们信息加工能力的局限》中提出：短时记忆的容量是有限的，为 7±2 个单元，然而长时记忆的容量却是巨大的（但不是无限的）。[④]长时记忆的信息主要来自短时

---

① 汪玲，郭德俊. 元认知的本质与要素[J]. 心理学报，2000（4）：458-463.

② 董奇. 论元认知[J]. 北京师范大学学报，1989（1）：68-74.

③ 杨宁. 元认知研究的理论意义[J]. 心理学报，1995（3）：322-328.

④ MILLER G A. The magical number seven, plus or minus two: some limits on our capacity for processing information[J]. Psychological Review, 1956, 63（2）: 81-97.

记忆阶段加以复述的内容。1968 年，阿特金森（Richard Chatham Atkinson）和希夫林（Richard Shiffrin）在其多重记忆系统模型（Atkinson-Shiffrin Memory Mode）中提到：短时记忆的信息经过复述进入长时记忆。

根据托尔文（Endel Tulving）的多重记忆系统理论，长时记忆分为内隐记忆（implicit memory）和外显记忆（explicit memory）。外显记忆是一种有意识的记忆，是对事实、事件及它们之间相互关系的记忆，也称作陈述性记忆，它又可分为情景记忆（episodic memory）和语义记忆（semantic memory）。例如通过学习，我们知道北京是中国的首都，这就属于语义记忆，而我们储存的许许多多对生活情境或事件的记忆，比如早餐我喝了牛奶等，这些就属于情景记忆。内隐记忆又称作程序性记忆（procedural memory），是关于技术、过程或"如何做"的记忆，在日常生活中，我们不断学习一些技巧，形成的一些固定行为习惯，例如，我们学骑自行车、系鞋带等，这些关于技巧或习惯的记忆就是内隐记忆。与外显记忆相比，内隐记忆具有保持时间长、不易受外在刺激干扰等特征。

学习者在学习过程中不可避免地需要将记忆内容由短时记忆"转移"到长时记忆，形成长时记忆的策略有很多：①善于使新知识与旧知识挂钩，若无法在旧知识中找到与新知识相类同的信息，则可以使用联想法帮助记忆。比如在记忆英语单词 forget（忘记）时，可以这样：for——为了，get——得到，联想到"为了要得到新的，需要先忘记旧的"。②经常复习，德国心理学家艾宾浩斯（Hermann Ebbinghaus）研究发现，学到的知识在 1 天后，如果不抓紧复习，就只剩下原来的 25%，因此，在学习完新知识后要及时复习，以提高长时记忆量。③保持充足的睡眠也是形成结构良好的长时记忆的重要因素。

27. 顿悟（☆）

"顿悟"（insight）作为学习概念被提出始于 20 世纪初德国格式塔心理学派对学习心理学的研究。从苛勒（Wolfgang Köhler）关于"似动现象"的研究开始，经由考夫卡（K. Koffka）与维特海默（M. Wertheimer）的共同探讨，心理学家对"顿悟"的研究也在不断地完善。但是，自提出之日起，心理学家对"顿悟"的争论也从未休止，著名认知心理学家西蒙（Herbert A. Simon）认为，顿悟是通过理解和洞察来了解情景的能力或行为，奥默罗德（Thomas C. Ormerod）则主张用“手段–目的分析法”来阐释顿悟的认知过程[①]。与行为主义心理学倡导的“试误说”相对立，“顿悟说”强调学习者在问题的解决过程中的两个主要特点：①将劣构问题环境转化为新的良构情境；②学习发生的方式表现为对问题的顿悟[②]。

认知心理学家一般将对顿悟的研究分为两大类：一类强调探讨在顿悟中如何形成新的、能有效地解决问题的思路。它的主要特点为：①注重问题解决过程中图式的认知平衡构造，强调问题呈现方式的表征转换，顿悟发生机制则是旧平衡向新平衡转换的过程；②平衡转换过程中的关键部分是旧平衡组块的打破与新平衡中新组块的建立；③在顿悟学习中，新组块的建立机制区别于“刺激–反应”的尝试错误，将学习视为对理解的探索，并非只是对结果的呈现。另一类着重于探讨旧的思维方式如何阻碍问题的有效解决，它侧重于探讨思维定式、心理定式、精神强迫如何妨碍顿悟机制的发生前提。这一研究取向主要是发现顿悟发生过程中存在的前提性限制条件，以便为前者的研究提供有价值的参考性问题。在顿悟的研究范式中，两条研究主线是交互前进、共同发展的。[③]

心理学家对顿悟的经典研究（似动现象、九点问题、蜡烛问题、双绳问题等）在教育教学中产生了重要影响。[④]顿悟作为一种教学方法已经成了解决教学问题的一剂良方，这不仅体现在各门主要课程的教学中，还表现为对智力测量教学的重要帮助。[⑤]顿悟研究所产生的理论有很多，教师在教学实践中，如何合理利用“顿悟”这一有效的教学方式是改善教学实践的关键，而理论与实践的有机结合则是把握这一核心思想的有效方式。

28. 格式塔（☆☆）

格式塔（gestalt）心理学，也称完形心理学，诞生于1912年，是西方现代心理学的主要流派之一。该学说发端于20世纪初的德国，当时德意志帝国迅速崛起，

① 张庆林，邱江，曹贵康. 顿悟认知机制的研究述评与理论构想[J]. 心理科学，2004（6）：1435-1437.

② KOEHLER W. Gestalt Psychology[M]. New York: Liveright, 1929.

③ 罗劲. 顿悟的大脑机制[J]. 心理学报，2004（2）：219-234.

④ 邢强，黄伟东，张庆林. 顿悟研究述评及其展望[J]. 广州大学学报（社会科学版），2006（1）：47-51.

⑤ 马长燕. 猜谜作业中低质量提示信息促发顿悟产生的ERP研究[D]. 北京：首都师范大学，2009.

妄图征服世界，称霸全球，在这种社会历史条件下，德国的政治、经济以及科学文化等方面都倾向于整体的研究，心理学也不例外。在哲学方面，康德的先验论和胡塞尔的现象学论广泛为人们所认可。随着自然科学的蓬勃发展，物理学“力场”的概念越来越多地代替了原子论的观念，有机体整体这一术语的流行与新兴的格式塔心理学主张不谋而合，历史发展的必然趋势为格式塔学说的诞生和繁荣奠定了基础。

格式塔心理学的创始人为维特海默、考夫卡和苛勒，后期代表是勒温。格式塔心理学家的研究对象主要是直接经验和行为，他们不反对把意识作为研究对象，并认为行为主义不用意识建立一种心理学是荒谬的。在研究方法上，他们既不反对构造主义所强调的内省法，也不反对行为主义所依靠的客观观察法，认为这两种方法都是心理学的基本研究方法，不过他们做了一些改进和修正。受康德哲学思想的影响，格式塔的基本观点可以概括为“以知觉的完整性为中心”①。格式塔学说强调了经验和行为的整体性，反对当时流行的构造主义元素学说和行为主义“刺激–反应”公式，认为整体不等于部分之和，意识不等于感觉元素的集合，行为不等于反射弧的循环。

毫无疑问，格式塔在心理学上留下了不可磨灭的痕迹，极大地影响了知觉领域，从而也在某种程度上影响了学习理论，但它也有其局限和不足：格式塔心理学家意欲把各种心理学问题简化为公式，把意识的知觉组织看作理所当然存在的现象，忽视了物质基础，许多概念过于含糊，实验缺乏对变量的适度控制。

格式塔学说对学习理论和教师教育有着积极的借鉴意义，学习即知觉重组或认知重组，一个人学到些什么，直接取决于他是如何知觉问题情境的。态度在知觉判断中具有定向效应，故暗示、激励在教学中的作用不可忽视，教师在日常教学中应格外注意对学生正面的引导和鼓励，启发学生学习的内在兴趣。格式塔心理学家认为，真正的学习是不会遗忘的，顿悟的瞬间、自我探究、创造性地解决问题后所带来的快乐，本身就是人类所能具有的最积极的体验，教师在教学过程中应试图使学生通过自己的眼睛观察世界，培养学生的创造力和想象力。

---

① 〔美〕杜·舒尔茨. 现代心理学史[M]. 杨立能，陈大柔，李汉松，等，译. 北京：人民教育出版社，1981.

拓展资源

[1]〔德〕库尔特·考夫卡. 格式塔心理学原理（下册）[M]. 黎炜，译. 杭州：浙江教育出版社，1997.

[2] 萧孝嵘. 格式塔心理学原理[M]. 南京：国立编译馆，1934.

[3]〔美〕舒尔茨. 现代心理学史[M]. 10 版. 叶浩生，杨文登，译. 北京：中国轻工业出版社，2014.

[4] 施良方. 学习论[M]. 北京：人民教育出版社，2001.

29. 多元文化教育（☆☆）

20 世纪 60 年代，美国发起了一场公民权利运动，以消除人们对少数民族在公共场所、住房、教育、就业等方面存在的偏见。多元文化教育（multicultural education）概念的出现就是这一运动的重要文化成果之一。多元文化教育伴随现代世界多元化的发展而不断深入，包含着内涵深刻、意义深远的全球性敏感问题，涉及全世界所有的国家和公民以及教育的方方面面与整体改革。正如美国教育家班克斯（James A. Banks）所说，“多元文化教育是一种思想，一种哲学观点，一种价值取向，一种教育的改革行动和一种改变教育的惯性结构为主要目标的课程”①。因此，学者们对多元文化教育这一概念的诠释自然随着世界多元化的不断发展而变化，以下是较具代表性的诠释。

多元文化教育是基于对民主的珍视和信仰，在文化有差异的社会中和多种文化相互依存的世界中确认文化多元化的一种教学和学习取向；是在多民族的多种文化共存的社会背景下，通过改革教育环境，使各民族的文化平等发展，各民族学生在其中享受教育平等和学术公平的教育。多元文化教育一般是指在维护整个国家的前提下，在多民族的多文化共存时，允许和保障各民族文化共同平等发展，以丰富整个国家文化的教育。它强调文化的多样性、尊重差异、社会正义与机会均等，认为学校应当为学生提供各种机会，让他们了解各种不同文化内涵，培养学生欣赏其他族群文化的积极态度，避免冲突与对立。多元文化教育的最终目的

① 陈时见. 全球化视域下多元文化教育的时代使命[J]. 比较教育研究，2005（12）：37-41.

在于拓宽现有文化基础，增强对其他文化的尊重和理解，肯定人的价值，重视个人潜能的发展。[①]

虽然人们对多元文化教育的描述存在差异，但他们关注的内容是一致的：① 多元文化教育的核心价值观一直都是承认并尊重文化的多元性，促进文化的多样性的特征与价值，容忍和接纳其他民族文化，传承、保持和发展多元文化；② 多元文化教育的核心内容仍然是以学校中多元文化课程的设置来传递不同种族、民族、阶层的文化。[②]

拓展资源

BANKS J A. 多元文化国家的多样性及公民教育[J]. 湖南师范大学教育科学学报，2013，12(3)：5-11.

30. 多元智能理论（☆☆）

多元智能理论（multiple intelligence theory）是由美国哈佛大学教育研究生院心理发展学家霍华德·加德纳（Howard Gardner）于 1983 年在其出版的《智能的结构》一书中提出的。加德纳认为，“智能是人们解决某个问题或创造某种产品的能力，但这一问题或这种产品在某一特定文化或环境中是被认为有价值的”[③]。他还提出，智能的基本结构不是单一的，而是多元的，人类的智能至少有以下七种：语言智能(linguistic intelligence)、逻辑–数理智能(logical-mathematical intelligence)、空间智能（spatial intelligence）、音乐智能（musical intelligence）、身体–运动智能（bodily-kinesthetic intelligence）、人际交往智能（interpersonal intelligence）和自我认识智能（intrapersonal intelligence）。1999 年，加德纳又补充了一种智能——自然观察智能（naturalist intelligence）。[④]

1967 年，美国哲学家纳尔逊·古德曼（Nelson Goodman）在哈佛大学教育研

① 陈时见. 全球化视域下多元文化教育的时代使命[J]. 比较教育研究，2005（12）：37-41.

② 王鉴，秦积翠，栾小芳，等. 解读中国多元文化教育[J]. 贵州民族研究，2007（1）：145-150.

③ GARDNER H. Frames of Mind: The Theory of Multiple Intelligences[M]. New York: Basic books, 1983.

④ GARDNER H. Intelligence Reframed: Multiple Intelligences for the 21st Century[M]. New York: Basic Books, 1999.

究生院创建了“零点项目”（Project Zero），其主要目的和任务就是改进艺术教育，改革教育理念与方法，开发人脑的形象思维。加德纳就是该项目的两名负责人之一。基于“零点项目”，加德纳对很多不同领域的实验研究进行了考察、分析和整理，并在此基础上提出了自己的独特理论观点，其主要成果有：《发散的智能》（*Shattered Mind*，1975 年）、《智能的种类》（*Kinds of Minds*，1976 年）和《智能的结构》（*Frames of Mind*，1983 年）等。而多元智能理论就出自《智能的结构》这本著作。加德纳认为，智能具有多元化的特点，每个人都拥有八种相对独立的智能，这八种智能通过不同表现方式、不同程度的组合使得每个人的智力各不相同、各具特色。因此，智力存在差异性，这种差异性不仅与遗传有关，还与个体所处环境和所受教育有关。

多元智能理论的提出极大地促进了世界各国教育改革的进行，尤其是在教育评价改革上，多元智能理论提倡，要采用多元化的评价标准和评价方式，开展情境性评价、真实性评价和发展性评价。除此之外，多元智能理论还提倡教学目标的全面性、教学过程的生成性以及学生角色的主动性等。因此，在教师教育过程中，要充分地贯彻多元智能的理论思想，让每一位教师都能够深刻地理解多元智能理论在教学实践中的应用价值，在改进自身教学知识技能的同时，促进教学质量的整体提高。

拓展资源

[1] MORGAN H. An analysis of Gardner's theory of multiple intelligence[J]. Roeper Review, 1996, 18（4）: 263-269.

[2] GARDNER H, HATCH T. Multiple intelligences go to school: educational implications of the theory of multiple intelligences[J]. Educational Researcher, 1989, 18（8）:4-10.

31. 学习动机（☆☆）

学习动机（learning motivation）是一种产生在需要的基础上，能直接调节、激起、维持、停止学习的内部力量或心理动因，是学习理论的基本概念之一。该概念起源于动机理论，它包含期望-价值理论、成就动机理论、成就归因理论、自我概念理论等多种认知理论，这些理论的发展丰富了学习动机的理论研究，使其走出了非理性主义的困扰。1999 年，杰里·布罗菲（Jere Brophy）正式提出了学习动机这一概念。

学习动机作为促进学习者学习的内部动力，可以从以下三个方面进行分类：①就其起源的不同，可分为由学科内容本身而引起的直接学习动机和由学习该内容带来的意义而引起的间接学习动机；②就其内容性质的不同，则有该动力是否对他人有利之分和内部动力是否大于外部动力之分；③就其效能的不同，可分为在某一学习阶段中起支配作用的主导性学习动机和在该学习阶段中只起到辅助性作用的辅助性动机。①

研究表明，学习者的学习动机会随着年龄的增长而发生改变，且不同动机因素随年龄改变的特点各不相同，但整体呈现出以下几个趋势：①动机信念随年龄增长而降低，如能力信念、内部心理动机、学习兴趣、成就期待等；②学习动机随年龄增长而逐渐分化而变得复杂，尤其是学习者的动机信念会随着教学活动、学科内容的不同而发生变化；③随着学习者年龄的增长，其动机信念与学业成就逐渐交织在一起，即动机水平提高的同时学业成就也提高了。②

学习动机理论揭示了各种动机因素对学习者学习的影响，对提高教师教育的绩效具有重要意义。在教师教育过程中，首先，要充分结合教学内容，创设真实有趣的教学情境，以引起教师的注意；其次，要适度变换信息的呈现方式，增添一些娱乐元素，交替进行教学互动，从而增强教学的趣味性；最后，要适当增加教师的成功体验，并引导教师对自身的教学能力与水平形成一个积极的评价，从而增强自己的自信心，提高学习效率，并最终促进自身专业的发展。

拓展资源

王振宏. 学习动机的认知理论与应用[M]. 北京：中国社会科学出版社，2009：204-208.

32. 反思（☆☆）

反思（reflection），作为日常概念，等同于“内省”，意指“思考过去的事情，

---

① 周德昌. 简明教育辞典[M]. 广州：广东高等教育出版社，1992：451-452.

② 王振宏. 学习动机的认知理论与应用[M]. 北京：中国社会科学出版社，2009：201-208.

从中总结经验教训”[①]；作为哲学概念，意指不同于直接认识的间接认识。受 20 世纪 80 年代“反思性教学”思潮的影响，“反思”一词在教师教育研究领域出现的频率越来越高，受到教师和教育研究人员的高度重视。

历史上，杜威被公认为是 20 世纪对“反思”概念进行系统性研究的主要创始人。他批判地吸收早期教育家的观点，对反思的内涵进行了系统阐释，并率先强调反思在教学中的重要作用，将反思引入教育领域。在其于 1933 年发表的文章《我们如何思维》（*How We Think*）中，杜威指出，反思不单是简单地回忆往事，而是一种特殊的问题解决形式，是对任何信念或假定的知识形式，依据支持它的基础及其趋于达到的进一步结论，进行的积极的、持续的、审慎的思考。[②]

继杜威之后，在探究“反思”方面贡献较为突出的当属唐纳德·舍恩（Donald A. Schön）。他认为，反思与行动是密不可分的，并提出 reflection-in-action、reflection-on-action、reflective practice 等概念。但这里指涉的“reflection”不只是“思考”，还涵括了思想、情感与行为表现的对话活动（自己与自己以及自己与他人）。[③]在此意义上，台湾学者夏林清将“reflection”译作“反映”，相应地，将 reflection-in-action、reflection-on-action 和 reflective practice 分别译作“行动中反映”、“对行动反映”和“反映性实践”。

马克斯·范梅南（Max van Manen）根据尤尔根·哈贝马斯（Jürgen Habermas）的理论，将反思分为三个层级：①技术性反思，关注实现特定目的的方法的效率和有效性，但方法本身不接纳批评和修改；②实践性反思，关注情境的意义，允许对目标、方法及其依赖的假设以及实际结果进行公开检验；③批判性反思，不仅关注前两个层级所关注的内容，还关注道德和伦理规范，并对专业活动的公平性、正义性以及是否尊重人权做出判断，将对个人行动的分析置于更广泛的社会历史和政治文化境脉之中。[④]上述三种反思在舍恩的“行动中反映”理论框架中均有所体现，且在教师教育研究领域的不同境脉中具有不同程度的适用性。

---

① 中国社会科学院语言研究所词典编辑室. 现代汉语词典[M]. 7 版. 北京：商务印书馆，2016.

② DEWEY J. How we think: a restatement of the relation of reflective thinking to the educative process[J]. Journal of Hellenic Studies, 1933, 44（2）: 223-253.

③〔美〕唐纳德·A. 舍恩. 反映的实践者：专业工作者如何在行动中思考[M]. 夏林清，译. 北京：教育科学出版社，2007：6.

④ HATTON N, SMITH D. Reflection in teacher education: towards definition and implementation [J]. Teaching and Teacher Education, 1995, 11（1）: 33-49.

美国心理学家理查德·艾伦·波斯纳（Richard Allen Posner）指出，教师的专业成长离不开对自己工作经验的反思，并提出教师成长公式：经验+反思=成长。尽管教师教育研究领域对“反思”内涵的见解尚未达成一致，但其对教师专业化发展的促进作用已得到普遍认可，以“反思”概念为基础的“反思性教学”“反思性实践”“教学反思”“反思型教师”已然成为教师教育研究领域的热点话题。

33. 反思性实践（☆☆☆）

反思性实践（reflective practice），又译作“反映性实践”，是由美国当代哲学家、教育家唐纳德·舍恩（Donald A. Schön）首次提出并加以论述的。在其出版的《反映的实践者：专业工作者如何在行动中思考》（*The Reflective Practitioner: How Professionals Think in Action*）和《培养反映的实践者：专业领域中关于教与学的一项全新设计》（*Educating the Reflective Practitioner: Toward a New Design for Teaching and Learning in the Professions*）两本著作中，舍恩客观地批判了在专业教育中处于支配地位的“技术理性”这一实证主义认识论，并基于自己对建筑师、心理治疗者、工程师、规划者和管理者等实践工作者的实践工作的观察研究，提出一种新的反思性实践认识论，即把技术实践本身具有的能力和技艺作为专业知识的出发点，尤其是实践者有时在不确定的、独特而矛盾的情境下所表现出的行动中反映（the reflection-in-action）①，试图弥合专业知识与实践的真实世界的需求之间存在的鸿沟。

“反思性实践”是将实践者的实践行动与其介入现象场中的作用和后果的建构过程，经由对话活动而推进实践者的探究，是思考与行动交相缠绕的一个促使疑惑转变到释疑的探究过程。②反思性实践模型由“行动中认识”、“行动中反映”以及“与情境的反映性对话”等三个要素共同组成。其中，行动中认识是人们在理智行动中所表现出的“知道如何”的默会知识类型；行动中反映是实践者们在行动过程中表现出来的思考；与情境的反映性对话以个体对情境的思考和对行动

① 〔美〕唐纳德·A. 舍恩. 培养反映的实践者：专业领域中关于教与学的一项全新设计[M]. 郝彩虹，张玉荣，雷月梅，等，译. 北京：教育科学出版社，2008：XI.

② 〔美〕唐纳德·A. 舍恩. 反映的实践者：专业工作者如何在行动中思考[M]. 夏林清，译. 北京：教育科学出版社，2007：006.

的反思为媒介。对舍恩而言，专业工作者对不确定的、复杂的实践问题的创造性的个性化反思是反思性实践的核心和灵魂。①

反思性实践思想对教育、法律、管理、工程、设计等多个领域的专业实践和专业教育的影响是有目共睹的。尤其在教师教育领域，随着反思性实践思想的广泛传播，"反思性实践者"逐渐成为教师专业形象的理想化模型，如何将教师培养成为具有行动中反思能力的反思性实践者成为许多国家教师教育改革的重要议题。尽管当前国内教师教育界对反思性实践思想的研究多为简练的概括性论述，但已有一些教师教育者和教育研究者根据反思性实践的思想来设计并实施教师教育课程，以促进"技术型教师"形象向"反思型教师"形象的转变。

拓展资源

[1] 〔美〕唐纳德·A. 舍恩. 反映回观：教育与咨询实践的案例研究[M]. 夏林清，译. 北京：教育科学出版社，2010.

[2] OSTERMAN K F, KOTTKAMP R B. Reflective Practice for Educators: Improving Schooling through Professional Development[M]. Newbury: Corwin Press, 1993.

[3] LOUGHRAN J J. Effective reflective practice: in search of meaning in learning about teaching[J]. Journal of Teacher Education, 2002, 53（1）: 33-43.

34. 良构问题（☆☆）

良构问题有且仅有一个令人满意的答案，并具有清晰的初始状态、已知的目标状态、限制的问题空间和制约参数条件的特征。对于此类问题的解决，要求学习者在全面了解限制性条件的基础上，充分运用课堂中所学的概念、规则和原理等，寻求最佳解决方案。良构问题具有以下几个特点：①问题的所有组成部分都被呈现出来；②问题是良构的、有求解方法的；③明确地界定限制条件，其中包含着解决问题时所需要运用的若干规则、原理等；④有正确、统一的标准答案；

① SCHON D A, DESANCTIS V. The reflective practitioner: how professionals think in action[J]. Proceedings of the IEEE, 2005, 73（4）: 845-846.

⑤涉及某一知识领域中某些常规的、良构的概念和规则；⑥有可知、可理解的解决方法，决策的选择与所有问题状态之间的关系是已知的；⑦有一个最佳的、特定的求解过程。[①]

认知心理学中的信息加工理论为良构问题的解决奠定了坚实的理论基础。基于这一理论，吉克（M. L. Gick）提出了一个良构问题的求解过程图，它是一个融合早期源于信息加工理论的 IDEAL 模式（identifying——识别、defining——界定、exploring——探索、acting——行动、looking back——回顾）与其他问题的求解模式于一体的问题求解过程。从下图中我们可以看出，解决良构问题主要分为以下三个步骤：①构建问题表征：学习者首先要抓住问题特征，理解问题，把问题与已有知识结构联系起来，激活问题的特定图式记忆，然后尝试解决问题；如果是初学者，鉴于其不具备问题的图式记忆，那么就直接进入第二个步骤。②寻求解决方案：问题解决者通常采用手段-目的的分析策略来探索解决方法，即在对问题当前状态的特征进行分析的基础上，寻找与目标状态的差距，通过一系列寻找差距的步骤最终找到解决方案。③实施解决方案：问题解决者在实践中检验解决方案，如果得到的结果是正确的，则问题得到解决；反之，返回第二步继续探索解决方案。

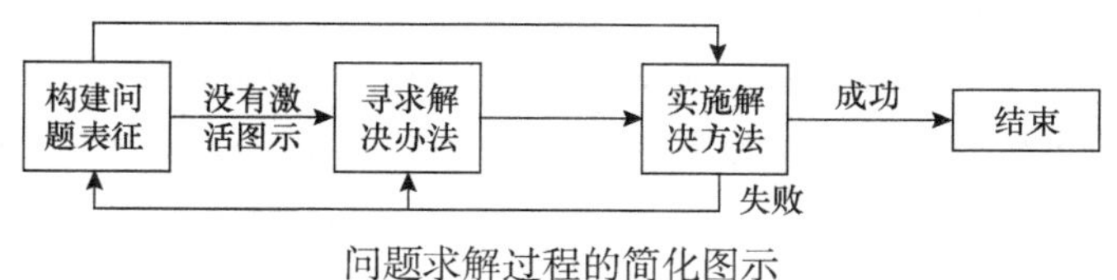

问题求解过程的简化图示

良构问题最常出现在教学课程中，如物理问题、数学问题、化学问题等与数学有关联的一些问题，它们都有特定的限制性条件，且只有唯一的答案。然而，解决良构问题的最终目的不是寻找最终答案，而是学会问题迁移，即将问题的解决方案运用到同种或相似类型问题的解决过程中，实现触类旁通。因此在教师教育过程中，教师教育者应充分利用案例分析、典型题讲解、图文并茂等策略，逐步引导并帮助参训教师快速地实现问题迁移。

① 〔美〕JONASSEN D H. 基于良构和劣构问题求解的教学设计模式（上）[J]. 钟志贤，谢榕琴，编译. 电化教育研究，2003（10）：33-39.

拓展资源

[1] 〔美〕HONG N S. 解决良构问题与非良构问题的研究综述[J]. 杜娟，盛群力，编译. 远程教育杂志，2008（6）：23-31.
[2] 〔美〕JONASSEN D H. 基于良构和劣构问题求解的教学设计模式（下）[J]. 钟志贤，谢榕琴，编译. 电化教育研究，2003（11）：61-66.

35. 非良构问题（☆☆☆）

所谓非良构问题，又被称为劣构问题，是指富含多种解决方案、多种解决途径的问题。其组成部分较难把握，因为解决该类型问题所必需的概念、规则和原理以及它们的组成方式带有不明确性，它与日常生活密切相关，且是人们在日常生活中经常遇到的问题，是不同年级、不同专业的学习者均可以提出自己解决方案的问题。①

非良构问题的解决过程分为以下四个步骤。①学习者明确问题空间及情景的限制条件：首先学习者要认清问题的本质和问题产生的情境，明确问题产生的原因，然后在记忆中搜索与问题有关的信息，再结合已有问题求解经验来获得问题的解决方案。②生成可能的问题解决方案：因为非良构问题的解决方法是不确定的，所以学习者要结合情景的限制条件全面考虑，除了要依赖于已有的经验，还要根据实际情况，建构问题解决方案。③选择最佳问题解决方案：对于生成的多种解决方案，学习者可以采取预设、对比以及与他人讨论的方式，选出最佳的解决方案。④实施与评估解决方案：解决方案得到实施后，学习者要评估产生的结果，包括该方案是否令利益方满意，其绩效有多大的可信度，是否还有更完美的方案。如果结果不尽如人意，则需要返回第二步，调整解决方案。②

非良构问题大多发生在政治学、历史学、社会学等学科中，它们没有唯一的解决方案甚至是没有答案，所以它的解决要求学习者具备完善的知识体系、丰富的学习经验和创造性的学习思维，以便产生更多的问题表征。例如，对于

---

① 盛群力，马兰. 现代教学原理、策略与设计[M]. 杭州：浙江教育出版社，2006：511-541.

② 〔美〕JONASSEN D H. 基于良构和劣构问题求解的教学设计模式（下）[J]. 钟志贤，谢榕琴，编译. 电化教育研究，2003（11）：61-66.

"通过你对毛泽东生平事迹的了解，你是如何评价毛泽东的"这样一个非良构问题，如果没有足够的知识储备、丰富的问题求解经验，是不能得到可信度高的答案的。

在教师教育过程中，如何帮助参训教师提高其非良构问题的解决能力呢？大体可以从以下几个方面着手：①为参训教师创设多样化的问题情境，并提供合适的学习资源，使其获取更多非良构问题解决的经验；②基于多个不同视角，使用多种不同方式来分析问题，让参训教师能够做到对知识的全面理解和多维把握，从而提出高信度的解决方案；③向参训教师提供专家学者关于此问题的解决步骤、思维方式等，使其认识到自己的不足与优势，进而灵活地应对各种复杂问题。

36. 分布式认知（☆☆）

分布式认知（distributed cognition）理论是由埃德温·哈钦斯（Edwin Hutchins）等人于20世纪80年代后期针对传统基于个体层次的信息处理认知模式提出来的，他从系统化的视角来看待认知现象，并认为认知是分布式的。关于分布式认知的具体内涵，目前尚未有一个公认的定义，所罗门（G. Salomon）认为，它是一个包括认知主体和环境的系统化分析方法，是一种包括所有参与认知的事物的新的分析单元[①]。曲瓦（J. Chuah）等人则认为，分布式认知是对头脑中的内部表征和环境中的外部表征的信息加工过程[②]。而在科尔（M. Cole）和恩格斯托姆（Y. Engeström）看来，分布式认知是指认知分布于个体内、个体间、媒介、环境、文化、社会和时间等之中[③]。

分布式认知理论的形成主要有以下三个因素：一是计算机技术在减轻人们的

① SALOMON G. Distributed Cognitions: Psychological and Educational Considerations[M]. Cambridge: Cambridge University Press, 1993.

② CHUAH J, ZHANG J J, JOHNSON T R. Distributed cognition of a navigational instrument display task in Proceedings of the Twenty First Annual Conference of the Cognitive Science Society[C]. Mahweh, New Jersey: Lawrence-Erlbaumm, 1999: 789.

③ COLE M, ENGESTRÖM Y. A Cultural-Historical Approach to Distributed Cognition[M]. Cambridge: Cambridge University Press, 1993: 1-46.

认知负担上发挥着越来越重要的作用；二是受维果茨基（L. S. Vygotsky）社会文化理论的影响，认为个体的认知是发生在一定的社会文化情境中并与之相互作用的过程；三是人们对认知仅存于大脑的怀疑，开始将注意力向“认知是基于情境的、是分布的”这一观念转变。而随着计算机技术、网络技术以及其他电子通信技术的快速发展，人们开始越来越依赖于通过使用这些认知工具开展认知活动，如基于分布式认知的计算机协同工作、开放教育、远程培训等。分布式认知强调个体、环境和人工制品的交互作用，其中个体与个体之间既相互影响，又相互独立；而分布式环境为个体认知的螺旋式上升提供了基础。人工制品则主要包括两种，一种是像设备、技术、工具这类的物质制品，另一种是如语言、方法、文化这类的符号制品，这些人工制品不但有助于认知任务的转载，还有助于认知负荷的降低，并通过产生一定的认知留存效应为个体构建和协调认知思维模型提供经验。

分布式认知对学习环境的设计、人机交互的设计、促进知识的可视化具有重要的作用。一方面，对于教师来说，它能够有效地指导其优化自己的教学资源设计，通过知识的可视化实现外部知识与内部知识、显性知识与隐性知识的相互转化，从而促进学习者的深度学习。另一方面，对于教师教育者来说，基于分布式认知构建教师虚拟学习社区（virtual study community）以及计算机支持的协作学习，也不失为提高教师培训效率的一种良好方法。

拓展资源

[1] MOORE J L, ROCKLIN T R. The distribution of distributed cognition: multiple interpretations and uses[J]. Educational Psychology Review, 1998, 10（1）: 97-113.

[2] KAPTELININ V. Distribution of cognition between minds and artifacts: augmentation of mediation?[J]. Ai & Society, 1996, 10（1）: 15-25.

37. 情境认知（☆☆）

情境认知（situated cognition）是教育心理学继行为主义“刺激–反应”学习理论和认知主义信息加工学习理论后的又一重要研究取向。关于其内涵，布伦特·威尔逊（Brent G. Wilson）和卡伦·马德森·迈尔斯（Karen Madsen Myers）认为，它是一种有别于信息加工理论的学习理论，试图纠正认知的符号运算方法的失误，尤其是那种忽视文化和境脉（context）、完全依赖信息描述和推理规则的认知。[①]诺曼（D. A. Norman）由此提出，人类的认知活动不能脱离世界或环境，情境对认知有着不可替代的作用，它是人们认识事物和产生行为的基础。[②]由此可见，情境认知关注认知主体与外界环境的交互协调，认为知识是活动、情境和文化的产物，并将情境视为学习的重要组成部分，即学习不可脱离实际情境，学习受具体情境的影响。

20世纪80年代以前，教育心理学先后经历了行为主义"刺激–反应"学习理论和认知主义信息加工学习理论的洗礼，直到80年代末90年代初，学习的研究取向开始从认知转向了情境，形成了一种新的学习理论——情境认知。情境认知不但吸收了实用主义、现象学的思想，还汲取了皮亚杰（Jean P. Piaget）和维果茨基（L. S. Vygotsky）的建构主义理论、吉布森（J. J. Gibson）的生态心理学、人类学和社会学等领域的相关思想与观点。它最早由布朗（John Seely Brown）和阿伦·柯林斯（Allan Collins）等人于1989年提出，他们的研究发现：那些没有受过专业训练的人之所以能够像专家一样快速解决问题，是因为受真实情境活动的影响，人与环境相互作用的过程中，不断地进行新旧知识的重组和迁移，从而习得了问题解决的技能。[③]随着人们对情境认知研究的不断深入，基于情境认知的知识观、学习观和教学观等逐渐得到了世界各地研究者们的广泛认可，并作为各国教育教学实践的指导思想发挥着重要作用。

在教师教育领域，特别面对当今教师教育重视理论教学，忽视实践活动的教学传统，情境认知无疑能为教师培养提供一些具有参考价值的启示。首先，教师教育者要创设活动情境，让教师通过情境学习掌握相关的知识技能；其次，要根据教学内容的具体特点正确选择相应的情境教学模式，如问题教学、活动教学、游戏教学等；最后，还要向广大教师灌输情境教学的理念，以促进其职业生涯的可持续发展。

---

① WILSON B G, MYERS K M. Situated cognition in theoretical and practical context[A]// LAND S, JONASSEN D H. Theoretical Foundations of Learning Environments[M]. Mahwah: Lawrence Erlbaum Associates, 2000: 57-88.

② NORMAN D A. Cognition in the head and in the world: an introduction to the special issue on situated action[J]. Cognitive Science, 1993, 17（1）: 1-6.

③ BROWN J S, COLLINS A, DUGUID P. Situated cognition and the culture of learning[J]. Educational Researcher, 1989, 18（1）: 32-42.

拓展资源

[1] CLANCEY W J. Situated Cognition: On Human Knowledge and Computer Representations[M]. Cambridge: Cambridge University Press, 1997.

[2] KIRSHNER D, WHITSON J A. Situated Cognition: Social, Semiotic, and Psychological Perspectives[M]. New Jersey: Lawrence Erlbaum Associates, 1997.

38. 分科课程（☆☆☆）

分科课程（subject curriculum），又称科目课程，是指根据各级各类学校的培养目标与科学发展水平，分别从各门科学中选择出适合一定年龄阶段学生发展水平的知识，组成各种不同的教学科目，分别安排他们的顺序、学习时数和期限[①]。分科课程的发展可以追溯到学科教育的产生，孔子对“六艺”（礼、乐、射、御、书、数）的论述以及古希腊的“七艺”（文法、修辞、辩证法、算术、几何、天文、音乐）可以说是分科课程的最早体现。捷克教育家夸美纽斯“把一切知识交给一切人类”的观点发展为后来的“百科全书式”的分科课程；赫尔巴特则是以心理学为理论基础提出了通过培养学习者兴趣而设置相应课程的观点，提出了较为广泛的学科，直到现在，学科课程仍是学校教育的主要内容。

分科课程关注学科的逻辑体系，主张将知识进行系统组织，并依据一定的逻辑顺序编排教材，以促进学习者基本知识和技能的学习与掌握。它主要包括四个方面的特点：①注重知识本位，主张将人类长期发展中所积累的系统化知识传递给学习者，是一种间接经验的传授；②强调知识结构和逻辑顺序，即以学科知识的逻辑顺序来选择、组织和安排课程；③教学内容的同一性和教学组织方式的一致性，通常采用班级授课制对学生进行统一的知识讲授；④关注学生的学习结果，一般会通过一定的测试来判断学习者对知识的掌握情况。分科课程的这些特点决定了它对学生基本内容学习与系统知识掌握的重要作用，促进了学生抽象思维能力和逻辑判断力的发展，但也在分门别类的过程中影响了学生知识技能、情感态度与价值观念的和谐发展。

① 施良方. 课程理论：课程的基础、原理与问题[M]. 北京：教育科学出版社，1996：273-274.

虽然分科课程忽视了学生的个体差异，但它强调课程安排的逻辑顺序和知识的系统化讲授，关注社会对人才培养的需求，仍然是学校教育中最重要的部分。对教师教育来说，只有将学科专业知识、教学法知识和技术知识按一定的逻辑顺序进行恰当安排并传授给职前/在职教师，才能够有效促进他们对知识的系统掌握。在此基础上，通过设置一定的活动课程，鼓励教师根据自身特点和需要将所学的系统化知识应用于真实的教学活动中，以促进他们由理论知识掌握向教学技能提升的转变，进而实现自身专业的不断发展。

拓展资源

[1] 王策三. 教学论稿[M]. 北京：人民教育出版社，1985.

[2] 施良方. 课程理论：课程的基础、原理与问题[M]. 北京：教育科学出版社，1996.

39. 核心课程（☆☆☆）

核心课程（core curriculum）汲取了活动课程中的合理成分，主张打破学科界限，实现多个重要科目的有机结合，它反对以儿童的兴趣和需要设置课程的做法，也反对分科课程将知识按科目进行切分的做法。它产生于20世纪二三十年代，受改造主义关于课程建设要依据社会发展需要这一主张影响，当时的核心课程关注社会和生活需要。二战期间，核心课程在美国中学得到了广泛推行，一些小学也开始围绕生活的重要方面设置课程。核心课程从提出之日起就受到了广泛的关注，同时也引起了激烈的争论。

核心课程以社会为中心，将学科进行综合以形成核心，促进每个学习者对知识的整体掌握，这体现出了它特有的优势：首先，核心课程根据社会和生活的需要预先规定课程，并制定系统化的课程纲要，不仅摆脱了课程脱离实际需要和远离学习者生活经验的弊端，也保证了课程本身的科学性和系统性；其次，核心课程采取由简到繁逐步拓展和深入的办法，使学习者在结合自身已有经验的基础上，不断加深对系统知识的掌握和深入；最后，采用综合评定的方法对学生进行学业评价，以实现对学习者系统知识掌握情况的整体评估。但是，随着社会发展和学科内容的不断丰富，核心课程内容的界定变得更加复杂。此外，核心课程可以满足部分学生的需求却不能兼顾所有学生，影响了学生整体的发展。

根据社会发展和学科内容的丰富，在原有核心课程的基础上增加相应的外围课程对其进行补充，以保证课程体系的完整，促进学习者对系统知识的整体掌握，并根据社会环境、生活需要等方面的差异对外围课程进行恰当调整，使其不断满足社会和生活的需要。因此，核心课程本身存在缺陷，需要增加相应的外围课程，在两者的相互作用与互相补充中满足社会和生活需要，促进学习者对系统知识的掌握及其在生活中的有效应用。

拓展资源

施良方. 课程理论：课程的基础、原理与问题[M]. 北京：教育科学出版社，1996.

40. 外围课程（☆☆☆）

外围课程（peripheral curriculum）是伴随着核心课程缺陷的暴露而产生的，其原因主要包括两个方面：首先，随着社会的深入发展和学科内容的不断拓展，核心课程已经不能满足学习者的需要，增加相应的外围课程能够对原有的核心课程起到扩充和完善的作用；其次，核心课程面向所有学生，关注大多数学生的整体需要却忽视了他们之间的个体差异，外围课程则是在此基础上，以照顾学生的差异为出发点而设置的。

外围课程作为核心课程的周边课程，可以为不同类型的学习者提供选择性课程，从而照顾了个体之间的差异。它的特点主要包括两个方面：首先，外围课程的设置目的不是照顾大多数学生的整体发展，而是关注个体之间存在的差异，旨在保证学习者在通过核心课程达到整体提高的基础上促进他们的个性化发展；其次，外围课程不会像核心课程那样稳定，而是会随着年代、社会背景、环境条件等方面的变化而进行相应的改变，在满足当前社会发展需求的基础上促进学习者的个体发展。我们可以将核心课程与外围课程看作抽象与具体、一般与特殊的关系，它们之间不是相互对立而是相辅相成的关系。①

① 施良方. 课程理论：课程的基础、原理与问题[M]. 北京：教育科学出版社，1996：279-280.

在课程设置上，外围课程可以作为核心课程的补充。将核心课程与外围课程有机结合，在考虑学习者整体发展的同时照顾个体差异，能够弥补核心课程的不足。在教师教育中，不仅要根据社会发展和教师整体成长需要设定相应的核心课程，更应该在结合职前/在职教师之间个体差异的基础上提供可供选择的外围课程。这样，既可以促进教师的系统知识掌握和教学技能的提高，保证教师队伍的整体发展水平，又能够在照顾个体差异的基础上，促进职前/在职教师的个性发展与全面进步。

41. 活动课程（☆☆☆）

活动课程是一系列由儿童自己组织的活动所形成的课程，使儿童自己通过活动进行学习，以达到获得经验、培养兴趣、解决问题和提高能力的目的。[①]活动课程的思想最初萌芽于卢梭的“自然教育”理论，19 世纪后半期出现的“新学校”让学生在自由活动中得到发展，将活动课程付诸实践。在此之后，杜威提出的“教育即生活”、“教育即生长”、“学校即社会”、“教育即经验的不断改造与改组”以及“做中学”等观点，促进了活动课程系统化理论体系的形成。杜威的学生克伯屈在杜威的思想基础上创立了“设计教学法”，实现了活动课程思想在教学实践中的完备应用。

活动课程强调学习者的中心地位，并依据他们的兴趣和需要设定课程内容，其特点主要包括：①注重经验本位，强调活动与社会生活的紧密联系，主张让学习者通过活动获取即时信息和真实有用的经验性知识；②强调课程的综合性，活动课程主张跨越学科界限的综合性学习，使学生通过综合性活动达到认识世界和锻炼综合能力的目的，进而促进他们行为习惯、认知倾向、思维方式和价值观念等各方面的发展与提升[②]；③照顾学生的个体差异，主张通过灵活多样的课程组织形式和教学方式促进不同学习者在知识、技能与情感态度等方面的共同发展；④关注学习过程而非学习结果，以学生的特点和需要为基础，组织一系列学生感兴趣的活动，鼓励他们在积极的活动参与过程中发现知识。

---

① 王策三. 教学论稿[M]. 北京：人民教育出版社，1985：174.

② 施良方. 课程理论：课程的基础、原理与问题[M]. 北京：教育科学出版社，1996：278-279.

虽然活动课程是基于儿童中心发展起来的，但它重视学习者兴趣与需要的观点对教师教育也产生了重要影响。一方面，将活动课程作为教师教育分科课程的重要补充，使职前/在职教师在相关教学活动的参与过程中，促进技术知识、教学法知识与学科专业知识的有机整合，从而将其更好地应用于教学实践。另一方面，照顾不同职前/在职教师的个体差异，鼓励他们通过参与一系列的活动实现自身知识、技能与情感的共同发展。

拓展资源

[1] 李臣. 活动课程研究[M]. 北京：教育科学出版社，1998.

[2] DOLL R C. Curriculum Improvement[M]. Boston: Allyn and Bacon, 1970.

[3] BOBBITT F. The trend of the activity curriculum[J]. The Elementary School Journal, 1934, 35（4）: 257-266.

42. 显性课程（☆☆☆）

显性课程（manifest curriculum），又称正式课程（formal curriculum）或正规课程，是学校为了实现一定的教育目标，而在课程计划中明确规定的课程，是有目的、有计划、有组织的课外活动。它是教育目的与学校培养目标的直接体现，要求学生必须达到一定的标准，对学生发展产生直接影响。显性课程作为列入学校计划内的课程，它所构建的学科知识体系及一系列的课外活动是向学生传递知识的主要途径，是学校教育中的重要组成部分。

显性课程作为根据社会需要和学习者需求而设置的课程体系，具有以下几个方面的特点：①科学性。它是由课程专家、学科专家和社会相关部门通过多方调研和严格论证，在充分考虑学习者特点和社会需要的基础上严格遵照课程研制的科学程序开发的，它不允许地方教育部门和各学校随便修改。②正规性。显性课程由政府的相关部门组织研制和实施，并通过有关法律、法规、政策等进行调控，由各级教育部门和学校分工负责，保证课程的顺利实施。③外显性。显性课程作为学校规定的正规课程，表现为各类教学科目和课外活动等，具有明确的外显性。④多样性。作为学校向学生传递知识的主要课程，显性课程既包括各类学科课程，也包括课外活动，既包含必修课程，也包括选修课程，既有知识性的，也有工具性和技艺性的。

在教师教育中，显性课程表现为学科课程、教学法课程和技术课程及其与之相关的学习活动（包括教育实习和教育见习），是职前/在职教师掌握相关教学知识、提高教学技能的基础和前提。但是，传统的学科课程、教学法课程与技术课程的单独讲授与相关课外活动的不恰当安排，对职前/在职教师利用所学知识解决教学问题的能力培养产生了一定影响。因此，对包括学科课程、教学法课程、技术课程和相关课外活动在内的显性课程进行恰当整合，促进教师对技术、教学法与学科内容整合的知识的掌握，能够更好地促进他们教学技能和问题解决能力的提高，从而实现专业水平的不断发展。

拓展资源

林德全，徐秀华. 课程概论[M]. 开封：河南大学出版社，2009.

43. 隐性课程（☆☆☆）

隐性课程，又称隐蔽课程、隐含课程、掩盖课程或无形课程，与显性课程相对，是学校情境中以间接、内隐的方式呈现的课程。它萌芽于杜威的附带学习（collateral learning）。1968 年，菲利普·杰克逊（Philip Jackson）在《课堂中的生活》（*Life in Classroom*）中首次使用了“潜在课程”这一术语。1970 年，诺曼·奥弗利（Norman Overly）在《自发课程：及其对儿童的影响》（*The Unstudied Curriculum：Its Impact on Children*）中第一次明确提出了“隐性课程”的概念。自提出之日起，隐性课程就受到了教育研究人员和教育实践者的广泛关注。鲍尔斯、金蒂斯等人通过分析学校中的隐性课程，揭示了学校意识形态的特性，使隐性课程受到了更多人的重视，并逐渐发展为学校课程和学生发展的重要组成部分。

隐性课程作为一种潜在课程，通过暗示、同化、感染和激励等方式改变着学生的认知倾向、行为习惯和情感等，潜移默化地影响着学生。它主要包含以下几个方面的特点：首先，作为一种隐蔽性的课程，它具有潜在性，通过实践活动、学校环境、校园文化等对学生产生潜在影响；其次，学校的实践活动、教师言行、校园文化等都会对学生产生影响，这种影响既有可能是积极的，也有可能是消极的，而学校要尽可能地为学生提供积极的正面影响；最后，隐性课程会对学生的认知倾向、行为习惯、态度和情感等各方面产生影响，这种影响是多样化的。隐性课程作为学校课程的一部分，它既可能是计划的，也可能是非计划的，学生所受到的影响可能是有意识的，也可能是无意识的。

在教师教育中，学校不仅要为职前/在职教师提供基于学科知识、教学法知识和技术知识掌握与教学技能提高的显性课程，还要通过多样化的教学实践活动促进他们理论知识向教学技能的转化，并提供良好的校园文化，创造和谐的学习氛围与师生关系，促进他们情感、态度的潜在发展，实现显性课程与隐性课程的有机结合，促使职前/在职教师知识、技能和情感的共同发展。

拓展资源

[1] 施良方. 课程理论：课程的基础、原理与问题[M]. 北京：教育科学出版社，1996.
[2] 林德全，徐秀华. 课程概论[M]. 开封：河南大学出版社，2009.

44. 显性知识（☆☆）

显性知识（explicit knowledge），又称明确知识或外显知识，可通过口头传授、教科书、参考资料、期刊、专利文献、视听媒体、软件和数据库等方式获取，也可通过语言、书籍、文字、数据库等编码方式传播，易于被人们学习。

显性知识是相对于默会知识（tacit knowledge）而言的，迈克尔·波兰尼（Michael Polanyi）曾在其著作《个人知识：迈向后批判哲学》中指出，人类有两种知识：一种是用书面文字、图形或数学公式表述的知识；另一种是不能用语言、文字或符号系统表述的知识。前一种就是显性知识。然而，波兰尼认为默会知识相对于显性知识具有理论上的优先性，“默会知识是自足的，而显性知识则必须依赖于被默会地理解和运用。因此，所有知识不是默会知识就是植根于默会知识，一种完全明确的知识是不可思议的”[①]。相对于默会知识来说，显性知识有三个特征：一是客观存在性。显性知识通过口头传授、教科书、手册等方式表现出来，

① POLANYI M. Personal Knowledge: Towards a Post-Critical Philosophy[M]. London: Psychology Press, 1958.

不依赖于个人而客观存在。二是静态存在性。显性知识一旦表达出来就不会再发生改变，不随时间的变化而变化。三是可共享性。显性知识是可以被传播共享的，默会知识就不具有这个特征，而是需要由默会知识转化为显性知识才可以被传播。

传统的知识理论认为知识就是显性知识，因此教师只是单纯地重视学生书本知识的获得，而忽视默会知识的存在，这样会影响到学生对所学的显性知识的理解、评价与运用。过分地关注学生对书本知识掌握的程度，极少重视学生能力的培养，极易造成“高分低能”现象。因此，教学工作者在实际教学中，不仅要重视学生显性知识的获取，还要注重将学生已有的默会知识显性化转化为显性知识，这种知识才真正称得上是学生自己的知识，才能真正提高学生自身的能力，使学生不断发展。

45. 默会知识（☆☆）

“默会知识”（tacit knowledge），又称“缄默知识”或“内隐知识”，由迈克尔·波兰尼（Michael Polanyi）于1958年在其著作《个人知识：迈向后批判哲学》中首次提出。在日常生活中，很多人都会产生“只可意会，不可言传”的感觉，这种“不可言传”的知识便是默会知识。继波兰尼提出“默会知识”之后，美国心理学家罗伯特·斯滕伯格（Robert J. Sternberg）对默会知识的含义和特征也进行了探讨。

人们经常引用波兰尼的两段话来说明默会知识的内涵：一是“人类有两种知识：一种是用书面文字、图形或数学公式表述的知识；另一种是不能用语言、文字或符号系统表述的知识，例如‘行动中的知识’（knowledge in action），即我们在从事某项活动时所拥有的知识，或称‘内在于行动中的知识’（action-inherent knowledge）。如果我们将前一种知识称为显性知识的话，那么后一种知识便可称为‘默会知识’”。[①]二是“我们所认识的多于我们所能表达的，这一日常生活和科学研究中的基本事实，就表明了默会知识的存在”[②]。按照波兰尼的理解，明确知识是可以以证实的语言明确表达的，表达方式可以是书面陈述、数字表达、列举、手册、报告等；而默会知识与明确知识相对，是难以言述的知识。日常生活中我

---

① POLANYI M. Personal Knowledge: Towards a Post-Critical Philosophy[M]. London: Psychology Press, 1958.

② POLANYI M, SEN A. The Tacit Dimension[M]. Gloucester: Peter Smith, 1983.

们所掌握的很多甚至是大部分知识都属于默会知识，比如骑自行车①，你可以骑上自行车且一言不发，但是却无法说清楚如何骑自行车，然而这并不妨碍你说你知道如何骑自行车，因为你完全清楚如何做这件事。所以你完全可以说你知道这些东西，尽管无法清楚地说出或几乎无法说出知道的是什么。

实践证明，默会知识是影响教师专业发展的一个重要因素，斯滕伯格等学者分析了教师的专业知识后，认为教师不仅应该拥有以脚本、命题结构或图式形式出现的知识，还需要具备教学得以发生的社会和政治知识，以及有助于达到有价值的目的的但环境一般不予支持其传递的默会知识。②促使教师默会知识的显性化是教师专业发展的有效途径，教育叙事、课堂志研究、生活历史法、行动研究、反思自身的教育实践行为等被认为是可以帮助教师更好地提炼默会知识并促进教师的专业发展的几种有效方式。

拓展资源

[1] REBER A S. Implicit learning and tacit knowledge[J]. Journal of Experimental Psychology: General, 1989, 118（3）: 219.

[2] HOWELLS J. Tacit knowledge, innovation and technological transfer[J]. Technology Analysis & Strategic Management, 1996, 8（2）: 91-106.

[3] 吴晓义. 国外缄默知识研究述评[J]. 外国教育研究，2005，32（9）：16-20.

46. 校本课程开发（☆☆）

“校本课程开发”一词是 1973 年由菲吕马克（A. M. Furumark）和麦克米伦（I. McMullen）两位学者，在爱尔兰阿尔斯特大学国际课程研讨会上提出的，继而在西方的发达国家逐渐流行起来，其主要思想是针对国家课程开发的弊端，要求以学校为基地进行校本课程开发，实现课程决策的民主化。在 20 世纪 90 年代，“校本课程开发”这个名词正式传入我国，华东师范大学崔允漷教授认为，校本课程开发实际上是一个以学校为基地进行课程开发的民主决策的过程，即校长、教

① ENGEL P J H. Tacit knowledge and visual expertise in medical diagnostic reasoning: implications for medical education[J]. Medical Teacher, 2008, 30（7）: 184-188.

② 易红郡. 默会知识视阈下的教师专业发展[J]. 教师教育研究，2006，16（4）：11-15.

师、课程专家、学生以及家长和社区人士共同参与学校课程计划的制定、实施和评价活动。

尽管国内外学者对校本课程开发的理解不尽相同，但其基本思想都是以学校为主体，由学校教师充分利用现有资源自主开发和实施相应课程，以供学生学习使用。譬如现在国内的一些学校，如江苏省苏州中学、南京市琅琊路小学、吉林省东北师范大学附属中学、上海市大同中学等学校教师都对课外活动如何更好地开展进行了一系列的探讨。其校本课程开发的基本原则是要坚持以学生为本，以促进学生全面发展为目的，以培养学生的创新精神和实践能力为重点，挖掘内在潜力及激发他们对学习的浓厚兴趣，充分发挥学生的主观能动性。

在校本课程开发中教师作为中坚力量和主力军，教师专业水平的高低决定了教育质量的高低，也可以说，校本课程开发的过程也正是教师专业发展的过程。所以，校本课程开发对教师专业的发展有以下几点影响：①校本课程开发能使教师加深自己对专业知识的深入理解，获得更多的实践经验。②它要求教师不仅要掌握系统的学科专业知识，还要具备与所授课程相关的其他学科知识及丰富的实践知识。③在赋予教师课程开发权利的同时也要承担责任，本着对自己及学生负责任的态度进行研究。④从多方面提高教师的专业技能，包括教学能力、组织能力、应变能力、表达能力等。

47. 同侪互助（☆☆）

同侪互助（peer coaching）也被译为同伴互助，产生于 20 世纪 80 年代初，是美国学者毕沃斯·乔伊斯（Beverly Joyce）和布鲁斯·肖沃斯（Bruce Showers）在提升教师培训效果的研究中提出的。同侪互助的具体概念是：两个或两个以上的教师一起工作，分享知识并互相提供支持；教师间互相帮助以提高教学技能、促进知识掌握、解决教学问题。这种教师间的互助形式，有助于加强教师间的合作，提升教学效果。

同侪互助这种学习工作方式，以解决教育教学中的实践问题为直接目的，以提升教师的专业素养为旨趣，最终的目的是促进教师的专业成长。其内涵包括以下三个方面：①同侪互助是由两个或两个以上的教师自愿形成的伙伴关系，即教师之间自愿进行的团体合作工作；②其最重要的意义是改进教学，故教师之间的协作是为了发现教学中的问题、提出解决方案或措施；③同伴指导过程意味着教师角色的地位发生了转变，即教师变身为专业人士对同伴的教学行为进行点评，并学习同伴的优点。①

这种同侪互助的工作形式有助于增加教师之间的交流合作，促进教师专业的发展，对教师教育具有十分重要的意义。首先，教师教育进程中鼓励教师进行同侪互助形式的学习，有利于教师关注其自身教学实践中遇到的问题，从而自觉地发展自身能力，提升自身教学技能。其次，同侪互助有助于教师对自身现有的知识水平进行反思，增强其主动学习、建构教学知识的积极性，夯实教师专业知识，从而加快教师教育的教学进程。最后，在信息时代的大环境下，鼓励教师借助网络协助进行同侪互助，既可以增进教师间情感的交流，又可以提升教师运用信息技术的能力。

拓展资源

JOYCE B, SHOWERS B. Improving in-service training: the messages of research[J]. Educational Leadership, 1980, 37（3）: 539-546.

48. 吸收性心智（☆）

吸收性心智，是由意大利教育学家玛丽亚·蒙台梭利（Maria Montessori）提出的，她认为刚出世的个体具有可以直接从环境中吸收经验及其精神所需要知识的能力，而且这种能力是儿童特有的。吸收性心智认为个人正是依靠了这种能力学会了说话走路、习得智慧并逐步建立了自己的精神世界，最后依靠这种能力和智慧把自己塑造成“人”②。因此，蒙台梭利宣称“儿童创造了成人”，并呼吁人应该敬畏儿童。

吸收性心智是儿童所特有的一种能力，出现在儿童从出生到6岁之间，这种独特的心智具有以三个特点：①学习的潜意识性。与成人的学习不同，该时期儿

① 靳涌韬，周成海. 同伴指导：教师专业发展的重大抉择[J]. 教育科学，2007（4）：38-41.

② 〔意〕玛丽亚·蒙台梭利. 发现孩子[M]. 蒙台梭利丛书编委会，译. 北京：中国妇女出版社，2012：19-22.

童对知识技能的掌握都是在无意识间获得的。儿童通过这种心智无意识地吸纳环境中他感兴趣的东西，而这种无意识吸纳的容量是远远大于有意识学习的容量。②适应的彻底性。刚出生的儿童依靠吸收性心智习得生长地的习俗文化，并将该地变为自己长期的生存之所。③吸收性的自我塑造。儿童不仅可以利用吸收性心智，还可以根据周围的环境塑造自己的性格，创造他们自己的独特个性。[①]

吸收性心智理论主张尊重儿童的发展，注重儿童时期的培养，为幼儿教师的教师教育发展带来了一定的启示。首先，注重对幼儿教师进行教育理念的培训，培养教师尊重幼儿发展规律的教育理念，顺应儿童的天性并塑造拥有独特个性的儿童。其次，良好的生长环境对儿童的个性发展大有裨益，因此应该注重对幼儿教师布置儿童学习生活环境的能力进行提升。最后，培养幼儿教师有效地引导儿童进行无意识学习的能力，由于儿童对知识的学习是在无意识间进行的，因此可在日常的学习生活中设置有趣的活动情境以促进儿童的学习。

拓展资源

〔意〕玛丽亚·蒙台梭利. 人的成长[M]. 郭景皓，郑艳，译. 北京：中国发展出版社，2012.

49. 习得性无助（☆☆）

习得性无助（learned helplessness），指个体在被迫忍受痛苦刺激后，再次面临刺激时产生的自暴自弃的精神状态。[②]美国心理学家塞利格曼（Martin E. P. Seligman）基于其有关抑郁症的实验，在1967年首次提出了这一概念。他通过将三组狗分别置于鞍具上来进行试验，第一组狗被放上鞍具随后被解下；第二组狗被放上鞍具并接受短暂有痛感的电击，但可以触碰杠杆停止电击；第三组狗与第二组并列放置，并给予相同程度的电击，但是触碰杠杆不能停止电击。随后，将三组狗置于梭箱装置中，它们可以通过跳过障碍来躲避电击。然而第三组中大部分狗都消极地躺在箱内，不去尝试躲避电击，在认识到电击是不可控的之

① 叶平枝. 从蒙台梭利的儿童观论学前教育的重要价值[J]. 学前教育研究，2011（6）：27-30.

② NOLEN-HOEKSEMA S. Responses to depression and their effects on the duration of depressive episodes[J]. Journal of Abnormal Psychology, 1991, 100（4）: 569.

后所产生的情绪压力导致它们不再逃避创伤。于是，他认为："习得性无助主要是由于在接收厌恶刺激后，任何为对抗刺激产生的反应和企图都无法消除和减少创伤程度造成的。"[①]后经过广泛的实验和研究，发现这一现象在其他动物和人类身上也普遍发生。

习得性无助理论的发展主要经历了三个阶段：①以控制性为基础的早期理论，塞利格曼认为习得性无助感源于有机体对厌恶刺激的不可控性，这种不可控性包括动机不可控性、认知不可控性和情绪不可控性[②]；②以归因理论为基础的习得无助感理论，塞利格曼在之前的研究基础上提出修订理论——个体归因理论，个体的归因被分为三个维度，即内-外归因、特殊-一般归因、稳定-不稳定归因，对不可控事件的归因会影响个体无助感的产生；③以广义的信念为基础的无助感理论，这一假设认为自我的信念能调节感觉到的行为和结果的相依性，目前的主要研究方面为"目标理论"和"认知信念理论"。[③]

在教学过程中，由于主观和客观方面的原因，学生经常会产生习得性无助感，而要矫正学生这种不恰当的学习心理，就对教师提出了要求：教师要培养学生的自信，善于发现其优点，对其进行积极评价，并接纳学生的错误，培养学生良好的自我意象；在教学过程中正确应用奖励，激发学生的学习动机，引导其树立正确的目标导向；为学生创设良好的班级环境，给予学生心理上的安全感；教育学生认识习得性无助感，引导学生正确归因。

拓展资源

[1] SELIGMAN M E P. Learning helplessness[J]. Annual Review of Medicine, 1972, 23（1）: 407-412.

[2] ABRAMSON L Y, SELIGMAN M E P, TEASDALE J D. Learned helplessness in humans: critique and reformulation[J]. Journal of Abnormal Psychology, 1978, 87（1）: 49.

① OVERMIER J B, SELIGMAN M E P. Effects of inescapable shock upon subsequent escape and avoidance responding[J]. Journal of Comparative and Physiological Psychology, 1967, 63（1）: 28.

② ABRAMSON L Y, SELIGMAN M E P, TEASDALE J D. Learned helplessness in humans: critique and reformulation[J]. Journal of Abnormal Psychology, 1978, 87（1）: 49.

③ 刘志军，钟毅平. 习得无助感理论发展研究的简评[J]. 心理科学，2003，26 （2）：374-375.

50. 考试焦虑（☆☆）

考试焦虑（test anxiety），是个体由于面临考试而引发的一系列异常生理、心理现象，它是在考试情境的刺激之下，由于各种因素的影响而产生的一种希望考好又怕考砸的紧张焦躁反应。适度的心理紧张有利于应试者在考试时更好地发挥，然而过度紧张则会导致考试焦虑，影响考场表现，严重的甚至会波及身心健康。

考试焦虑可分为两大类：一类是指考试来临前的一段时间内持续存在的焦虑；另一类是指在考试过程中产生的焦虑，如"怯场""晕场"等。考试焦虑产生时，会伴随着一系列的心理以及生理反应。例如生理上出现肌肉紧张、心跳加快、血压增高、出汗、手足发冷等反应；心理上产生苦恼、无助、担忧等情绪体验。当考试焦虑加剧时，还会出现眼花耳鸣、头疼脑晕、注意力不能集中等状态，严重的还可能伴发呼吸困难、尿急甚至晕厥。学生的考试焦虑是由多种因素相互作用而形成的，这些因素主要可以分为主观因素和客观因素两大类。主观因素：①对考试的意义评价过高；②知识准备和应试技能不足；③考前身体状况不好等。客观因素：①外部环境对学生的压力，比如家长对学生的期望水平过高，给学生造成了心理压力，加剧了考试焦虑；②考试情景，试题过难、过繁、考试时间紧等都会使学生在考试中出现紧张、慌乱的反应。总之，考试焦虑是一类由多种因素影响造成的心理失调现象。它不仅与学生成绩差、家长及教师期望高有关，还与学生的个人人格因素、认知方式、学习技巧以及家长、教师的教育方式有很大的关系。

考试焦虑危害重大，不仅会影响学生的考试成绩，经常性的考试焦虑还会转变为慢性焦虑，危害身心健康。关于考试焦虑的治疗方法，可以通过下图做一个

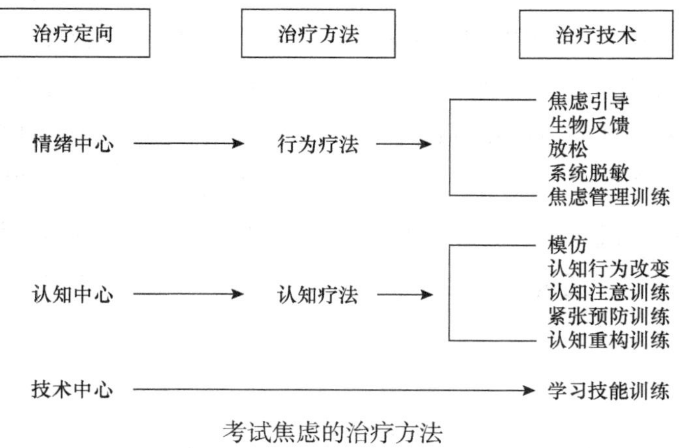

考试焦虑的治疗方法

直观的了解。由于引起考试焦虑的因素是多方面的，所以教师或家长应该及时采取措施来改变这些因素的不良影响，从而真正帮助学生克服考试焦虑的困扰。

拓展资源

[1] VON DER EMBSE N, JESTER D, ROY D, et al. Test anxiety effects, predictors, and correlates: a 30-year meta-analytic review[J]. Journal of Affective Disorders, 2017, 227: 483-493.

[2] LIU D F, XU B. Test anxiety: perceptions of American community college nursing students[J]. Empirical Research in Vocational Education & Training, 2017, 9（1）: 4-19.

[3] WU J, LEE M C-L. The relationships between test performance and students' perceptions of learning motivation, test value, and test anxiety in the context of the English benchmark requirement for graduation in Taiwan's universities[J]. Language Testing in Asia, 2017, 7（1）: 9-30.

51. 精神分析（☆☆）

精神分析理论是现代心理学和社会心理学的主要理论之一，其创立者是奥地利心理学家西格蒙德·弗洛伊德（Sigmund Freud）。该理论产生于精神障碍治疗的实践中，主要目的是治疗情绪失常的人，后成为一种强调无意识过程的心理学理论，有时也称为“深层心理学”。精神分析的正式建立主要有两方面的原因：一种是在弗洛伊德思想上起主要作用的关于无意识心理现象本质的早期哲学推论，另一种是精神病理学的早期工作。[①]18 世纪的德国数学家和哲学家莱布尼茨（G. W. Leibnitz）提出的统觉（知觉的较低的意识）概念，19 世纪赫尔巴特（J. F. Herbart）提出的意识阈限（阈限下的观念是无意识的）观点，费希纳（Gustav Fechner）的冰山理论（心理类似于冰山，它相当大的一部分藏在水面下，在那里有一些观察不到的力量在对它发生作用），达尔文的进化论，以及 19 世纪知识界的享乐主义、功利主义、机械主义的某些观点，都在一定程度上影响了精神分析理论的形成。随着其理论的不断深入和完善，它也在影响着其他的领域，不仅包括心理学，还包括社会科学、文学、语言、宗教、哲学、伦理学、艺术和教育等领域。

---

① 〔美〕舒尔茨. 现代心理学史[M]. 杨立能，陈大柔，李汉松，等，译. 北京：人民教育出版社，1981.

精神分析与传统的心理学存在很大的差异，它从一开始就在目的、对象和方法方面上离开了心理学思想的主流：精神分析的目标是把被压抑的并且大概是引起病人异常行为原因的东西有意识地、清醒地记起来；它的对象是其他学派比较忽视的变态行为；它的研究方法是临床观察法，而不是有控制的实验室实验。精神分析不仅是作为一种治疗疾病的方法，更重要的是作为一种理解人类动机和人格理论的体系而发展起来的。总的来看，它向人们展示了四个方面的内容：①人格理论，弗洛伊德将人的精神活动分为三个层次，即本我、自我和超我，抽象地陈述了人格结构的理论；②人格发展说，儿童从出生到 5 岁，要经过一系列性心理的发展阶段，即口唇期、肛门期、性器期，之后的 5—12 岁为潜伏期，进入青春期后便到了生殖期；③本能说，本能是推动或者起动的因素，是个体释放心理能的生物力量，本能分为生本能和死本能；④焦虑说，焦虑是引起个人行为中的紧张状态的力量，是促使一个人去减少这种紧张状态的动力。

精神分析理论对教育领域的意义可以概括为以下三点：①潜意识与因材施教。潜意识包括人的原始冲动和本能，潜意识不会被消灭，往往暗中对人的行为产生支配作用。教师在进行教学时，要关注每个学生的个性、气质、情趣以及在课堂中的表现，做到因材施教，使学生更好地表现自我。②用升华的作用引导受教育者。理想的教育不是压抑冲突，而是淡化冲突，在自由和纪律中寻找平衡。教师要善于营造一个自由良好的学习氛围，通过升华的作用引导学生，形成健康完善的人格，激发学生的创造力。③游戏、幻想。游戏、幻想能够激发学生的想象力和创造力，教师应该学会合理地引导学生进行适当的幻想和想象，从这种精神游戏中去获得有益的灵感，促进学生健康、全面的发展。

拓展资源

[1] 〔奥〕弗洛伊德. 精神分析引论[M]. 高觉敷，译. 北京：商务印书馆，1986.

[2] 〔奥〕弗洛伊德. 精神分析纲要[M]. 刘福堂，等，译. 合肥：安徽文艺出版社，1987.

[3] 方成. 精神分析与后现代批评话语[M]. 北京：中国社会科学出版社，2001.

[4] 〔美〕克莱尔. 现代精神分析“圣经”——客体关系与自体心理学[M]. 贾晓明，苏晓波，译. 北京：中国轻工业出版社，2002.

[5] 〔美〕舒尔茨. 现代心理学史[M]. 杨立能，陈大柔，李汉松，等，译. 北京：人民教育出版社，1981.

52. 经验（☆☆）

经验（experience）是指人们在同客观事物进行直接接触的过程中通过感觉器官获得的关于客观事物和外部联系的认识。人们对经验的理解最初来源于杜威在19世纪末20世纪初所做的一系列关于经验内涵的研究，杜威把经验看作是一个生命为了自身的生长与延续而适应周围环境的持续过程。

经验包括直接经验和间接经验，它具有双重性：一方面指经验、体验，即指在实践中获得的知识和技能，是名词性质的；另一方面指经历，即指主客体之间的互动过程，是动词性质的。近代哲学史上的经验主要是指前者，即经验是在经历的基础上产生和形成的，且一旦形成，它就会从经历中独立出来，并对人们的学习和生活产生影响，这种影响可能是积极的，也可能是消极的。

经验作为一种影响人类学习和生活的智慧活动，它主要包括以下几个方面的特征：①与环境的交互性，经验是一种生命活动，它产生的首要条件是个体与环境进行整合；②思维的高度参与性，思维是产生有意义经验的前提，勤于钻研和思考会丰富经验；③对个体的依附性，经验靠个体自身积累起来，受具体情境的制约。在经验切实影响社会各行业发展的同时，如何正确对待行业发展中的成功经验和失败经验，并将有价值的经验上升为理论，用理论去指导该行业的发展，成为各行业共同关注的重点内容。

在教师教育行业，经验对教师的成长无疑是双重性质的，并非所有的经验都具有教育价值，教师应该具备反思和批判的意识与能力，反思在师生交互的教学活动中，哪些经验对学生学习有利，而哪些又应该摒弃，如此循环往复，不断总结和发展自身教学经验，完成对经验的同化，这样教师才能够更好地进步。同时，教师只有梳理了自己的教学和学习经验，才能够理解学习者在学习过程中的困惑，如此才能够有意识地去帮助学生解决疑难问题，这样的教学才更有意义。

拓展资源

[1] HOHR H. The concept of experience by John Dewey revisited: conceiving, feeling and “enliving”[J]. Studies in Philosophy and Education, 2013, 32（1）: 25-38.

[2] 丁钢. 教育经验的理论方式[J]. 教育研究，2003（2）：22-27.

[3] 李长伟. 经验、教育与教育学[J]. 当代教育科学，2009（1）：12-15.

53. 行动研究（☆☆☆）

“行动研究”（action research）这一术语最早是由“行动研究之父”库尔特·勒温（Kurt Lewin）在其 1946 年发表的文章《行动研究与少数民族问题》（*Action Research and Minority Problems*）中正式提出并加以系统阐述的。20 世纪 50 年代，斯蒂芬·科里（Stephen Corey）等人将行动研究引入美国教育研究领域。但受量化研究兴起的影响，行动与研究产生分离，行动研究于 50 年代后期开始降温。60 年代中期，劳伦斯·斯滕豪斯（Lawrence Stenhouse）组织实施的“人文课程计划”与约翰·埃利奥特（John Elliott）和克莱姆·阿德尔曼（Clem Adelman）主持的“福特教学计划”（Ford Teaching Project）使行动研究再度兴起。70 年代后，行动研究运动在世界范围内得到长远发展。

勒温将“行动研究”定义为“一种将科学研究者与实务工作者之智慧与能力结合起来以解决某一实际问题的方法”①。约翰·埃利奥特认为，行动研究是对社会情境的研究，是从改善社会情境中行动质量的角度来进行研究的一种研究取向。当前国际上比较认同的是斯蒂芬·凯米斯（Stephen Kemmis）所作的定义，即行动研究是实践者为提高自身社会实践的合理性与正当性，增进对实践和实践发生的情境的理解而采取的一种自我反思的探究形式。②在对行动研究理论的探究过程中，基于勒温的“计划—行动—观察—反思”螺旋循环模式，迪金（Deakin）、埃巴特（Ebbutt）、麦克纳（McKernan）、埃利奥特等一系列的行动研究模式，为人们开展行动研究提供借鉴。

行动研究的特征可归纳为三个方面：①为行动而研究，即行动研究的目的是为了解决实践情境中的问题；②在行动中研究，即行动研究是在实践工作的真实场景中发生的，实践的过程就是研究的过程；③由行动者研究，即要求实践者参与研究，研究者参与实践。行动研究是一个螺旋状逐步上升的过程，但因其研究问题和研究对象具有特殊性，其研究结果一般没有普适性。

---

① LEWIN K. Action research and minority problems[J]. Journal of Social Issues, 1946, 2（4）: 34-46.

② 胡胜高，谭文芬. 行动研究与外语教师专业发展[J]. 黑龙江高教研究，2012，30（1）：88-90.

20 世纪 90 年代以来，行动研究的应用主要集中在组织研究、社区发展、教育与护理等社会科学领域。教育领域中的行动研究提倡作为教育实践者的教师与专家协作，以教育实践中发现的问题为导向，在实践情境中研究实践，改善实践，并通过改善实践加深教师对自身教学实践的反思，进而促进教师专业发展。教育行动研究有助于教师培养探究意识，能够有效克服教育理论与教育实践相脱节的弊端，为教学反思研究提供了方法论上的借鉴，使反思性教学实践的开展成为可能。

拓展资源

[1] BOGDAN R, BIKLEN S K. Qualitative Research in Education[M]. Boston: Allyn & Bacon, 1997.

[2] 宋虎平. 行动研究[M]. 北京：教育科学出版社，2003.

54. 基于设计的研究（☆☆）

“基于设计的研究”（design-based research，DBR）是 20 世纪 90 年代初在美国学习科学领域兴起的一种新的研究范式，它起源于教育心理学领域的“设计实验”，杜威（John Dewey）、维果茨基（L. S. Vygotsky）、皮亚杰（Jean P. Piaget）等人对儿童思维的早期研究也为“基于设计的研究”奠定了思想基础。20 世纪 80 年代以后，安·布朗（Ann L. Brown）逐渐意识到注重变量控制的传统实验室研究的局限，在其“互惠式教学”（reciprocal teaching）的研究中开始将目光转向真实的实践情境，为“基于设计的研究”确立了理论框架。阿伦· 柯林斯（Allan Collins）则从技术角度丰富了这一方法论的内涵，并在他起草的《迈向一门教育的设计科学》的报告中宣布了“基于设计的研究”正式诞生。①

在早期的研究中，阿伦·柯林斯和安·布朗将“基于设计的研究”称为“设计实验”，认为将理论与教学实践结合起来并给出可行性的例子是描述设计实验的

① 郑旭东，杨九民. 学习科学研究方法论创新的艰难之旅——安·布朗和阿伦·柯林斯的贡献及“基于设计的研究”的缘起、内涵与挑战[J]. 开放教育研究，2009，15（1）：54-59.

最佳方法。①安东尼·凯利（Anthony Kelly）认为，“基于设计的研究”的产品或结果可以表现为两种状态：师生之间的交互过程和由各种软件集成起来的学习环境。“基于设计的研究”将“实践的逻辑”而非“发现的逻辑”作为最高准则，呼吁在课堂中研究教育和学习，提倡在真实的教学情境中研究学习，但也不放弃对传统实验研究的改造。正如萨莎·巴拉布（Sasha Barab）所说的，“基于设计的研究”将特定环境中的学习过程作为研究对象，研究人员需要通过对简单环境的细致研究实现改进现实、发展理论的目的。

“基于设计的研究”作为一种新的研究的方法论，已经受到了教育实践者和教育研究者的广泛关注，也为教师专业发展提供了重要指导。“基于设计的研究”不仅能够解决教学问题、发展教育理论，更能够有效地促进教师的专业发展。以真实世界中的学习为研究对象，以学习者在学习过程中出现的问题为发端，将实验室带入课堂，在紧密联系教学实践的基础上进行教学研究。

在教师专业发展的过程中，引入“基于设计的研究”这一新的研究的方法论，鼓励教师实现实际教学问题的解决、教育理论的发展和自身专业知识和教学技能的不断提升。

拓展资源

[1] BROWN A L. Design experiments: theoretical and methodological challenges in creating complex interventions in classroom settings[J]. Journal of the Learning Sciences, 1992, 2（2）: 141-178.

[2] COLLINS A, JOSEPH D, BIELACZYC K. Design research: theoretical and methodological issues[J]. Journal of the Learning Sciences, 2004, 13（1）: 15-42.

[3] BARAB S. Design-Based Research: A Methodological Toolkit for the Learning Scientist[M]. Cambridge: Cambridge University Press, 2006.

55. 会话分析（☆☆）

会话分析（conversation analysis，CA）是话语分析的重要研究方向之一，源

① COLLINS A. Toward a design science of education[A]//SCANLON E, O’SHEA T. New Directions in Educational Technology[M]. New York: Springer-Verlag, 1992: 15-22.

于民族志方法[①]，由美国社会学家哈维·萨克斯（Harvey Sacks）创立[②]，主要通过研究真实语料揭示其组织结构、策略特征等会话现象的社会互动理论或路径。它将平常话语当成科学研究对象，具有语料的真实性、有效性等显著特点。会话分析包括对会话结构[如话轮转换（turn-taking）、序列（sequence）、修正（repair）和合意（preference）等]、会话策略、会话风格等的分析。它作为一种真正的社会学研究方法始于20世纪50年代末60年代初。在这之前，研究者仅是将语言作为一个抽象的结构系统进行研究，立足点往往来源于单个句子，通常将日常会话排除在外。20世纪70年代起，会话分析的研究成果不仅丰富了这方面的内容，在某种程度上也能克服自身的局限性。进入20世纪以后，从多学科的视野研究冲突话语，促进了会话分析自身的扩展和应用。

欧文·戈夫曼（Erving Goffman）的社会分析方法的影响及萨克斯本人对日常会话的关注催生了会话分析的萌芽。哈罗德·加芬克尔（Harold Garfinkel）的人类方法学（ethonomethodology）促进了会话分析作为一种独立的社会学分析方法的诞生。录音技术对日常会话的真实记录将会话分析由理论推向实践。会话分析对人们日常会话的研究是基于三大基本假设的：第一，会话是有组织、有结构的，而不是杂乱无章的。第二，会话者的话语受语境影响，同样话语也会影响和创造语境。第三，研究者在进行会话分析时，不能忽视会话过程中的任何一个细节，哪怕一个看似无关、偶然的细节都有可能包含非常重要的内容，这是约翰·赫里蒂奇（John Heritage）在萨克斯的基础上进行总结和归纳后得出的。随着人们的持续关注，会话分析不仅对社会学产生了重要影响，更逐渐应用到医患关系处理、心理治疗及教育等多个研究领域。会话分析强调多角度、长期的真实情境下的交互研究[③]，可以为真实场景下的教学研究提供有效的工具性支持。

将这一方法应用于教育研究，通过对真实教学中师生、生生之间的语言交互进行分析，不仅能够保证教学情境本身的真实性和复杂性，还可以在充分考虑教学环境、社会文化等因素的基础上开展课堂交互研究，从而达到改进教学实践、

① 王立非，李琳. 会话分析的国际研究进展：考察与分析（2008-2012）[J]. 外国语（上海外国语大学学报），2015，38（1）：72-81.

② 江宇豪. 会话分析研究发展趋势与前沿热点可视化分析[J]. 现代交际，2018（4）：113-115，112.

③ ATKINSON J M, HERITAGE J. Structures of Social Action: Studies in Conversation Analysis[M]. Cambridge: Cambridge University Press, 1984: 241.

发展教育理论的目的[1]。会话分析对教学研究和教师教育研究都有举足轻重的作用，有助于研究者更好地探究教与学活动中个体交互的内在机理，进而更好地实施教学干预，不断提升教与学的效果。

拓展资源

[1] 刘运同. 会话分析概要[M]. 上海：学林出版社，2007.

[2] 刘运同. 会话分析学派的研究方法及理论基础[J]. 同济大学学报（社会科学版），2002（4）：111-117.

56. 行为主义（☆☆）

“行为主义”（behaviorism）起源于 20 世纪初美国心理学家华生（John B. Watson）对构造主义的批判，主张心理学应该研究可观察、可测量的行为，而不是研究那些看不见、摸不着、没有科学依据的意识。因此，行为主义是唯物主义的一种形式，它将行为和意识完全对立起来，否定任何关于精神的价值，认为意识仅仅是人的一种幻觉，人的行为是先天基因和后天强化共同产生的结果。

西方实验心理学的内在矛盾催生了行为主义的诞生，行为主义的提出不但顺应了西方思想的发展潮流，还满足了人们对客观、实用的社会需求，这对行为主义的迅速蔓延和广泛影响起到了强大的推动作用。20 世纪 20 年代，行为主义的发展和影响达到最高峰。20 世纪 30 年代，以华生等人为主要代表的旧行为主义研究转向了以斯金纳（B. Frederic Skinner）等人为主要代表的新行为主义研究。新行为主义修正了华生式行为主义的一些极端的观点，指出刺激和反应之间存在着一些中间变量，而这些中间变量才是决定行为的实际因素。在巴甫洛夫（Ivan Petrovich Pavlov）经典条件反射的基础上，斯金纳发明了一个“斯金纳箱”，并以此来探究有机体行为产生的主要过程和学习的基本机制。

综上所述，行为主义的主要观点包括：①强调可通过客观观察和测量的外显行为是科学心理学研究的对象；②行为是由个体一系列连续的反应构成的；③个

① LIN A. What's the use of “triadic dialogue”? : activity theory, conversation analysis, and analysis of pedagogical practices[J]. Pedagogies: An International Journal, 2007, 2（2）: 77-94.

体行为受外界环境的影响；④学习是被动的，是刺激与反应之间的联结。然而正因为行为主义只强调有机体表现出来的外显行为，而不关注内在的心理变化过程，它遭到了不少心理学家的强烈批评，尤其是在后期，它被人本主义者称为“非人性”的心理学。尽管如此，我们不得不承认它的强大影响力，直到现在，我们仍然可以看到行为主义的“影子”。在教育教学领域中，行为主义的理论思想至今有着广泛的应用，如程序教学法、基于训练的学习、基于游戏的学习等。

拓展资源

[1] 〔美〕华生. 行为心理学[M]. 刘霞，译. 北京：现代出版社，2016.

[2] 〔美〕爱德华·桑代克. 人类的学习[M]. 李月甫，译. 杭州：浙江教育出版社，1998.

[3] 〔美〕B. F. 斯金纳. 科学与人类行为[M]. 谭力海，王翠翔，王工斌，译. 北京：华夏出版社，1989.

57. 建构主义（☆☆）

建构主义（constructivism）是学习理论继行为主义（behaviorism）、认知主义（cognitivism）之后的进一步发展，于20世纪90年代开始盛行。准确而言，建构主义是一种理论思潮，目前还处于发展过程中，其研究取向具有多样化的特点，比较有代表性的有：①激进建构主义，即以皮亚杰（Jean P. Piaget）的理论为基础的建构主义，主要代表人物有冯·格拉塞斯费尔德（E. von Glasersfeld）、斯泰费（L. P. Steffe）；②社会建构主义，即以维果茨基（L. S. Vygotsky）的理论为基础的建构主义，主要代表人物有鲍尔斯费尔德（H. Bauersfeld）、科布（P. Cobb）；③社会文化取向，它与社会建构主义很类似，但更强调社会文化背景对个体学习的影响；④信息加工建构主义，即以信息加工理论为基础的建构主义，代表人物是斯皮罗（R. J. Spiro）。

虽然不同取向的建构主义研究的侧重点、使用的术语、看待问题的角度都不完全相同，但它们对于知识和学习的看法是一致的，都强调知识是个人经验的合理化，具有情境性、相对性、个人性和文化性等特征；学习不是被动地接收外部信息，而是学习者主动建构内部心理表征的过程。建构主义学习理论还认为，“情境”(context)、“协作”(cooperation)、“会话”(conversation)和“意义建构”(meaning construction)是构成学习环境的四大要素。随着建构主义学习理论研究的不断深入，其在教育教学过程中的应用模式也逐渐增多，如认知学徒制(cognitive apprenticeship)、支架式教学(scaffolded instruction)、抛锚式教学(anchored instruction)、随机通达式教学(random access instruction)等，这些都是基于建构主义的教学模式。

教师教育也应该借鉴建构主义的思想观点，要把教师的发展视为一个基于自身经验的持续、主动、协调的发展、转变和超越的过程，让教师在培训过程中建立起一种建构主义的知识观、学习观、学生观、教师观和教学观。因此，在教师教育过程中，要以教师为中心，以教师原有教育经验的认识和改造为切入点，创设合理的教学情境，通过协作、会话、反思(reflection)等教学方式促进教师的意义建构。

拓展资源

[1] FOSNOT C T. Constructivism. Theory, Perspectives, and Practice[M]. New York: Teachers College Press, 1996.

[2] RICHARDSON V. Constructivist Teaching and Teacher Education: Theory and Practice[M] . London: Routledge, 1997: 3-14.

58. 社会建构主义（☆☆）

社会建构主义(social constructivism)这一概念是由皮特·伯格(Peter Bergger)和托马斯·卢克曼(Thomas Luckmann)于1966年在其出版的《现实的社会建构》(*The Social Construction of Reality*)一书中明确提出的。它关注的是学习背后的社会文化机制，主张个体在社会文化背景下，通过与他人的互动、协商，主动进行自我意义建构。其基本观点是：学习是一个文化参与的过程，知识来源于社会建构，学习者通过借助一定的社会文化支持参与实践活动来内化和掌握相关知识与技能。

社会建构主义理论的形成与发展受两个方面的影响：一是以波普尔(Karl

Popper）、维特根斯坦（Ludwig Wittgenstein）、德里达（Jacques Derrida）等为代表人物提出的哲学思想为其提供了哲学基础，尤其是维特根斯坦强调社会语境在知识建构过程中的重要作用，为社会建构主义做出了不可磨灭的贡献。二是以维果茨基（L. S. Vygotsky）、皮亚杰（Jean P. Piaget）为主要代表人物的社会建构思想成为社会建构主义的奠基石。他们从不同的角度对社会建构主义理论进行了探讨：皮亚杰强调个体的自我建构，注重个体与社会环境相互作用过程中认知图式的重建；而维果茨基则更关注社会性的客观知识对个体主观知识建构过程的中介影响，更关注社会情境、文化背景的作用。

社会建构主义对当今教育教学的理论与实践产生了深远影响，如维果茨基的最近发展区（zone of proximal development）理论，为指导教师的教学实践提供了坚实的理论基础。另外，社会建构主义还催生和发展了很多具有实践价值的教学模式，如支架式教学（scaffolded instruction）、抛锚式教学（anchored instruction）、随即通达式教学（random access instruction）、交互式教学（interactive teaching）、协作学习（cooperative learning）、情境学习（situated learning）、有意义学习（meaningful learning）等。

拓展资源

[1] BURR V. Social Constructionism[M]. London: Routledge, 2003.

[2] GERGEN K J. The social constructionist movement in modern psychology[J]. American Psychologist, 1985, 40（3）: 266-275.

[3] FOSNOT C T. Constructivism: a psychological theory of learning[J]. Constructivism Theory Perspectives & Practice, 2005（5）: 440-466.

59. 人本主义（☆☆）

“人本主义”（humanism）强调以人为本，是研究人的本性（nature）、情绪（emotion）、经验（experience）、创造力（creativity）、发展（development）以及自我实现（self-actualization）等问题的心理学。它兴起于 20 世纪 50 年代，由美国心理学家马斯洛（Abraham H. Maslow）创立，被称为现代心理学继行为主义和精神分析之后的“第三势力”。1962 年，美国人本主义心理学会（Association of

Humanistic Psychology，AHP）成立，标志着人本主义心理学正式诞生，AHP 以相信人的潜能并致力于促进人的潜能发展为核心价值观。80 年代后，人本主义得到了进一步的发展，主要体现在以马斯洛和卡尔·罗杰斯（Carl R. Rogers）为代表的自我实现说和以存在主义心理学家为代表的自我选择说。

马斯洛和罗杰斯是人本主义心理学的两大代表人物。马斯洛在《人类动机理论》一文中提出的需要层次理论至今影响深远，他认为，个体的成长和发展需要动机的力量，而动机是由个体存在的各种不同性质的需要构成的。他将人类的需求分为以下五种：生理需要（physiological needs）、安全需要（safety needs）、爱与归属的需要（love and belonging needs）、尊重的需要（esteem needs）与自我实现的需要（self-actualization needs）。①其中，自我实现是需要层次理论的核心，它是生命存在的意义。罗杰斯也指出，教育的目标不只是向学生传授知识技能，更重要的是要塑造其完整的人格，让他成为一个“完整的人”。这种“完整”不仅体现在身心上的完整，还体现在个人成长需求的完整。他还指出，人生来就有学习的动机，并且能够确定自己的学习需要，教师要引导学生进行有意义的学习。

教师教育作为一种职业教育，其最终目的就是促进教师专业发展。而基于人本主义的教师教育，首先强调的是把教师专业发展和其作为“人”的整体发展结合起来，从而使教师的全面素质得到提高；其次，它强调要激发教师自主发展的意识，让自我发展和自我实现成为教师专业发展的内在机制，促进自身潜能、个性和创造力的全面发展；最后，它还强调要坚持“以人为本”的原则，树立“以教师为本”的教育观念，尊重和满足教师的各项合理需求。

拓展资源

[1] ROGERS C R. A Way of Being[M]. Boston: Houghton Mifflin Harcourt, 1995.

[2] ROGERS C R. The Carl Rogers Reader[M]. Boston: Houghton Mifflin Harcourt, 1989.

[3] MOTSCHNIG R, NYKL L. Toward a cognitive-emotional model of Rogers's person-centered approach[J]. Journal of Humanistic Psychology, 2003, 43（4）: 8-45.

① MASLOW A H. A theory of human motivation[J]. Psychological Review, 1943, 50（4）: 370.

60. 巨型大学（☆）

巨型大学，又称“多元化巨型大学”，它首次提出是在克拉克·克尔（Clark Kerr）《大学之用》一书中，他认为现代大学理想的存在形式应该是多元化巨型大学。克尔指出，现代美国大学不是牛津大学，也不是柏林大学，它是世界上一种新型的机构，它不同于古典大学，多元化巨型大学拥有多个灵魂，各社群拥有彼此不一致甚至相互对立的利益；不同于传统大学，多元化巨型大学的各组成部分之间的联系是松散的，组成大学的很多部分可以增加也可以取消，对大学整体并无多大影响[①]。这种大学就是“多元化巨型大学”。

克尔提出“多元化巨型大学”这一概念，其思想基础是多元论，从古希腊学者亚里士多德在他的《政治学》书中提出“多元主义”这种新的理论构想开始，经过不断发展，多元主义成为解释世界和社会的一种哲学方法，以及美国实用主义哲学学派的威廉·詹姆士提出和论证的“多元真理观”，这些都为多元化巨型大学的提出奠定了基础。而多元化巨型大学的历史基础是集英国、德国、美国三个国家大学模式于一体的柏林大学，它注重哲学，强调科学，重视科研和研究生训练。

多元化巨型大学这种新型大学，主要有以下几个特点：①是一种多元机构：就像克尔总结的，“最初，大学是为社会精英服务的，而后又为中产阶级服务，现在则为所有人服务，不论其社会和经济背景如何”。②是异质、矛盾的机构：多元化巨型大学是一个各个部分不一致的机构，这种不一致主要体现在其构成的异质性上。克尔说：“它不是一个社群，而是若干个社群，这些社群不相同，甚至相互矛盾。”③类似一座城市：这座城市里学生来自所有阶层和种族，他们同整个社群一致的少，而同亚群体一致的多。[②]

巨型大学是世界高等教育发展的一种趋势，这种事业型大学形成了一个完整的社群，同时它也为不同的社群服务。在这座大学城里，校长发挥着主要的领导作用。除此之外，教师社群也要充分发挥自己的作用，教师可以选择适合自己的

---

① 〔美〕克拉克·克尔. 大学之用[M]. 5 版. 高铦，高戈，汐汐，译. 北京：北京大学出版社，2008：1.

② 徐丹. 内在的崩溃：克尔“多元巨型大学观”述评[J]. 清华大学教育研究，2007（6）：21-31.

科目，也可以选择自己从未担任过的角色，以此来满足社会复杂多样的需求。

拓展资源

[1] 〔美〕克拉克·克尔. 大学之用[M]. 5版. 高铦，高戈，汐汐，译. 北京：北京大学出版社，2008.

[2] 施晓光. 美国大学的思想论纲[M]. 北京：北京师范大学出版社，2001.

61. 教育智慧（☆☆）

2009年版《辞海》中对“智慧”的解释有二，一是对事物能认识、辨析、判断处理和发明创造的能力，如智慧过人；二是犹言才智、智谋①。据西方学者的考察，“智慧”（sophia）一词原出于伊雄语，它的意思主要有三种：一是指一般的聪明与谨慎，二是指敏于技艺，三是指学问和智慧。②而对“教育智慧”的解释，较具代表性的是教育智慧表现为解决教育教学中的新情况、新问题的能力，转化教育矛盾和冲突的机智，及时选择、调节教育行为的魄力，促进学生积极发展和创造的魅力等几方面③。

教育智慧学的开拓者马克斯·范梅南（Max van Manen）认为，教育学是一门有关智慧的学问。④因此，作为一门建立在心理学、社会学、哲学基础之上的学科，教育学的智慧不仅体现为心理层面的智慧、实践层面的行动机智，也体现为形而上学层面的反思性智慧。根据这三个层面的特征，我们可以将教育智慧划分为理解性智慧、情境性智慧和反思性智慧三种，这三种智慧构成了教育智慧的主体结构。理解性智慧是指教育者以真切理解学生为基础，灵活有效地启发、影响学生时表现出来的品质。情境性智慧指教育者在教育情境中具备一定的敏感性、机智性和果断性，能机智敏捷地处理问题。也就是说，当教育者面对情境性事件时，能够即刻做出有效的判断和相应的处理。反思性智慧是指反思能够促使教师概括和总结实践经验，增强知识积累、经验积累，提高教学实践中的智慧，最终形

① 汪凤炎，郑红. 品德与才智一体：智慧的本质与范畴[J]. 南京社会科学，2015（3）：127-133.

② 张传有. 西方智慧的源流[M]. 武汉：武汉大学出版社，1999：2.

③ 叶澜. 新世纪教师专业素养初探[J]. 教育研究与实验，1998（1）：41-46.

④ 〔加〕马克斯·范梅南. 教学机智——教育智慧的意蕴[M]. 李树英，译. 北京：教育科学出版社，2001：14.

成成熟的教育智慧。正如里查德·帕森斯（Richard D. Parsons）和金伯利·布朗（Kimberlee S. Brown）所说的，教师需要对自己的行为进行反思和自我调整，以适应个人所面对的独特的教学环境[①]。

教师的教育智慧可以在教师实践行动、教师对自身教育行为的反思与再行动及教育历史经验中获得。它主要体现在教师能够顺利地开展教育教学活动、创造性地解决教育教学问题与积极地增进学生智慧上。由此可见，教师具备教育智慧对引导学生思考与解决问题及启迪学生的智慧都具有重要意义。

拓展资源

王运武，张尧，彭梓涵，等. 教育人工智能：让未来的教育真正拥有“智慧”[J]. 中国医学教育技术，2018（2）：117-125.

62. 教育信仰（☆☆）

《辞海》对“信仰”的解释是“对某种宗教或主义极度信服和尊重，并以之为行动的准则”。但随着社会发展和人类进步，“信仰”已不仅限指向于宗教意义上的信服和尊重，而成为指向生活并引导、超越生活的精神力量。[②]“教育信仰”正是在深刻理解“信仰”内涵的基础上提出的。目前，国内学术界对教育信仰内涵的研究较具影响力的观点有两种：一种是人们对教育活动在个体和社会发展过程中的价值及其实现方式的极度信服和尊重，并将其作为教育行为的基本准则；另一种是教育活动中信仰关系的具体化，是精神地把握教育活动的特殊方式。综合两种观点，教育信仰是信仰在教育活动中的具体化，是人们对教育活动在个体和社会发展过程中的价值及其实现方式的极度信服和尊重，并以之为教育行为的根本准则。[③]

教师的教育信仰在教育活动中主要表现为四个方面：①生活信仰，是指教师对教育的终极目标，即培养出生活于生活空间的完美的人的信服和尊重，它推动着教师用生命的活力去教育具有生命活力的人。[④]②职业信仰，指教师对教师职业

① 〔美〕帕森斯，布朗. 反思型教师与行动研究[M]. 郑丹丹，译. 北京：中国轻工业出版社，2005.

② 戚业国，陈玉琨. 论教育质量观与素质教育[J]. 中国教育学刊，1997（3）：26-29.

③ 朱小蔓，其东. 关于学校道德教育的思考[J]. 中国教育学刊，2004（10）：32-35.

④ 中央教育科学研究所. 陶行知教育文选[M]. 北京：教育科学出版社，1981.

的热爱和尊重，并把它作为终身事业来做的一种信仰和追求。③学科信仰，指教师对所教学科的热爱、尊重，并以此作为其终身学习、研究和从事本学科教学活动的一种信仰。④学科教学信仰，即教师在学科教学中对各学科的教学信仰，它关注的是如何教的信仰并决定着教师将采用什么样的方式处理教学。

教师的教育信仰直接影响着其教学行为和学生的身心发展，是一名教师的必备条件，也是其进行教育实践的基本前提。正如雅斯贝尔斯（K. T. Jaspers）所说：教育须有信仰，没有信仰不成教育，只是教学技术而已。[①]可见，教育信仰对每一名教师而言都是至关重要的，它是教师在教学活动中所形成的对教育本然价值的确信、对教育理想的皈依、对教育事业的虔诚以及对人类存在超越的追求，因此，教师只有具备教育信仰才能够肩负起重大的教育责任，才可以实现自身的最大价值。

拓展资源

ALTSCHULER G C. Restoring faith in higher education[J]. Academic Questions, 1996, 9(2): 25-27.

63. 教育机智（☆☆）

马克斯·范梅南（Max van Manen）在其《教学机智——教育智慧的意蕴》中首次系统地提出了“教育机智”（pedagogical tact）这一概念。他认为教育机智是一种时间语言，是情境性、智慧性的行动，即在与孩子相处的过程中，教师必须具备临场的智慧和才艺，能对情境立即作出反应并且瞬间知道该怎么做。[②]对于它的定义目前还没有形成统一的观点。《教育大辞典（增订合编本）》指出：教育机智是一种善于根据情况变化创造性地进行教育的才能。它包括具有高度灵活性并能够随机应变、灵敏、果断地处理教育教学问题和具有高度的智慧并能够巧妙、精确、发人深省地给人以引导、启示和教育两个方面。[③]日本教育实践家斋藤喜博则认为，教育机智是在教学开展过程中及时对学生的反应作出相应决

① 〔德〕雅斯贝尔斯. 什么是教育[M]. 邹进，译. 北京：生活·读书·新知三联书店，1991：27.

② VAN MANEN M, LI S. The pathic principle of pedagogical language[J]. Teaching & Teacher Education, 2002, 18（2）: 215-224.

③ 顾明远. 教育大辞典（增订合编本）[Z]. 上海：上海教育出版社，1998：21.

断和组织的能力。苏联著名教育家马卡连柯则将教育机智视为一种教师同学生交往并影响学生的职业性专门能力——表现力和说服力。被誉为“教育机智的天才”的瑞士教育家裴斯泰洛奇认为，教育机智就是教师对学生身心的敏感的共鸣力。

我们认为，教育机智就是指教师通过敏锐地观察学生的细微变化，根据学生的身心特点，在引起学生心理反应的教学过程中所表现出的智慧与才干。它包括教师在教学中的表现力与说服力、应变力与组织力，以及教师用自己的人格力量去感染学生，去引起学生的共鸣。影响教育机智的因素是多方面的，主要有以下几个：①知识经验因素，教育机智是建立在一定的知识经验基础之上的，知识经验越丰富的教师，越能表现出教育机智。②智力因素，教师的智力水平与其教育机智能力成正比例。③非智力因素，情感、意志、个性等非智力因素对教育机智的形成有重要影响。[①]

由此可见，拥有教育机智是教师成为有效教师和取得教育成功的必备条件，教师的教育机智的生成其实就是教师的教育活动不断地指向学生的生活世界并对学生的生活体验产生敏感性和果断性的过程。正如乌申斯基所说的，不论教育者怎样研究教育学理论，如果他没有教育机智，他就不可能成为一个优秀的教育实践者[②]。也就是说，一位好的教师并不在于能预见到课堂的所有细节，而在于能根据具体情况巧妙地作出变动，选择最合适学生发展的途径走下去。

64. 教育共同体（☆☆）

“教育共同体”中的“共同体”概念，直接引申于德国著名社会学家、哲学家斐迪南·滕尼斯（Ferdinand Tonnies）提出的“纯粹社会学”的概念。在其所著的《共同体与社会》一书中，滕尼斯定义了“共同体”的概念，即通过某种积极的关系而形成的群体，统一地对内对外发挥作用的一种结合关系，是现实的和有机的生命组合。由个体意志决定的、相互发生关系的群体，是共同体的基本条件；

① 董小玉，巫正鸿. 教育机智浅谈[J]. 中国教育学刊，1995（1）：36-37.

② 〔苏〕乌申斯基. 人是教育的对象[M]. 李子卓，等，译. 北京：科学出版社，2001：165.

对内对外发挥作用是共同体的功能，现实的和有机的生命是共同体的本质。[①]根据滕尼斯的“共同体”概念，可以将“教育共同体”定义为：它是基于一致的教育信仰，为了共同的教育目标，在培养人的社会实践活动中形成的有责任感的个体联合。

教育共同体在现实社会中表现为三个层面：①宏观层面上，它表现为终身教育视野下有大教育观特征的家庭、学校和社会的联合，社会本身以共同体的形态存在，社会成为教育的主体，每一个公民都是教育者；②中观层面上，它表现为学校教育者的联合，具体还可以分为本校教师间的联合、横向同级别学校间的联合和纵向不同层次学校间的联合，这是其存在并发挥作用的最重要部分；③微观层面上，它存在于以教师为主导、学生为主体的教学关系中。[②]教育共同体实质上是包含了三种意蕴的结合体，即精神共同体、合作共同体和实践共同体。从成员之间思想信念统一的程度看，它首先是一种精神共同体，即成员之间有着共同的志趣和价值追求。从利益共享和文化融合的角度看，它是一种合作共同体。从问题解决的指向和过程来看，它是一种实践共同体，并具有以下两个特征：①成员致力于关注和解决教育中的现实问题。正如费林（P. Fellin）所指出的，一个优秀的共同体应当是一个“有能力回应广泛的成员需要，解决他们在日常生活中遇到的问题和困难的共同体”[③]。②成员在相互开放的实践中共同成长。

对教育共同体的关注，核心在于对教师的关注，教师是教育共同体最直接的实践者，形成教育共同体的关键在于教师的个人意志。因此，培养教师对教育事业的责任感、归属感，鼓励教师在教育实践活动中充分实现自我价值，促进教师集体意识与合作精神的养成，是教育共同体得以发挥实质作用的最有效方式。

65. 教育公平（☆☆）

教育公平（education equality）的思想古已有之，早在2500多年前，孔子就

---

① 〔德〕斐迪南·滕尼斯. 共同体与社会[M]. 林荣远，译. 北京：商务印书馆，1999：52-54.

② 林上洪. “教育共同体”刍议[J]. 教育学术月刊，2009（10）：20-21.

③ FELLIN P. The Community and the Social Worker[M]. Itasca: F. E. Peacock Publishers, 1995: 70.

曾主张并实行“有教无类”；古希腊著名哲学家柏拉图在其《理想国》中亦提出开放式社会和自由教育的民主思想[①]；亚里士多德则最早提出通过法律保障公民接受教育的权利，并提出要“平等地对待平等的，不平等地对待不平等的”；17世纪，夸美纽斯提出“人人都应学到关于人的一切事项”[②]。这些充分体现了教育家追求教育公平的理想信念和美好愿望。

随着现代社会的不断发展，教育公平的理念被明确提出，并且被逐步完善。教育公平实质上是人们对教育领域中人与人之间教育利益分配关系的评价，表现为一种在社会各阶层和社会成员之间按比例平等分配教育利益的理想和制度，具有客观性、规律性、相对性、动态性和永恒性等特征。[③]教育公平的外延包括三方面，即观念公平、市场公平和社会公平。相应地，教育公平的内涵也体现在这三方面。观念层次的教育公平是对教育市场公平和教育社会公平主观性的价值判断。教育市场公平可定义为使教育效率达到最大化的教育资源的最佳配置。教育社会公平指财富与收入的平等，对学生而言，它表现为学生已有的受教育程度和一定时期内所受教育程度的平等；对教师而言，财富和收入二者的含义与其经济学概念相一致。[④]

作为教育现代化、民主化的重要标志，教育公平是涉及多学科、多层面、多因素的复杂问题，难以从某一角度进行总体概括。当今教育公平的研究工作广泛地从伦理学、经济学、法学和社会学等多学科的视角展开，并取得了一系列的成果，包括对教育公平范畴的界定、对教育公平现象的揭示、对影响教育公平因素的探讨、对促进教育公平途径的探讨。[⑤]然而，如何在现实社会切实实现教育公平，仍需要不断地探索与实践。

教育公平是社会公平的重要组成部分，同时也是教育领域追求的最终目标。公平的教育离不开教育背景下所有成员的共同努力，作为教育先行者的教师更应明确教育的未来方向，由基本思想、政策入手，进而采取实践行动，切实解决教育不公平问题，最终将教育公平由理想转变为现实。

---

① 朱永东，叶玉嘉. 我国教育公平研究之十年[J]. 中国高教研究，2007（5）：17-18.

② 朱超华. 教育公平的本质及其社会价值分析[J]. 中国高教研究，2003（7）：26-28.

③ 朱超华. 教育公平的本质及其社会价值分析[J]. 中国高教研究，2003（7）：26-28.

④ 郑晓鸿. 教育公平界定[J]. 教育研究，1998（4）：29-33.

⑤ 朱永东，叶玉嘉. 我国教育公平研究之十年[J]. 中国高教研究，2007（5）：17-18.

拓展资源

杨东平. 中国教育公平的理想与现实[M]. 北京：北京大学出版社，2006.

66. 教学相长（☆☆）

《礼记·学记》最早记载并确立了“教学相长”思想。历代学者对“教学相长”的内涵都有诠释，虽略有出入，但就主流观点来看，其本义均指向教师自身教与学相互促进。随着时代的进步，“教学相长”也渐渐地被赋予了两层含义：一是其本义，即指教师自身的教和学相互促进；二是教师和学生相互促进。[①]例如，《教育大辞典》对其的界定是：教师自身的“教”和“学”相互促进，其意为教师的“学”可以促进“教”，通过“教”可以促进其“学”。后人引申为师生之间的相互促进。教师的教导，促进学生的发展；随着学生的发展而提出新的更高的学习要求，促进教师不断进德修业，并在向学生学习中取得进步。[②]《教育大辞典》对其的解释是：“教学相长”原意有两种解释：①指教学的双方。就教师而言，通过教，发现自己知识的贫乏，从而产生再提高的要求；就学生而言，通过学，发现自己知识的欠缺，从而产生新的求知欲望。如此循环往复，构成了“教学相长”的过程。②专指教师。教师在教中学，在学中教。在教中感到不足，遇到困难，再去学习；在学习中有所得，有助于提高教的质量。教师在边教边学中不断进步。[③]

由此可见，“教学相长”在本质上反映了教师个体发展中“教”与“学”的密切联系，揭示了“教人”与“自学”相辅相成的规律，劝导教师不仅要具备以“教”为职责的意识，更要具备以“学”为动力的教育专业发展理念。在一个教师的职业生涯中，教和学各有其重要地位，共同促进其知识储备的丰富、教学技能和水平的提高。作为教师不仅要善于学，而且要把教学作为自己学习的一种重要手段和途径。因此，只有将“教”与“学”统一起来，才能收到良好的发展效果，也才能更好地履行育人职责。

---

① 李保强，薄存旭. “教学相长”本义复归及其教师专业发展价值[J]. 教育研究，2012（6）：129-135.

② 陈龙翔，张伟平. “教学相长”视野下的教师专业发展[J]. 现代教育科学，2014（8）：80-82，64.

③ 李保强，薄存旭. “教学相长”本义复归及其教师专业发展价值[J]. 教育研究，2012，33（6）：129-135.

“教学相长”是教师提升自身素质、树立终身学习理念、肩负教育教学重任的思想基石。它反映了教师专业发展的理想信念，规定了教师专业发展的内容，表明了教师专业发展的关键途径。因此，当代教师应秉承这种思想，坚持对教学意义的追求，把自身专业成长看作是自我内在的心理诉求并积极实现“要我发展”向“我要发展”的转变。

67. 教学设计（☆☆☆）

教学设计（instructional design，ID），又称教学系统设计（instructional system design，ISD），是以传播理论、学习理论和教学理论为基础，运用系统论的观点和方法，分析教学中的问题和需求，从而找出最佳解决方案并对其进行评价、试行与修正的一种理论和方法。[①]

作为一项由教师和教学开发人员完成的专业活动，教学设计是与教学领域中的教学开发、教学实施、教学管理和教学评价相平行的专业活动，是为特定的课程内容和学生群体确定能够最有效地促使学生的知识技能发生变化的教学方法的过程。[②]其结果是一幅展现教学面貌的蓝图，即确定对某项课程内容和某类学生而言，应采用什么教学方法。

作为一门连接学习理论和教育实践的桥梁学科，教学设计又被称作“教学科学”，源自心理学家于20世纪上半叶将心理科学运用于教育实践的努力，旨在创造与多元化教学方法以及教学方法与教学情境的优化组合等相关的知识体系。[③]教学设计学科涉及理解、改进和应用教学方法，其研究对象是教学过程的系统程序[④]，其研究内容包括与教学设计相关的基本概念和基础理论、设计过程、媒体开发、教学评价等。

教学设计最早产生并应用于军队和工业培训领域，到20世纪60年代才被逐渐应用到学校教育中，目前已在正规教育、非正规教育以及工业、农业、金融、

① 杨九民，范官军. 教学系统设计原理[M]. 武汉：湖北科学技术出版社，2005：6.

② MERRILL M D, et al. Reclaiming instructional design[J]. Educational Technology, 1996, 36（5）: 5-7.

③ REIGELUTH C M. Instructional-Design Theories and Models: An Overview of Their Current Status[M]. London: Routledge, 2013: 7.

④ 林宪生. 教学设计的概念、对象和理论基础[J]. 电化教育研究，2000（4）：3-6.

军事和服务等行业及其各部门的职业教育和培训领域中得到了广泛应用。尤其在教材编制、教学软件开发、课程设置、课堂教学等教育实践活动中，教学设计的理念和思想逐渐被人接受并得到愈来愈高的重视。师范生和在职教师可通过学习和运用教学设计原理来推动教学工作科学化，更好地将教育技术理论和思想方法运用于教学实践中。需要强调的是，没有哪一种教学设计模式能够有效解决所有教学问题，教师和教学设计人员应该在教学设计实践中坚持因地制宜原则，不断总结和创造新经验，提升自身创造性地分析问题、解决问题的科学思维能力。

拓展资源

[1]〔美〕R. M. 加涅，W. W. 韦杰，K. C. 戈勒斯，等. 教学设计原理[M]. 5 版. 王小明，庞维国，陈保华，译. 上海：华东师范大学出版社，2007.

[2] GAGNÉ R M, BRIGGS L J. Principles of Instructional Design[M]. New York: Holt, Rinehart & Winston, 1974.

[3] REIGELUTH C M. Instructional-Design Theories and Models: A New Paradigm of Instructional Theory[M]. Hove: Psychology Press, 1999.

[4] SWELLER J. Instructional Design in Technical Areas. Australian Education Review, No. 43[M]. New York: PCS Data Processing, 1999.

[5] SMITH P L, RAGAN T J. Instructional Design[M]. New Jersey: Merrill, 1999.

68. 教学法（☆☆☆）

教学法（pedagogy）是在总结人类教学实践经验的过程中发展起来的，它研究的是人类教学现象及其一般规律。教学法的任务是从客观的教学现象和实际的教学工作中，揭示培养全面发展的人的规律。在西方，“教学法”一词源于希腊语 pedagogue（教仆），意为儿童指导者；在我国，最早专门论述教学法的著作是《礼记·学记》。西方的一些思想家（如柏拉图、亚里士多德、昆体良等）以及我国古代的一些思想家（如孔子、孟子、荀子、朱熹等），在他们长期的教学实践中所做出的经验总结，虽然具有一定的阶级局限性，但为之后各种教学理论、教学方法、教学模式、教学策略等的产生奠定了坚实的基础。

在教育社会学研究者看来，教学法是一个社会性问题，而不是一个单纯的技术性问题。早期教学社会学者研究教学法的社会性，重在研究教学法的下位概念即教学形态——师生互动行为所表现出的形式。由于教学法是师生互动的形式，只有在师生互动中，社会情境中的文化、规则、意义等经验才能为学生所理解。因此，后来的研究者着重师生互动形式中文化、规则、意识形态的揭示。事实证明，教学法是学校教育系统的一个重要组成部分，因为它影响着课程知识传递的有效性。在知识传递过程中，教学法起到了隐藏现实生活对立面的“社会控制”（social control）作用，而这种“社会控制”的意识形态有利于维持社会现状。伯恩斯坦（B. Bernstein）曾用“架构”（frame）这一概念来阐释师生对教学内容的控制程度，架构是指在教学过程中，师生对知识的选择、组织、快慢和时间安排所能控制的程度。伯恩斯坦后来又在其发表的《阶级与教学法：显性与隐性》一文中，使用了两个新的概念——显性教学法（visible pedagogy，又可译为“有形的教学法”）和隐性教学法（invisible pedagogy，又可译为“无形的教学法”）来表述教学法的“社会控制”作用。20 世纪 80 年代中后期及 90 年代初，伯恩斯坦又提出了“教学法实践”（pedagogic practice）的概念。

现代教育实践的广泛性、丰富性以及生产和科学技术迅猛发展，对教学法的发展提出了新要求，开拓了新领域。现代教学研究的主要内容是：教学与儿童身心发展的关系，教学目的，教学制度，教学工作的任务、过程、内容、方法、组织形式和原则以及教师和学生、教学的管理等。随着社会和科学的进步、教学法研究对象的专门化，教学法自身分化为普通教学法、幼儿教学法、特殊儿童教学法、成人教学法、家庭教学法等。由于教学法分别研究不同层次的学科的教学规律、教学原则和教学方法，有什么样的学科就有什么样的教学法。因此，根据学科内容的不同，我们又可将教学法分为语文教学法、数学教学法、物理教学法、化学教学法等。它们分别研究各门学科的教学目的和任务、性质和特点、内容与要求、过程和方式方法等问题，对提高各科教学质量起着重要的指导作用。

拓展资源

[1] HALL G S. What is pedagogy? [J]. The Pedagogical Seminary, 1905, 12（4）: 375-383.

[2] BERNSTEIN B. Pedagogy, Symbolic Control, and Identity: Theory, Research, Critique[M]. Maryland: Rowman & Littlefield, 2000.

[3] BERNSTEIN B. On the classification and framing of educational knowledge[J]. Knowledge and

Control, 1971, 3（1）: 245-270.
[4] BERNSTEIN B. Class and pedagogies: visible and invisible[J]. Educational Studies, 1975, 1（1）: 23-41.
[5] SADOVNIK A R. Basil Bernstein's theory of pedagogic practice: a structuralist approach[J]. Sociology of Education, 1991, 64（1）:48-63.

69. 境脉（☆☆）

“境脉”（context）是指上下文、语境、文脉，或者人或事存在于其中的各种有关的情况、来龙去脉、背景、环境等。这里将“情境”与“脉络”合并成为一个新的名词——“境脉”，即整体把握事物全部情境的意思。“境脉”一词最初被用于语言分析，指决定单词或段落意义的特定语言环境，近年来，逐渐运用于计算机、教育等多个领域。在不同领域的运用中，对这一概念的具体定义也各不相同。例如，比尔·施利特（Bill N. Schilit）和马文·泰默（Marvin Theimer）认为境脉是指主体所处的位置，它包括周围的人和事物以及这些人与事物的变化。蒂姆·伯纳斯（Tim Bemers）将境脉定义为“一个陈述及包含这个陈述的规则之间的关系”。阿尼德·戴伊（Anind K. Dey）则进一步提出了自己的见解，认为境脉是用于描述物体情况与特征的词，这个物体可以是人、物或者某个地方。

从阿尼德·戴伊的描述来看，境脉本身具备不同的特点。首先，境脉这一概念具有主体指向性、整合性以及动态性。其次，研究境脉包括三个相互关联的环节：一是明确“境脉”主体，二是挖掘与该主体相关的信息，三是根据主体需求以及相关信息提供相应的应用服务。

建构主义理论指出，个体的学习依赖于对情境的自我认知和建构，境脉是学习发生的时空。对于不同类型的学习和教学实践，需要相应的境脉支持。因此，研究教育者如何为学生建构促进学习的境脉，将成为此后教育研究的核心。近年来，境脉尤其是特定教学或学习实践所需的境脉成为教育研究的主流。

拓展资源

[1] SCHILIT B N, THEIMER M M. Disseminating active map information to mobile hosts[J]. IEEE Network, 1994, 8（5）: 22-32.

[2] DEY A K. Understanding and using context[J]. Personal and Ubiquitous Computing, 2001, 5（1）: 4-7.
[3] CHEN G, KOTZ D. A survey of context-aware mobile computing research[R]. New Hampshire: Dartmouth College, 2000.
[4] ABOWD G D, DEY A K, BROWN P J, et al. Towards a better understanding of context and context-awareness[A]//International Symposium on Handheld and Ubiquitous Computing[C]. New York: Springer-Verlag, 1999: 304-307.

70. 教学反思（☆☆☆）

教学反思是教师将教学观念和教学实践等作为认识或意识的对象，对其合理性和科学性进行评判，并考虑、选择提升教学实践合理性和科学性对策的过程，是教师成为有效教师的有意识努力。[①]20 世纪 80 年代，强调培养教师反思能力的“反思性教学”思潮在欧美国家教师教育界兴起，并迅速影响到世界范围内的教师教育界。作为反思性教学的前提和基础，教学反思受到教师教育研究领域的重视。

彼得·格瑞米特（Peter P. Grimmett）和盖仑·埃里克森（Gaalen L. Erickson）在综述了相关文献之后，认为对教学反思的理解主要有以下三种观点[②]：①教学反思是分析教学技能的一种技术，是对教学活动本身的深入思考；②教学反思是对各种教育观念进行深入思考并依此作出选择，要求教师考虑到教育事件发生的教育背景，并能够预期不同教学行为会带来什么后果；③教学反思是对教学经验的重新组织和重新建构，是教师理解与评价教育实践的一种手段。尽管上述三种观点不能全面体现“教学反思”的内涵，但都有其合理性，能够凸显教学反思的实践性、主体性和创新性等特征。

有关教学反思的研究主要围绕教学反思的对象、过程和方法等议题。一般认为，教学反思对象以教师的教学观念、教学方法、教学策略和教学过程为主，也包括教学目标、教学环境和教学效果等。教学反思可贯穿于教学的全过程，是一

---

① ANDERSON L W. International Encyclopedia of Teaching and Teacher Education[M]. Oxford: Elsevier Science Ltd, 1995: 178-183.

② GRIMMETT P P, ERICKSON G L. Reflection in Teacher Education: Symposium Entitled “Instructional Supervision and Teacher Education in the Twenty-First Century: Educating Teachers as Reflective Practitioners”: Papers [M]. Columbia: Teachers College Press, 1988.

个发现问题、解决问题的认知过程，也是教师知识和经验不断积累的过程。大卫·史密斯（David Smith）和内维尔·哈顿（Neville Hatton）将教学反思过程划分为四个阶段：回忆与描述教学过程和教学结果；发现教学中存在的问题以及需要改进的内容；面对问题，分析产生问题的原因；重新建构问题解决方法与途径。[①]教师可通过撰写反思日记、文献分析、微格教学、校本教研、行动研究、调查访谈、观察和讨论等途径从自己、学生、同事和专家等多重角度进行教学反思，进而提高自身教学技能。

当前，教学反思对教师专业发展的促进作用已得到普遍认可，其在教育教学实践中的推广与实施也已初具规模。但调查研究表明，教学反思实践还存在反思环节不完整、反思方法单一、反思经验缺乏交流、反思程度欠深入等问题。如何运用信息技术手段克服上述障碍仍是一线教师和教师教育者需要重点考虑的问题之一。

71. 教学临界阈（☆☆）

教学临界阈是指学习活动达到了一定的量，从而使学习活动的主体从一种状态转化为另一种状态的界限。由于学习者的已有经验、学习速度和学习状态的不同，同一种教学活动或教学产生的影响对一个学习群体中每个学习者所产生的作用强度、直接性和结果会有差异。因此，一定量的教学活动所引起每个学习者从一种状态转化为另一种状态的关键点也各不相同，但会出现在一定的临界范围之内，这种范围就称为教学临界阈。[②]

教学临界阈是探究和揭示教学有效性内在本质及其规律的关键，是我们对有效教学问题从外部条件研究到内在问题探讨的转折点。影响教学临界阈的关键因素主要有三个方面：①学习者的个人特点与学习状态。因学习者的经验积累、认知方式、学习速度、技巧能力、学习专注性和意志持久性的差异而导致学习临界点不同。②教学情境。课堂环境的优劣不仅影响着有效学习时间、学习渠道，也

① SMITH D, HATTON N. Reflection in teacher education: a study in progress[J]. Education Research and Perspectives, 1993, 20（1）: 13-23.

② 李志厚. 教学临界阈研究的问题与思路[J]. 教育理论与实践，2011（7）：53-57.

左右着学习者学习的互助合作性。教学临界阈受教学情境的多维性、共时性、异步性、动态性、公共性和历时性的影响。③教师影响。教师对课程资源的开发、选用以及对教学进度的把握，也会影响教学临界阈的变化。

在实际的课堂教学中，通过变量干预促使教学临界阈的出现和前移是改善教学的关键。教学变量是丰富复杂而又动态多元的，综合这些变量，我们可以调控对学生施加的影响（内容量、排序的先后、影响度、过程频率、持续时间等），当教学影响的强度、向度和量度所形成的合力达到一定的水平时，就会促使学习临界点的到来。其次，教师的价值观、学识、才华等在很大程度上左右着学生学习的进程、思考的深度、习惯的养成、知识的转化和发展的水平，也影响着学生的学习从量变到质变。

拓展资源

[1]〔美〕加里·D. 鲍里奇. 有效教学方法[M]. 7 版. 朱浩，译. 南京：江苏教育出版社，2014.
[2] 李志厚，钟秀梅. 教学临界阈理论与实践[M]. 哈尔滨：哈尔滨工程大学出版社，2011：4.
[3] 李志厚. 教学临界阈研究的问题与思路[J]. 教育理论与实践，2011（7）：53-57.

72. 教学效能感（☆☆）

教师的教学效能感（the sense of teaching efficacy），是指教师对自己影响学生学习行为和学习成绩的能力的主观判断。教师教学效能感概念在理论上来源于班杜拉（Albert Bandura）的“自我效能”（self-efficacy）概念。所谓自我效能，是指个人对自己在特定情景中是否有能力去完成某个行为的期望，它包括两部分：结果预期（outcome expectation）和效能预期（efficacy expectation）。其中，结果预期是指个体对自己的某种行为可能导致什么样的结果的推测；效能预期是指个体对自己实施某行为的能力的主观判断。①

根据班杜拉的理念，研究者认为，教师教学效能感具有一定的心理结构，可以分为两个方面：一般教育效能感和个人教学效能感。一般教育效能感是教师对教与学的关系、教育在学生发展中的作用等问题的一般看法与判断；而个人教学

① BANDURA A. Self-efficacy mechanism in human agency[J]. American Psychologist, 1982, 37（2）: 122.

效能感是指教师对自己教学效果的认识和评价。[①]迄今为止，众多研究表明，教师教学效能感与学生成绩、学生动机、教师教改的欲望、校长对教师能力的评价以及教师的课堂管理等之间存在密切关系，它是影响教师教学效果的一个重要因素。[②]此外，帕特里夏·阿什顿（Patricia Ashton）曾采用生态学的观点，分析教师教学效能感的影响因素，他把影响教师教学效能感的因素分为四个水平，即宏观系统水平（指社会的信念和习俗层次）、外部系统水平（指教师所在的社区环境）、中间水平（指教师所在学校的主客观因素）和微观系统水平（指教师所教学生的特征）。[③]根据我国研究者对教师教学效能感的影响因素进行的研究表明：①教龄因素对教师的教学效能感有显著的影响，教师的一般教育效能感随着教龄的增加有降低的趋势，而个人教学效能感则随着教龄的增长而呈现上升的趋势；②性别及学历对教师的教学效能感没有明显的影响。[④]

由此可见，提高教师的教学效能感对教师来说具有重要意义，它能够使教师感受到自己对教育教学所起到的作用，发现、认识到自身教学能力的不足，并意识到自己在学生智力的增长和学习成绩的提高过程中发挥着重要作用。

拓展资源

[1] WOOLFOLK A E, HOY W K. Prospective teachers' sense of efficacy and beliefs about control[J]. Journal of Educational Psychology, 1990, 82（1）: 81-91.

[2] HOY W K, WOOLFOLK A E. Teachers' sense of efficacy and the organizational health of schools[J]. The Elementary School Journal, 1993, 93（4）: 355-372.

[3] GIBSON S, DEMBO M H. Teacher efficacy: a construct validation[J]. Journal of Educational Psychology, 1984, 76（4）: 569-582.

[4] BENZ C R, BRADLEY L, ALDERMAN M K, et al. Personal teaching efficacy: developmental relationships in education[J]. The Journal of Educational Research, 1992, 85（5）: 274-285.

---

① WOOLFOLK A E, HOY W K. Prospective teachers' sense of efficacy and beliefs about control[J]. Journal of Educational Psychology, 1990, 82（1）: 81-91.

② 俞国良，辛涛，申继亮. 教师教学效能感：结构与影响因素的研究[J]. 心理学报，1995，27（2）：159-166.

③ ASHTON P. Motivation and the teacher's sense of efficacy[A]//AMES C, AMES R. Research on Motivation in Education[M]. Orlando: Academic Press, 1985: 141-174.

④ 俞国良，辛涛，申继亮. 教师教学效能感：结构与影响因素的研究[J]. 心理学报，1995，27（2）：159-166.

73. 教学点（☆☆☆）

教学点是以复式教学（把两个或两个以上年级的学生编成一个班）为主的小规模、不完全学校。它是解决偏远山区农村适龄儿童教育问题的重要方式，是我国义务教育的一个重要组成部分。

教学点是为满足我国人口稀少、居住分散的偏远农村地区的教育发展需要而设立的，其成因主要有两方面。一方面，农村教学点的产生和发展具有必然性，其雏形可以追溯到古代私塾，之后的村学、乡学及初小等都是教学点在各历史时期的不同形式。它的存在保证了偏远落后地区儿童的启蒙教育，为我国义务教育的发展发挥了不可忽视的作用。另一方面，由于我国计划生育政策的落实，以及农村人口流向城镇的趋势，农村义务教育适龄人口数量下降，这使得农村学校规模减小，加上偏远地区交通落后、人口密度小等不利因素，让偏远地区农村低年级学生就近入学的教学点就显得更为重要了[①]。

中国偏远地区农村的现实状况和满足适龄儿童平等接受义务教育的需要，决定了农村教学点设立的必要性和必然性。它对于当前我国农村教育的发展，具有重要的意义和作用。如果不设置教学点，很多的山区儿童每天上下学需要走二三十里的路程。尤其在寒冷的冬季，天不亮就要顶着凛冽的寒风赶路上学，求学之路非常艰苦。成立教学点，可以大大方便这些偏远地区适龄学生就近入学、减少上学成本，使他们平等地享有接受义务教育的权利。

但是，由于教学点多位于偏远的山区和乡村，在地理位置、经济条件、基础设施、教学资源等方面存在明显的劣势，好教师下不去、新教师留不住、现有教师教不好等问题非常严重，尤其是无法为一两个、十几人甚至几人的班级配备全科教师，导致教学点师资短缺，音乐、美术、英语等薄弱课程无法正常开设，成为我国义务教育均衡发展的“最后一公里”。对此，国家和各级部门采取了一系列措施，例如根据《国务院办公厅关于规范农村义务教育学校布局调整的意见》（国办发〔2012〕48号）和《教育部等九部门关于加快推进教育信息化当前几项重点

① 雷励华，左明章. 面向农村教学点的同步互动混合课堂教学模式研究[J]. 电化教育研究，2015，36（11）：38-43.

工作的通知》(教技〔2012〕13 号)要求，教育部组织制定了“教学点数字教育资源全覆盖”项目，启动实施方案并决定全面启动实施该项目。利用信息技术帮助教学点开好国家规定课程，提高教育质量，促进义务教育均衡发展，更好地服务农村偏远地区适龄儿童就近接受良好教育的需要。

在义务教育的发展中，教学点的设立有利于促进偏远地区学生就近入学、享受同等的受教育权利，解决当地学生义务教育的问题。但不可否认，由于其地理位置、经济发展、师资队伍、基础设施等方面的限制，教学质量有待提升，这也是我国义务教育发展中的薄弱环节。因此，在信息技术广泛应用于教育的今天，通过技术手段帮助教学点改善教学水平，提升教学质量，不仅是教学点本身发展的需要，也是我国义务教育发展水平整体提升和教育公平实现的关键。

拓展资源

[1] 王丽娜，陈琳，陈丽雯，等. 教学点“全覆盖”项目——信息化促进教育公平典型范例研究[J]. 中国电化教育，2017（12）：26-32.

[2] 王继新，施枫，吴秀圆. “互联网+”教学点：新城镇化进程中的义务教育均衡发展实践[J]. 中国电化教育，2016（1）：86-94.

[3] 范先佐，郭清扬，赵丹. 义务教育均衡发展与农村教学点的建设[J]. 教育研究，2011，32（9）：34-40.

74. 教育精准扶贫（☆☆）

随着精准扶贫战略的大力推进，教育精准扶贫的重要性更加凸显。治贫先治愚，要把下一代的教育工作做好，特别是要注重贫困地区下一代的成长，下一代要过上好生活，首先要有文化，这样将来他们的发展就完全不同。古人有“家贫子读书”的传统，把贫困地区孩子培养出来也是我国目前教育的重点，在 2013 年，习近平总书记就提出“要紧紧扭住教育这个脱贫致富的根本之策”。

精准扶贫，在于教育，教育扶贫，在于扶志、扶智。“扶志”以自强，用志气消除思想上的包袱；“扶智”以自立，用智慧解除能力上的束缚。志、智双扶，犹如两把“金钥匙”，必将破解“精神贫困”与“能力贫困”，充分释放出脱贫致富的内生动力。教育精准扶贫的目的是让贫困地区和贫困人口提升脱贫的精神动力，获得自我发展、自主脱贫的能力，是一种内生式的扶贫脱贫方式。教育精准扶贫既“扶志”又“扶智”，从根本上抓住了教育这个标本兼治中的“本”，抓住了整个扶贫工作的“根”。教育精准扶贫最具持久效力，是从根本上斩断贫困代际传递链条的扶贫举措，是扶贫工作的关键环节、精准之“穴”。大力实施教育精准扶贫，是精准扶贫的关键战略①。

扶贫扶智，教育为本。加尔布雷思在其《好社会》一书中指出：“在民智开启的地方，经济发展自然水到渠成。”诺贝尔经济学奖获得者阿马蒂亚·森指出，教育的缺失是“能力剥夺的贫困”，是引发“贫困代际传递”的重要因素。发展经济，脱贫致富，最终要落脚于劳动者知识水平、科学素养的提高上。教育的真谛、所追求的价值，就在于提高凝固在人身上的知识含量，提升人的素质，使人力资本增值。教育是人的基本要素，是权利也是义务。教育包括传授知识，启迪智慧和提升能力。扶贫重在扶智，扶智以教育为本，教育在社会发展与个体发展中起基础性作用。

当今，教育是有目的地提升人的知识技能，影响人的思想品德，增强人的体质。教育精准扶贫就是要通过教育对知识的传递与再生的功能，以知识再生产的方式实现贫困者劳动能力的升级与再造。具体表现在三个方面：一是把可能的、潜在的劳动力转化为现实的劳动力；二是把一般性的劳动者培养成专门性的劳动者；三是把一种形态的劳动者改造为另一种形态的劳动者。

拓展资源

[1] 李华，刘宋强，宣芳，等. 教育信息化助推民族地区教育精准扶贫问题研究[J]. 中国电化教育，2017（12）：33-40.

[2] 任友群，冯仰存，徐峰. 我国教育信息化推进精准扶贫的行动方向与逻辑[J]. 现代远程教育研究，2017（4）：11-19，49.

[3] 任友群，郑旭东，冯仰存. 教育信息化：推进贫困县域教育精准扶贫的一种有效途径[J]. 中国远程教育，2017（5）：51-56.

[4] 陈恩伦，陈亮. 教育信息化观照下的贫困地区教育精准扶贫模式探究[J]. 中国电化教育，2017（3）：58-62.

① 陈恩伦，陈亮. 教育信息化观照下的贫困地区教育精准扶贫模式探究[J]. 中国电化教育，2017（3）：58-62.

75. 教育生态（☆☆）

1976年，劳伦斯·克雷明在《公共教育》一书中提出“教育生态”（educational ecology）的概念，指出课堂教学是一个特殊的生态系统。它将教育与生态环境联系起来，并以其相互关系及其作用机理为研究对象，探究各种教育现象与成因，进而掌握并指导教育发展的趋势和方向。

教育的生态结构包括宏观、微观两个方面，人们最熟悉的教育系统的阶段是从幼教到小学、中学、大学、硕士、博士、博士后，这种谱系结构本身反映了不同的教育层次，也反映了从简单到复杂、从低级到高级的教育过程，而这种结构与年龄层次密切相关。教育的宏观生态最大的范围是生态圈，其次是世界上以各国家为疆域的大生态系统，这也是历来教育研究的重点。研究以教育为中心的各种环境系统，分析它们的功能及其与教育、人类的交互作用关系，以寻求教育发展的方向、教育应有的体制以及应采取的各种对策。对宏观教育生态进行系统分析必须把握好四个环节：①生态环境；②输入（人力、物力、财力、信息）；③转换过程（弹性调控）；④输出（人才、成果）。教育的微观生态则缩小到学校、教室、设备乃至座位的分布对教学的影响，也包括课程的设置目标、方法、评价等微观系统分析，同时也可以缩小到家庭的亲属关系，学校的师生关系、同学关系乃至学生个人的生活空间、心理状态对教育的影响等。

教育生态系统是一种耗散结构系统，其远离平衡态的开放性和各要素之间的非线性作用使得我们可以也应当采用耗散结构的理论和方法去研究它，以获得对系统动态情况的了解和多种启示。从大系统角度看，教育对社会各方面有促进作用，也需要一定的能量输入，与其他系统共存，彼此间应有恰当的能量分配比例，因此就会有竞争、排斥的现象。同样，在高等教育、普通教育、职业教育[①]、成人教育等诸系统之间，也有彼此竞争、排斥作用。在同一生态位中的竞争体现主动进取，起鼓舞斗志、激励向上之作用，但竞争、排斥也会有消极作用，因此要进行及时分析。

---

① 丁钢. 论高职教育的生态发展[J]. 高等教育研究，2014，35（5）：55-62.

拓展资源

[1] LEATHER J, DAM J V. Ecology of Language Acquisition[M]. Dordrench: Kluwer Acadamic Publishers, 2003: 12.
[2] CREMIN L A. The revolution in American education[J]. The Educational Forum, 1983, 47（2）: 249-250.
[3] 范国睿. 教育生态学[M]. 北京：人民教育出版社，2000.

76. 知识建构（☆☆☆）

知识建构最早是由加拿大多伦多大学安大略教育学院学者马琳·斯卡达玛丽亚（Marlene Scardamalia）和卡尔·布瑞特（Carl Breiter）在 20 世纪 90 年代提出的一种以建构主义为基础的新型的学习隐喻。它是指学习者针对某一学习任务，接受新知识的同时唤醒原有认知结构或经验，将新旧知识进行信息互动，并以自己的方式理解新信息和建构其意义。知识建构既包含意义建构的过程又包含意义建构的结果①。知识建构已经在全球包括美国、加拿大、新加坡、日本、墨西哥、丹麦、德国等国家得到广泛研究和应用。在我国，对知识建构的研究也逐渐得到重视和发展。

斯卡达玛丽亚认为，知识建构包括两个基本方面：①持续改进的观点。观点可以通过知识建构社区内的公共探讨来检测和改进。②协同的认知责任。学生在参与知识建构的讨论时，会提出前沿问题，这有助于推进社区的集体理解。②同时，他还于 2002 年提出了知识建构的十二条原则，在此基础上阐述了一套包含十二条知识建构原则的体系，并开发了一种计算机支持的知识建构环境，俗称“知识论坛”（knowledge forum）。

《教育信息化“十三五”规划》对信息技术环境下的教育教学变革提出了要求。教育的变革需要从知识获取阶段到知识深化阶段再到知识创新阶段，最后发

① LIEBECK P. How Children Learn Mathematics: A Guide for Parents and Teachers[M]. London: Penguin Books, 1984.

② 赵建华. 知识建构的原理与方法[J]. 电化教育研究，2007（5）：9-15，29.

展为知识建构。[①]知识建构是发展高阶思维的有效途径，具有如下特征：①同化和顺应；②双向建构效应；③学习具有挑战性；④丰富的给养环境；⑤学习者与教师角色的变化；⑥多元化的建构结果；⑦弹性和多元化的评价；⑧以发展高阶思维能力为旨。它的产生深受知识社会的形成和理论界对学习的反思两方面因素的影响[②]，有个体建构和协同建构两种建构方式。[③]按照信息来源的不同，可以把知识建构分为活动性学习、观察性学习和符号性学习三类。

知识建构研究对教育教学活动的开展和学生学习效果的改进具有重要意义，尤其是在教育信息化深入推进的背景下，顺应信息化时代教育教学的发展需求，通过知识建构的理论研究与实践探讨不仅可以帮助教师更好地实施教学，还能为他们的专业发展、素质提升即创新人才培养提供内在的支撑。

拓展资源

[1] SCARDAMALIA M, BEREITER C. Computer support for knowledge-building communities[J]. The Journal of the Learning Sciences, 1994, 3（3）: 265-283.

[2] SCARDAMALIA M, BEREITER C. Knowledge building: theory, pedagogy, and technology[A]// SAWYER K. Cambridge Handbook of the Learning Sciences[M]. New York: Cambridge University Press, 2006: 97-115.

77. 行动教育（☆☆）

“行动教育”起步于1977年的上海青浦教育改革试验，也被称为“青浦经验”，2002年初，以顾泠沅为首的上海教育科学研究院和青浦区教师进修学院组成课题组，通过对青浦经验的反思，并结合中国教师成长历程的经验和教师成长研究的启示，聚焦以学校为基础的教师专业成长途径，结合文献研究、经验总结和对改革实践的深入洞察，正式提出了“行动教育”这个教师教育新概念。它是以理论应用与实践智慧的学习为主要目标的教师教育方式；以课例为载体，在教学行动

① 王觅，钟志贤. 论促进知识建构的学习环境设计[J]. 开放教育研究，2008（4）：22-27.

② SCARDAMALIA M, BEREITER C. Knowledge building[A]//GUTHRIE J W. Encyclopedia of Education[M]. New York: Macmillan, 2003: 1370-1373.

③ 张建伟. 知识的建构[J]. 教育理论与实践，1999（7）：48-53.

中开展包括专业理论学习在内的教师教育。

行动教育模式包含三个阶段：原行为阶段、新设计阶段和新行为阶段。原行为阶段关注个人已有经验的教学行为，新设计阶段关注新理念、新经验的课例设计，新行为阶段关注学生获得的行为调整。连接这三个阶段活动的是两轮专业引领的合作反思阶段，即更新理念和改善行为。更新理念阶段指教师反思已有行为与新理念、新经验的差距，完成更新理念的飞跃；改善行为阶段指反思理性的教学设计与学生实际收获的差距，完成理念向行为的转移。行动教育强调专业引领和行为跟进。行动教育的过程强调学思并重，通过“行中思”来发展专业知识，从而达到“行中有思，思中有行，行而后思，思而后行”的境界。[①]

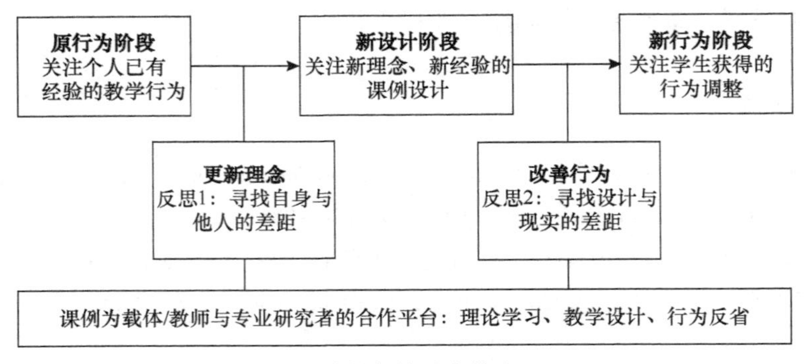

行动教育的基本模式

行动教育作为教师教育方式具有独特之处，具体表现为以下几点：①以课例为载体。它以课例作为教师教学的载体，让教师处于一种真实的情境中，对自己看到或听到的事例加以关注，直面教学实践中的问题并进行学习和研究。②关注群体合作学习。迈克·富兰曾指出，人们在解决问题的时候，同样需要他人的智慧，享有知识的愿望和获取知识的手段需要时刻相互作用。[②]行动教育的实施过程强调群体的合作，教师和专业指导者都是行动教育的主体，合作贯穿始终。③关注实践与反思的联系。教师的研究应该立足于教育教学实践，并最终指向教学实践，而反思是有效实践的关键。

在行动教育过程中，教师合作的意义、重要性和可能性得到了体现，教师职

① 王洁，顾泠沅. 行动教育——教师在职学习的范式革新[M]. 上海：华东师范大学出版社，2007：36-37.

② 〔加〕迈克·富兰. 变革的力量——透视教育改革[M]. 中央教育科学研究所，加拿大多伦多国际学院，译. 北京：教育科学出版社，2000.

业的专业能力得到了强化。教师研究客体转变成为研究主体，这个转变不仅使教师的教学质量得到了提高，其自身的基本素质也得到了相应的提升。可见，行动教育的开展对教师而言具有重大意义，它使教师能够将理论、经验和实际的问题解决联系起来，从而真正促进其自身的专业发展。

78. 具身认知（☆☆）

具身认知的含义可以理解为三层：①认知过程进行的方式和步骤实际上是被身体的物理属性所决定的；②认知的内容也是身体提供的；③认知是具身的，而身体又是嵌入（embedded）环境的。因此，具身认知强调认知、身体与环境的交互[①]，主张人的认知加工过程受到包括大脑在内的身体的影响，即身体的形态结构、感觉系统、运动系统以及表征身体的神经系统的活动方式决定了我们怎样认识世界，决定了我们的思维风格，塑造了我们看世界的方式。[②]被称为"具身认知"的新科学，说明了身体及其生理环境塑造我们如何思考、感觉和行动的力量。

法国身体现象学家、哲学家梅洛–庞蒂于1945年出版的《知觉现象学》一书中提出了具身哲学的思想。从心理学发展史的角度来看具身思想，可追溯到杜威和詹姆斯于19世纪末在美国提出的机能主义。杜威主张一切理性思维都是以身体经验为基础，詹姆斯提出情绪理论，此外，皮亚杰和维果茨基也着重分析了认知和其他高级心理机能对外部活动的依赖性，这些理论观点都强调了身体活动的内化对思维和认知过程的作用，促进了具身认知研究思潮的形成。[③]目前，具身认知已开始由最初的一种哲学思考走向实证领域。同时，实验认知心理学家开始从具身的角度看待认知，并通过许多实验支持了具身认知的基础假设。

具身认知提出的认知、身体、环境三者和谐的教育教学生态平衡为教育教学认知加工过程提供了新的分析视角。在数字化时代环境下，具身认知科学的兴起可以使教师学习方式实现从离身到具身的现代转型，不仅促使教师具体学习方法策略和思维方式发生改变，更是教师观、知识观、学习观与时空观变革的推动力

---

① 〔美〕西恩·贝洛克. 具身认知：身体如何影响思维和行为[M]. 李盼，译. 北京：机械工业出版社，2016.

② 叶浩生. 具身认知：认知心理学的新取向[J]. 心理科学进展，2010，18（5）：705-710.

③ 叶浩生. 具身认知：认知心理学的新取向[J]. 心理科学进展，2010，18（5）：705-710.

量。它不仅对教师学习及其专业发展具有一定的理论意义和实践价值，而且可以为新时期教师教育改革带来重要启示。

拓展资源

[1] NIEDENTHAL P M, BARSALOU L W, WINKIELMAN P, et al. Embodiment in attitudes, social perception, and emotion[J]. Personality and Social Psychology Review, 2005, 9（3）: 184-211.

[2] LANDAU M J, MEIER B P, KEEFER L A. A metaphor-enriched social cognition[J]. Psychological Bulletin, 2010, 136（6）: 1045-1067.

[3] BARSALOU L W. Grounded cognition[J]. Annual Review of Psychology, 2008, 59（1）: 617-645.

第三部分　重要人物

1. 苏格拉底（☆☆）

苏格拉底（Socrates，约公元前469—公元前399），古希腊思想家、哲学家和教育家，和柏拉图、亚里士多德并称为“古希腊三大哲学家”。他被认为是西方哲学的奠基者，是哲学的圣徒和殉道者，同时还被尊称为“西方的孔子”。

据记载，苏格拉底出生于伯里克利统治的雅典黄金时期，家境贫寒，父亲是雕刻师，母亲为助产士。他一生过着艰苦朴素的生活，专心做学问，但未曾著述，其生平事例、成就思想均由其弟子记录，其言论和思想多见于柏拉图和色诺芬的著作，如《苏格拉底言行回忆录》。苏格拉底的哲学思想遍及心灵、灵魂、真理、辩证、教育、伦理、治国等方面。在雅典恢复奴隶主民主制后，苏格拉底以藐视传统宗教、引进新神、腐蚀雅典青年思想之罪名被判处死刑，他拒绝逃亡，饮毒堇汁而死，终年70岁。

苏格拉底终生从事教育工作，具有丰富的教育实践经验并建立了自己的教育理论。然而，他并没有创办自己的学校，广场、庙宇、街头、商店、作坊、体育馆等成了他施教的场所，其施教的对象有贵族，有平民，有老人，有青年，不论是谁，只要向他求教，他都热情施教。苏格拉底的教育目的是培养治国人才，他认为治国人才必须接受良好的教育。在教学内容上，他提出“美德即知识”，认为教育首先应该培养人的美德，即学会做人；其次应该传授实用而广博的知识；最后，他还认为身体锻炼也是教学的内容。在教学方法上，苏格拉底在长期的教学实践中，总结出了一套独特的教学法，人称“苏格拉底法”，他自己称之为“产婆术”，即为思想接生，通过师生问答的形式引导学生思考并产生正确的思想。“苏格拉底法”为后来欧洲教育领域的启发式教学奠定了坚实的思想基础。

拓展资源

[1] VLASTOS G. Socrates: Ironist and Moral Philosopher[M]. Cambridge: Cambridge University Press, 1991.

[2] KALOGIRATOU A. The portrayal of Socrates by Damascius[J]. Phronimon, 2006, 7（1）: 45-54.

[3] VAISEY S. Socrates, Skinner, and Aristotle: three ways of thinking about culture in action[J].

Sociological Forum, 2008, 23（3）: 603-613.

2. 亚里士多德（☆）

亚里士多德（Aristotle，公元前 384—公元前 322），古希腊斯塔基拉人，是柏拉图的学生，亚历山大大帝的老师，与苏格拉底、柏拉图一起被誉为西方哲学的奠基者，同时他也是世界古代史上最伟大的哲学家、科学家和教育家之一。

公元前 384 年，亚里士多德出生于色雷斯的斯塔基拉的一个贵族家庭，18 岁时，被送到雅典的柏拉图学院学习，直至公元前 347 年其老师柏拉图去世才离开，后成为亚历山大大帝的老师。公元前 335 年，亚里士多德回到雅典并建立了自己的学校，并被称为逍遥学派。亚里士多德几乎研究了当时所有的学科，并对这些学科做出了极大的贡献，堪称是百科全书式的科学家。在哲学上，亚里士多德研究了伦理学、美学、政治学、形而上学、心理学、神学等；在科学上，亚里士多德研究了天文学、物理学、解剖学、胚胎学、动物学、地理学、地质学、气象学、经济学等；除此之外，亚里士多德还研究教育学、文学、修辞学、诗歌、风俗等。一些人还认为亚里士多德可能是在那个时代里最后一个精通所有学科和既有智慧的人了。公元前 322 年，亚里士多德因病去世。

亚里士多德的教育思想被认为是西方教育思想的源头，在其撰写的《政治学》中，亚里士多德提出了自己对教育的独特见解，如：①认为教育的最终目的是理性的发展；②指出国家必须重视教育，教育必须要由国家来管理；③提倡德、智、体、美和谐发展的教学思想；④主张按年龄分期的教育阶段论；⑤在教学方法上，重视练习与实践的作用；⑥在处理师生关系上，提出要在继承的基础上敢于思考，勇于挑战，坚持真理。

拓展资源

[1] 〔美〕克里斯托弗·希尔兹. 亚里士多德[M]. 余友辉，译. 北京：华夏出版社，2015.

[2] BARNES J, KENNY A. Aristotle’s Ethics: Writings from the Complete Works[M]. New Jersey: Princeton University Press, 2014.

3. 埃德加·戴尔（☆☆）

埃德加·戴尔（Edgar Dale，1900—1985）于1900年4月出生在美国明尼苏达州本森市，1985年3月在俄亥俄州哥伦布市去世，是著名的教育家、课程理论家，视听教学理论的集大成者，著有《用电影进行教学》《词汇教学的方法》《教学中的视听方法》等。他曾在1921年和1924年分别获得了北达科他大学的学士和硕士学位，之后攻读了芝加哥大学的博士学位，1928年取得博士学位之后，从事教育电影方面的工作，之后进入俄亥俄州立大学任教，并长期任俄亥俄州立大学教育研究所教授，直到1970年退休。

20世纪20年代末30年代初，戴尔加入了佩恩斯基金研究会（Payne Fund Studies），并在视觉教育、视听教育、传播学等方面得到了很好的发展。二战发生以后，戴尔担任了教育电影与培训电影的创作顾问，并参与了大量军队和工厂的培训，为视听教学方面的理论与实践研究奠定了基础。1946年，戴尔撰写了《教学中的视听方法》一书，并提出了著名的“经验之塔”（cone of experience）理论，将人类经验的主要来源分为做的经验、观察的经验和抽象的经验三类，在视听教育研究中写下了重要的一笔。戴尔的第二个重要贡献是其在1953年提出的社交框架概念（social frame of communication concept），指出了交流过程中经验分享（即反馈）的重要性。

戴尔在视听教育、传播学、语言艺术及阅读研究等方面都做出了突出贡献，尤其是他在《教学中的视听方法》一书中所提出的“经验之塔”理论为视听教学的发展及教学媒体的研究奠定了基础。在教师教育中，也需要以直接的做的经验为基础，使他们在实践锻炼的基础上获得直接经验，并逐渐向抽象经验过渡，在活动参与、观摩示范、理论学习与自我反思的有机结合中掌握教学知识，提升教学技能。

拓展资源

[1] DALE E. Audio-Visual Methods in Teaching[M]. New York: Holt, Rinehart and Winston, 1969.

[2] DALE E. Vocabulary measurement: techniques and major findings[J]. Elementary English, 1965, 42（8）: 895-901, 948.

4. 爱德华·桑代克（☆☆）

爱德华·桑代克（Edward L. Thorndike，1874—1949），美国著名的心理学家、动物心理实验的首创者、联结主义心理学的建立者和教育心理学体系的创始人，也被称为“测量运动之父”。他于 1874 年出生在马萨诸塞州的一个牧师家庭，1895 年从卫斯理学院毕业之后进入哈佛大学，后来跟随威廉·詹姆斯学习心理学，1896 年正式开始了他对动物学习的研究，1897 年获哈佛大学硕士学位，之后进入哥伦比亚大学攻读博士学位，继续他的动物心理研究并跟随詹姆斯·卡特尔学习心理测量学。1899 年进入哥伦比亚师范学院任教，并继续研究人类学习、教育和心理测试，直到退休。其间曾担任美国心理学会（American Psychological Association，APA）主席、美国科学促进会主席、心理测量学会主席等，并于 1917 年进入美国国家科学院，成为被这一机构认可的第一位心理学家。他的著作主要包括《教育心理学》（三卷本）、《心智与社会测量理论导论》、《教育原理》等。

在哈佛大学学习英国文学期间，桑代克曾选修了詹姆斯的课程，进而从英国文学转到心理学专业，开始了他对动物的研究，并在詹姆斯家的地下室里通过观察小鸡的行为变化与学习能力变化来研究智力。进入哥伦比亚大学之后，他继续用猫和狗进行动物学习和心理的研究，并于 1929 年提出了初步的学习理论，最终发展成为包括练习律、效果律和准备律在内的联结主义学习理论。作为与华生、巴甫洛夫同时代的心理学家，桑代克主张强化的作用，并指出，单纯的练习不能强化行为，单纯的时间推移也不能削弱行为，而是需要在刺激与反应之间建立起联结。除了对动物学习和心理的研究之外，桑代克还关注对心理测量的研究，他呼吁将教育研究建立在进行控制性实验和精确的定量测量的基础之上，并进行了大量关于智力、行为变化和教育目的等方面的数字测量，对测量在教育中的应用及教育评价的产生与发展都具有重要意义。

桑代克不仅开创了动物学习心理实验与教育测验，为美国教育心理学的发生与发展奠定了基础，并创建了完整的教育心理学体系，使教育心理学从心理学、教育学中分离出来，真正成为一门独立的学科。他还强调专业化知识的重要作用，有效地推动了教育研究的专业化发展。同时，他还主张将教育实践建立在心理学的基础之上，而不是社会学或其他社会科学，并将其联结主义学习理论尤其是关于“强化”的研究引入教育，为教师更好地了解学生、设计和开展教学提供了理论基础。

拓展资源

[1] CHANCE P, LAUREL D. Thorndike’s puzzle boxes and the origins of the experimental analysis of behavior[J]. Journal of the Experimental Analysis of Behavior, 1999, 72（3）: 433-440.

[2] GOODENOUGH F L. Edward Lee Thorndike: 1874-1949[J]. American Journal of Psychology, 1950, 63（2）: 291-301.

[3] DONAHOE J W. EDWARD L. Thorndike: the selectionist connectionist[J]. Journal of the Experimental Analysis of Behavior, 1999, 72（3）: 451-454.

5. 大卫·奥苏贝尔（☆☆）

大卫·奥苏贝尔（David P. Ausubel，1918—2008，也译作奥苏伯尔），出生于纽约市布鲁克林区，是美国著名的教育心理学家，认知心理学的代表人物，也是皮亚杰忠实的追随者。他分别于 1939 年和 1940 年获得宾夕法尼亚大学的学士学位和哥伦比亚大学心理学硕士学位，随后又获得布兰迪斯大学的医学博士（1943 年）和哥伦比亚大学心理学博士（1950 年）学位，并于 1976 年获得美国心理学会颁发的桑代克奖。1978 年退休后，奥苏贝尔任纽约市立大学荣誉教授，后又开过诊所，任精神病医生，在理论医学、临床医学、精神病理学和发展心理学等领域都取得了一定的成就，但是其贡献主要集中在学校学习理论研究领域。

奥苏贝尔的主要观点和成就包括：①创建了有意义学习理论。该理论创建于 20 世纪 60 年代，按照学生学习的形式将学习划分为接受学习和发现学习；按照学习过程的不同性质将学习分为有意义学习和机械学习。他认为有意义学习的实质是符号所代表的新知识和学生认知结构中已有的适当观念能够建立非人为和实质性的联系①。这既是有意义学习的定义，也是划分有意义学习和机械学习的标准。同时他还指出，有意义学习的心理机制是同化，机械学习的心理机制则是联想。

① 车文博. 当代西方心理学新词典[M]. 长春：吉林人民出版社，2001.

②提倡有意义地接受学习和有指导地发现学习。奥苏贝尔反对“一切发现学习永远都是有意义的，而接受学习永远都是机械的”这一说法，并指出，发现学习和接受学习既可能是有意义的也可能是机械的，因此倡导有意义地接受学习和有指导地发现学习。③倡导在教学中提供“先行组织者”。先行组织者是在教授教学内容本身之前呈现给学生的引导性材料，目的在于帮助学习者确立学习的方向。

奥苏贝尔的思想及其理论观点对教育产生了重要影响，尤其是他的有意义学习理论为教学实践提供了指导：①要正确对待各种学习理论、教学方式。在学科教学中，教师要充分考虑学科特点、学习者个体差异等因素，恰当地选择合适的教学方式。比如数理化科目可以使用发现学习的教学方式，而文史、艺术等科目则可以选择接受学习。②优化教学设计。要想使学习发生有意义，教学设计这一环节非常重要，要让学生对知识本身感兴趣。③适当地选择先行组织者，从而促进有意义学习的发生与习得意义的保持。

拓展资源

[1] AUSUBEL D P. The Psychology of Meaningful Verbal Learning[M]. New York: Grune & Stratton, 1963.

[2] AUSUBEL D P. Educational psychology: a cognitive view[J]. American Journal of Psychology, 1968, 83（2）: 303.

6. 阿尔伯特·班杜拉（☆☆）

阿尔伯特·班杜拉（Albert Bandura，1925—），出生于加拿大艾伯塔省蒙达，是当代著名心理学家，新行为主义（neo-behaviorism）的主要代表人物之一，社会学习理论（social learning theory）的创始人，被誉为认知理论（cognitive theory）之父。

班杜拉于 1949 年获不列颠哥伦比亚大学文学士学位，1951 年获美国艾奥瓦大学心理学硕士学位，翌年获艾奥瓦大学博士学位，1953 年执教于斯坦福大学心理学系，1964 年升任正教授。受赫尔派学习理论家米勒（N. Miller）、多拉德（J.

Dollard）和西尔斯（R. R. Sears）的影响，班杜拉把学习理论运用于社会行为的研究中，提出了社会学习理论，并在西方心理学中引起了很大的反响。他在心理学领域的突出贡献，使其荣获了包括不列颠哥伦比亚大学在内的16所大学授予的荣誉学位，并获得了卡特尔奖、桑代克奖等多种科学奖。

班杜拉的社会学习理论主要涉及以下几个方面：①观察学习理论（observational learning theory），即个体通过观察他人的行为，获得行为的象征性表象，引导个体做出相应行为[①]；②交互决定理论（reciprocal determinism theory），指行为、个体和环境三者交互作用，从而产生后继行为[②]；③自我调节理论（self-regulatory theory），即个体通过将自己对行为的规划和预期与行为的现实成果进行比较，以调节自身行为；④自我效能理论（self-efficacy theory），指个体在执行某一行为活动之前，对自己能够在什么水平上完成该行为活动所具有的信念、判断或主体的自我把握与感受，会影响个体的行为动机。[③]

班杜拉的社会学习理论受到了心理学、教育学的广泛关注，对教师专业发展具有重要启示。首先，教师要学会在全面了解学生学习需求和个体差异的基础上，努力做到因材施教，从而优化教育教学；其次，教师要及时更新自身的知识体系，通过不断地反思教学效果进行自我调节，进而提升自身的专业素养；最后，教师要提高自身专业成长过程中的自我效能感，增强学习教师专业知识技能的动机。

拓展资源

林平，刘先强. 论班杜拉的社会学习理论与我国的教育教学改革[J]. 四川师范大学学报（社会科学版），1998，25（3）：103-110.

7. 保罗·朗格朗（☆☆）

保罗·朗格朗（Paul Lengrand，1910—2003）出生在法国北部加来的康普兰，是法国当代著名的成人教育家，终身教育理论的积极倡导者、实践家和奠基人。

① 叶浩生. 论班图拉的观察学习理论的方法论特征[J]. 南京师大学报（社会科学版），1992（1）：32-36.

② 刘中宇，李延霞，杨艳萍. 基于交互决定论的网络教育资源互动平台设计[J]. 现代教育技术，2010，20（9）：50-54.

③ 宗小芸. 教师自我效能感研究述评[J]. 当代教育论坛，2008（7）：91-93.

从巴黎大学毕业后，朗格朗先后进入小学和中学任教，积累了丰富的教学经验。20世纪三四十年代，法国成人教育运动蓬勃发展，朗格朗也建立并引导了格勒诺布尔市（Grenoble）工人教育中心，1948年开始在联合国教科文组织任职，1962年开始担任终身教育科科长。[①]他的重要成果有《终身教育引论》（*Introduction to Lifelong Education*，1970年）、《成人教育与终身教育》（*Adult Education and Lifelong Education*，1979年）、《以终身教育为基础的学习领域》（*Areas of Learning Basic to Lifelong Education*，1986年）、《终身教育：概念的发展》（*Lifelong Education：Growth of the Concept*，1989年）等。

朗格朗指出，为了将终身教育理念渗透到教育的各个领域，使以往的教育观念作为根本的变革，应将各级各类教育进行有机整合，为人们提供接受终身教育的机会。终身教育并不是一个具体的实体，而是泛指某种思想或原则。同时，他还指出，我们不可能提出一种固定的终身教育模式，而是需要根据不同国家和地区的体制、结构与传统设定，但是要保证共同的原则：①保证教育的连续性以防止知识过时；②教育计划和方法要适应社会的创新目标和具体要求；③在各个教育阶段都要努力培养能够适应充满进步、变化和改革生活的新人；④充分利用各种信息和技术手段，使之成为传统教育的重要补充；⑤在各种形式的行动（包括政治、商业、工业和技术等方面）和教育目标之间建立密切的联系。[②]

朗格朗从当代社会变革给人们带来的挑战出发，在吸收现代生理学、心理学和社会学等多学科研究成果的基础上提出了自己的终身教育思想，充分肯定了终身教育的重要意义。在他看来，教育的目的不是为了向人们传递知识，而是为了促进个体和社会的不断发展。对于教师来说，其专业发展不仅局限于正规的师范教育和短期培训，更包括他们在教学实践中的不断学习和进步，贯穿其一生的工作、学习和生活。

拓展资源

[1] LENGRAND P. Areas of Learning Basic to Lifelong Education[M]. Mexico: UNESCO Institute for Education, 1986.

[2] LENGRAND P. An Introduction to Lifelong Education[M]. London: Croom Helm, 1975.

---

① Ouane A. Obituary—Paul Lengrand （1910-2003） [J]. International Review of Education, 2003, 49（5）: 3.

② 〔法〕保尔·朗格朗. 终身教育引论[M]. 周南照，陈树清，译. 北京：中国对外翻译出版公司，1985：66-75.

8. 查尔斯·贾德（☆☆）

查尔斯·贾德（Charles H. Judd，1873—1946），美国著名的心理学家，教育科学化运动的重要领导者和推行者，其主要研究包括学校课程中的心理学问题、教学方法以及阅读和语言的本质等。他出生于印度的巴雷利，童年时期迁往美国。1896 年获莱比锡大学博士学位，曾在那里跟随威廉·冯特（Wilhelm Wundt）学习实验心理学。1901—1902 年担任辛辛那提大学心理学与教育学教授，并在那里撰写了《教师遗传心理学》（*Genetic Psychology for Teachers*）一书，开始了他关于学校课程和教师心理状态的研究。1907—1909 年担任耶鲁大学心理学系主任，之后任芝加哥大学教育学系主任，直到 1938 年退休。他的主要著作还包括《学科心理学》（*Psychology of School Subjects*，1915 年）《社会制度心理学》（*Psychology of Social Institutions*，1926 年）以及《关于培养更高心理过程的教育》（*Education as Cultivation of the Higher Mental Processes*，1936 年）等。

贾德是杜威在芝加哥大学的继承人，但其思想却与杜威存在很大不同。一方面，杜威和贾德虽然都强调实验对教育的必要性，但前者将学校看作教育的实验室，后者则将学校视为实施实验结果的场所。①另一方面，杜威认为教师和研究人员都是教育系培养出来的具有技能的人才，他们之间不存在太大差异；贾德则主张教育专业化，认为教师和研究人员担任不同的角色，教师是应用研究人员所发展的知识来传授知识和组织课堂。在芝加哥大学任教期间，贾德一直主张科学方法在教育研究中的应用，努力推动教育研究的专业化。他还成立了校级委员会来管理中学教师的培训并加强他们的专业知识发展，为系里专门进行教育研究和研究培训的学生开设了“教育入门”和“教育方法”课，并发展了一套包括社会和社会行为在内的课程体系，为大众所接受。

贾德主张教育研究科学化和教师教育专业化，重视大学在教育职业训练中的重要作用，对当时乃至现在的教师教育都产生了重要影响。一方面，为教育研究人员提供教育学、教学法的相关课程，这不仅可以有效进行教育研究的科学化进程，同时也保证了其研究的有效性和价值性。另一方面，需要形成教师教育的专

① LAGEMANN E C. An Elusive Science: The Troubling History of Education Research[M]. Chicago: University of Chicago Press, 2002: 67-70.

门课程体系，促进教师专业的不断发展，使他们更好地将教育研究人员所获得的方法应用于知识传授、课堂组织与了解学生上，从而有效开展教学。

拓展资源

[1] JUDD C H. Genetic Psychology for Teachers[M]. New York: Appleton, 1903.

[2] JUDD C H. The Psychology of Social Institutions[M]. New York: Macmillan, 1926.

[3] JUDD C H, BRESLICH E R, MCCALLISTER J M, et al. Education as Cultivation of the Higher Mental Processes[M]. New York: The Macmillan Company, 1936.

9. 戴维·梅瑞尔（☆☆）

戴维·梅瑞尔（M. David Merrill，1937—），是美国犹他州立大学教育技术系荣誉退休教授，当代著名教育设计专家和教育心理学专家，杨百翰大学夏威夷分校和佛罗里达州立大学的客座教授。他是以加涅为代表的第一代教学设计的重要发展者，同时也是第二代教学设计公认的学术领袖，被称为“第二代教学设计（ID2）之父”。他曾撰写著作 12 部、期刊文章 65 篇，独立与合作承担 100 多项研究项目，对教学设计领域的发展做出了卓越的贡献。[①]

梅瑞尔于 1964 年在伊利诺伊大学获得了教育心理学博士学位，从此开始了其漫长的学术生涯。他一方面推进了加涅所开创的教学设计研究，另一方面在此基础上开创了第二代教学设计，并以实现教学设计的自动化为己任。[②]作为教学设计自动化理念的最先提出者，梅瑞尔认为，与以加涅的教学设计理论体系为主体的第一代教学设计理论相比，第二代教学设计理论更加精确，更加倾向于处方性（prescriptive），并且要借助于算法来实现。[③]第二代教学设计理论核心由“成分显示理论”（component display theory）、“精细加工理论”（elaboration theory for content sequence）和“教学处理理论”（instructional transaction theory）共同构成，这是

① 秦丹，魏晓玲. 3E 教学的探索之路——M. David Merrill 学术思想研究[J]. 现代教育技术，2009，19（5）：5-8，16.

② 梁林梅，李晓华. 美国教学设计的过去、现在与未来——访“第二代教学设计之父”戴维·梅瑞尔博士[J]. 中国电化教育，2009（8）：1-7.

③ 梁林梅，李晓华. 美国教学设计的过去、现在与未来——访“第二代教学设计之父”戴维·梅瑞尔博士[J]. 中国电化教育，2009（8）：1-7.

梅瑞尔在理论方面的重要贡献。与此同时，他也积极投身实践探索，并在成分显示理论基础上与其团队及机构、公司广泛合作设计开发了早期基于计算机的教学系统——分时交互计算机控制信息电视(time-shared interactive computer controlled information television，TICCIT)。

尽管梅瑞尔致力于对加涅的第一代教学设计理论提出批判性意见，但其研究工作也是深受加涅启发的。1987 年在犹他州立大学教学技术系举办的“关于教学设计的对话”研讨会上，加涅与梅瑞尔就各自提出的理论以及教学设计领域的若干问题进行了广泛而深入的探讨。1990 年，大卫·特威切尔（David Twitchell）将当时的电视录像整理成 7 篇文章，在美国教育技术学的权威刊物《教育技术》（*Education Technology*）上连续发表。1991 年，梅瑞尔又发表了《第一代教学设计的局限》和《第二代教学设计》两篇论文，详细地指出了第一代教学设计的“九大局限”，并进一步丰富和发展了第二代教学设计理论。①

拓展资源

[1] MERRILL M D, LI Z M, JONES M K. Second generation instructional design（ID2）[J]. Educational Technology, 1990, 30（2）: 7-14.

[2] MERRILL M D. First principles of instruction[J]. Educational Technology Research and Development, 2002, 50（3）: 43-59.

10. 董仲舒（☆）

董仲舒（公元前 179—公元前 104），西汉思想家、哲学家、今文经学大师，广川（今河北省景县西南部）人。汉景帝时任博士，讲授《公羊春秋》。他把儒家的伦理思想概括为“三纲五常”，提出“罢黜百家，独尊儒术”的政策建议，经汉武帝采纳，从此儒学开始成为官方哲学，并延续至今。其教育思想和“大一统”“天人感应”理论，为后世封建统治者统治国家提供了理论上的指导。其著作主要汇集于《春秋繁露》一书。

① MERRILL M D, LI Z M, JONES M K. Second generation instructional design（ID2）[J]. Educational Technology, 1990, 30（2）: 7-14.

在教育方面，他总结了秦王朝灭亡的教训，继承和发展了儒家思想，为汉王朝的文化教育政策奠定了理论基础。董仲舒的主要教育思想包括：行教化、重礼乐；兴太学、重选举。其思想体系论述了人性的本质、教育的对象与作用，并对知识的界定和教学方法做了系统的阐述。在学习方面，他提出了“多连”和“博贯”的方法，认为只要“连而贯之”，就可以推知天下古今知识。在学习范围方面，他认为不能太博也不能太节，太博会使人厌倦，太节又会使得知识暗昧。董仲舒吸取了荀况的性恶论思想，认为万民的从利就好像水往下流一样，如果不用教化去提防它，就不能停止。因此，他强调教育的必要性，并把教育当作防止恶性发展的工具。

董仲舒在教育方面对后世最大的影响在于提出了察举和兴办太学这两项政策建议。①朝廷求得贤才最根本、最可靠的办法，是兴办太学，通过教育培养贤士。他对汉武帝说，平日不培养士，而想求得贤士，就像玉不经过雕琢而要求玉有文采一样；培养贤士没有比办太学更为重要的了。太学设在国都，在朝廷的直接管辖之下，聘请高明的教师培养天下的士人，经常地考问他们，以发展他们的才能，这样，贤才就可以得到。太学是培养人才的场所，也是推行教化统治术的一项根本性措施。“太学者，贤士之所关也，教化之本原也。”董仲舒由教化提出改革吏治，由改革吏治建议兴办太学，把春秋战国以来所形成的私家养士的风气，发展成由封建国家统一的养士制度，对中国古代教育是有贡献的。此后，太学就成为中国封建社会的最高学府之一。

董仲舒要求教师尽量达到“圣化”的境地，“善为师者，既美其道，有慎其行，齐时蚤晚，任多少，适疾徐，造而勿趋，稽而勿苦，省其所为，而成其所湛，故力不劳而身大成，此之谓圣化，吾取之”。他从要求教师以身作则开始，进而论及教学应该适时，应该注意受教育者的才性，要能从容引导，不急不缓。这样才符合教学规律，这是孔子因材施教、循循善诱教学原则的具体发展。

拓展资源

[1] 杜巍. 董仲舒天人观中教育思想探微[J]. 无锡教育学院学报，2003，23（3）：13-18.

[2] （汉）班固. 汉书·董仲舒传（卷五十六）[M]. 北京：中华书局，1962：2502-2523.

① 唐国军. 董仲舒与儒家思想政治教育理论的实践化——儒家传统思想政治教育理论模式研究之五[J]. 广西社会科学，2008（3）：191-194.

[3] （汉）董仲舒撰. 董仲舒集[M]. 袁长江等校注. 北京：学苑出版社，2003.

11. 约翰·杜威（☆☆☆）

约翰·杜威（John Dewey，1859—1952），美国著名哲学家、教育家，功能心理学的先驱，美国教师联盟（American Federation of Teachers，AFT）、实用主义哲学的创始人之一，美国进步主义教育运动代表人之一，曾任美国心理科学协会、美国哲学协会、美国大学教授联合会主席，被誉为“现代教育之父”。

杜威出生于美国佛蒙特州的一个普通家庭，1879 年在佛蒙特大学获学士学位，1884 年获约翰·霍普金斯大学哲学博士学位，1884—1888 年、1890—1894 年任教于密歇根大学，1889 年任教于明尼苏达大学，1894—1904 年任芝加哥大学哲学系、心理学系和教育系主任，1904—1930 年兼任哥伦比亚大学哲学系教授。其主要代表著作有：《我的教育信条》（*My Pedagogic Creed*，1897 年）、《学校和社会》（*The School and Society*，1900 年）、《我们怎样思维》（*How We Think*，1910 年）、《民主主义与教育：教育哲学导论》（*Democracy and Education: An Introduction to the Philosophy of Education*，1916 年）、《哲学之改造》（*Reconstruction in Philosophy*，1919 年）、《确定性的寻求》（*The Quest for Certainty*，1929 年）、《经验与教育》（*Experience and Education*，1938 年）、《自由与文化》（*Freedom and Culture*，1939 年）等。

杜威反对传统灌输式的教学方法，主张从实践经验中学习，用“儿童（学生）中心”、“活动中心”和“经验中心”替代了传统教育所强调的“教师中心”、“课堂中心”和“教材中心”，提出了“教育即生活”、“学校即社会”、“教育无目的”、“做中学”、“教育的连续性”（终身教育）等教育思想。除此之外，杜威还特别强调教师在连接儿童、社会、学科上的重要作用，指出教师不但要有扎实的学科内容知识，还要有良好的教学技能与方法，更重要的是要有丰富的社会生活经验。在杜威看来，要实现教育改革和取得教育进步，完善教师标准、改善教师待遇、开展教师教育、促进教学反思等是关键。[①]尤其是在开展教师教育上，杜威认为应

① DEWEY J. Significance of the school of education[J]. The Elementary School Teacher, 1904, 4（7）: 441-453.

该大力提高教师教育的水平，培养教师专业精神①，这不仅需要教师教育机构付出努力，更需要合理设计教师教育课程，围绕教师经验开展教育活动。

12. 奥古斯特·福禄贝尔（☆）

奥古斯特·福禄贝尔（F. W. August Frobel，1782—1852），德国教育家，出生于德国图林根森林中的一个村庄——奥伯韦斯巴赫。他是现代学前教育的鼻祖，同时也是被公认的 19 世纪欧洲最重要的几位教育家之一。他创办了第一所学前教育机构“幼儿园”，其教育思想也主导着现代学前教育理论的基本方向。

1799 年，他进入耶拿大学哲学科学习数学和植物学，六年后他在法兰克福模范学校担任教师和校长助理并开启了他的教育生涯。1808 年福禄贝尔得到了去瑞士伊弗东学院学习的机会，三年后他又依次进入哥廷根大学、柏林大学等继续深造。学业结束后，福禄贝尔于 1816 年在施塔提尔姆的格里斯海姆创办了德国普通教养院，翌年将学校迁到鲁道尔施塔特的凯尔豪。在这里，他发表了一系列重要的教育著作，并创办了《家庭教育》周刊。

福禄贝尔的教育理论反映了德国古典哲学的传统，认为上帝是万物统一体。因此，他认为人生命的本质就是将隐含在身体内的上帝精神表现出来，而教育的作用就是要顺应人的本性，遵循这一法则去激发和推动人们有意识地、自发地去表现上帝的精神并加以发展。同时，他还提出了自己的儿童教育观。首先，他将儿童与成人看成是一个统一的整体，认为儿童是人类整个未来生命发展的基础，代表着人类新生命永不停歇地再现。其次，儿童是人类生命存在的最基础部分，在儿童身上存在着生命最原始且根本的本性，即人的创造本性。最后，父母和孩子是一个三位一体的生命整体，儿童和家庭彼此相互影响，没有一方都不能存在，是一个不可分割的整体。②

福禄贝尔的教育思想主张应该运用一些游戏对儿童进行教学，主张发挥人创

① 于书娟. 试论杜威的教师教育思想[J]. 教师教育研究，2007（6）：57-61.

② 盛于蓝. 福禄培尔“恩物”与蒙台梭利“教具”的比较研究[D]. 金华：浙江师范大学杭州幼儿师范学院，2011：16-19.

造的本性，这对教师教育有很大的启发。因此，教师在教育进程中首先可以适当地设计一些和教学内容相关的游戏，激发教师的创造能力。其次，应该根据教师的天性设计教学活动，这样可以加快教师的知识建构进程。最后，教师教育不仅要教授教师理论知识，还要加强教师的教学技能方面的训练，可以通过游戏帮助教师提升教学技能。

13. 赫尔巴特（☆☆）

赫尔巴特（J. F. Herbart，1776—1841）是19世纪德国哲学家、心理学家、现代教育学之父，在西方教育史上被誉为“科学教育的奠基人”。1794—1797年，他在耶拿大学跟随费希特（Johann Gottlieb Fichte）学习哲学，大学毕业后，前往瑞士任家庭教师，在为期两年的教育实践中积累了大量的教育经验。1805年开始在哥廷根大学教授哲学，1809年接任哥尼斯堡大学康德哲学教席，并且创办了实验学校，他的《普通教育学》被公认为是第一部具有科学体系的教育学著作。

赫尔巴特重视心理学对科学尤其对教育的重要作用，首次提出了心理学是一门独立学科的观点，并指出了这一学科对教育者的重要作用：教育作为科学，是以实践哲学与心理学为基础的[①]。赫尔巴特在其系统的实践哲学与观念心理学的基础上，以伦理学阐述目的，以心理学论证方法、实验学校为实践基础，建立起近代教育史上第一个系统严密的经验教育学体系，成为科学教育学诞生的重要标志。[②]他所提出的教育学的理论结构图示可表述为目的—过程—目的，方法、内容与贯穿其中的目的构成了过程中的三维立体结构。其中，教学过程作为教学论的主体内容，蕴含着教育目的、内容和方法，赫尔巴特将教学过程分为四个阶段，即“四段教学法”——明了、联想、系统、方法，这一思想后来被他的学生齐勒尔和赖因发展为准备、提示、联想、概括、运用五个阶段。

作为“科学教育学的奠基人”，赫尔巴特的“教育心理学化”给教育科学的发展带来了全面而深刻的影响，他的教育学在19世纪成为第一个得到广泛认可的教

① 张焕庭. 西方资产阶级教育论著选[M]. 北京：人民教育出版社，1979：273.

② 贺国庆，刘向荣. 赫尔巴特教育心理学化的理性分析[J]. 教育学报，2006（5）：12-20.

育学体系，并得到了不断的发展。19 世纪末到 20 世纪初，随着教育科学化运动的发展，实验教育学逐渐兴起，借鉴自然科学理论（特别是行为心理学的刺激-反应理论）对教育进行的研究逐渐增多。尤其是 20 世纪以来，教育的科学化更为明显地表现为心理学化，包括赞可夫、布鲁纳、斯金纳等在内的心理学家成了推动当代教学论发展的重要力量。赫尔巴特被称为推动教育心理学化和科学化的关键人物。

14. 霍华德·加德纳（☆☆）

霍华德·加德纳（Howard Gardner，1943—），当代世界著名的认知心理学家、发展心理学家，“多元智能理论”（multiple intelligence theory）的创始人，哈佛大学教育研究生院“零点项目”（Project Zero）的两位负责人之一，被誉为“美国教育改革的首席科学家”。他于 1943 年 6 月 11 日出生于美国宾夕法尼亚州斯克兰顿，自幼对音乐尤其是钢琴艺术充满无限热爱。1965 年，加德纳在哈佛大学获艺术学学士学位；1965—1966 年，在伦敦经济学院学习哲学与社会学；1971 年，在哈佛大学社会与发展心理学系获博士学位；1986 年，开始任教于哈佛大学教育研究生院，现为哈佛大学心理学教授、教育学教授，同时也是波士顿大学医学院神经病学教授。

加德纳在教育学、心理学等多个领域出版的 18 本专著已被翻译成 20 多种语言，发表过数百篇文章，并以其突出的研究成果获得了众多荣誉，如麦克阿瑟奖（MacArthur Prize Fellowship，1981 年）、格威尔美尔教育奖（Grawemeyer Award in Education，1990 年）以及古根海姆学者奖（Guggenheim Fellowship，2000 年）等。加德纳以他在 1983 年提出的颇具时代特色的多元智能理论著称，经过多年研究与完善，多元智能理论得到了世界各国教育界的高度认可。加德纳认为，每个人都至少拥有八种智能，即语言智能（linguistic intelligence）、逻辑-数理智能（logical-mathematical intelligence）、空间智能（spatial intelligence）、音乐智能（musical intelligence）、身体-运动智能（bodily-kinesthetic intelligence）、人际交往智能（interpersonal intelligence）、自我认识智能（intrapersonal intelligence）和自然观察智能（naturalist intelligence）。[①②]他还提出，智能不但具有多元性，还具有个体差异性，即在每个人身上，智力的表现方式都各不相同、各有特点。因此，他认为每个个体都是潜在的天才，只是表现的领域不同而已。

加德纳的思想在当今世界具有重要的理论意义和实践价值，尤其是在教育领域，一方面，多元智能理论适应了时代的需求，为素质教育改革和促进学生的全面发展提供了理论指导；另一方面，也为教师的教育教学实践提供了依据，如采用多样化的评价标准和评价方法，提倡教学过程的生成性、学生角色的主动性等。因此，教师除了要深刻理解加德纳的教育理论思想外，还要学会如何将其应用于自身的教学实践中，以促进自身专业的可持续发展。

拓展资源

GARDNER H. The Unschooled Mind: How Children Think and How Schools Should Teach[M]. New York: Basic Books, 1991.

15. 詹姆斯·芬恩（☆☆）

詹姆斯·芬恩（James D. Finn，1915—1969）是美国教育技术领域早期发展中最有影响力的人物之一，被誉为美国教育技术领域的先驱、智者和引路人[③]。芬恩一生致力于视听教育领域的研究，他的技术思想和学术研究对今天教育技术的发展具有重要启示。

1949—1969 年他一直在南加利福尼亚大学任教育学院教育技术系主任。在任职期间，芬恩创办了两种刊物并长期担任主编，这两种刊物分别是《视听传播评论》（*Audio-Visual Communication Review*）和《教学工具》（*Teaching Tools*）。同时，他在密歇根州立大学和雪城大学等 20 多个高等教育机构做特约演讲。1960 年，芬恩担任美国教育传播与技术协会的前身——全美教育协会视听教学部

---

① GARDNER H. Frames of Mind: The Theory of Multiple Intelligences[M]. New York: Basic Books, 1983.

② GARDNER H. Intelligence Reframed: Multiple Intelligences for the 21st Century[M]. New York: Basic Books, 1999.

③ 梁林梅，郑旭东. 美国教育技术领域的先驱、智者和引路人：詹姆斯·芬恩研究[J]. 电化教育研究，2008，186（10）：25-29.

（Department of Audio-Visual Instruction of the National Education Association，NEA-DAVI）主席，1961—1963 年，他还是教育媒体委员会的主席[①]。芬恩的教学经历使他更了解学生的学习和教育技术领域的发展。

纵观芬恩的整个职业生涯，他对教育技术领域的发展具有不可磨灭的贡献：①芬恩和其他学者一起出版了关于教育技术定义的专著《教育中视听过程角色的变化：定义及相关术语》，促进了教育技术领域第一个官方定义（美国教育传播与技术协会 1963 年定义）的诞生；②芬恩认为，"技术"不仅仅是一种机器和设备，更是一种思考的过程和解决问题的方法，这种见解为后来人们深刻理解教育技术的本质指引了方向；③他是第一个使用"教学技术"来作为领域的名称，并认识到传播理论对学科发展的重要作用，有力推动了教育技术从"媒体"向"视听传播"再到"教学技术"的发展；④将系统理论与视听传播教学相结合，有力推动了视听领域向学科专业化方向的发展。

芬恩不仅是一位伟大的教师，更是一位充满热情和智慧的创新者，他一生的贡献对教师教育领域具有重大启示。他主张：首先，教师教育者应该为教师教育领域的长远发展做出不懈的努力，致力于寻求最优的教学方法，促进教师的专业发展和综合能力的提高，培养优秀的师资队伍；其次，教师的培训应以正确认识媒体技术为前提，技术不仅仅可以作为工具为教学服务，还能为解决课堂教学问题提供思路，采用技术来进行教学设计会得到事半功倍的效果；最后，教师之间要多交流协作，分享知识和经验。

16. 约翰·洛克（☆☆）

约翰·洛克（John Locke，1632—1704），17 世纪英国资产阶级唯物主义哲学家、政治思想家和教育思想家。在西方教育史上，作为思想巨子，洛克以其著名的教育著作《教育漫话》而闻名世界。[②]

洛克于 1632 年 8 月 29 日出生在英格兰西南部萨默塞特郡林格通城的一个律

① MCBEATH R J. Extending Education Through Technology: Selected Writing by James D. Finn on Instructional Technology[M]. Washington, D. C. ：Information Age Publishing, 2004.

② 郝经春. 教师必读的外国教育名著导读[M]. 长春：吉林大学出版社，2007.

师家庭，其父亲是一名虔诚的清教徒，洛克从小就接受严格的家庭教育。1646 年，洛克进入威斯敏斯特中学接受古典主义教育。1653 年，洛克进入牛津大学基督教会学院学习。1656 年毕业后留校，曾先后担任过希腊文、修辞学和伦理学等科目的教师。1665 年，洛克离开牛津大学，被任命为英驻德公使馆秘书。1666 年回国后，结识了英国著名政治家沙甫慈伯利伯爵，并受邀担任其秘书、家庭医生。1675 年，洛克获医学学士学位。1682 年，沙甫慈伯利伯爵秘密进行的反对詹姆士继承王位的活动败露，洛克也因与伯爵关系密切遭到迫害而逃亡海外。1688 年英国革命后，洛克回国，先后担任贸易、殖民事务大臣，还负责制定了“贫穷儿童劳动学校计划”，在英国享有很高的声望。在此期间，洛克出版的《政府论》和《人类理解论》两部著作得到了广泛关注。1700 年，洛克退休。1704 年 10 月 28 日与世长辞，享年 72 岁。

洛克主要代表性作品包括：政治学著作《政府论》，关于宗教信仰的著作《论宽容的第一书简》、《论宽容的第二书简》以及《基督教的合理性》，哲学名著《人类理解论》以及教育名著《教育漫话》。洛克一生对教育领域贡献卓越，其教育思想集中反映在名著《教育漫话》中。洛克提出著名的“白板论”，他认为人的心理如同一张白纸，一切知识和观念都从经验中来。因此他认为教育在人的发展中至关重要。洛克主张实行“绅士教育”。所谓“绅士教育”，主要通过“德育”、“智育”及“体育”三方面配合而成，其目的在于培养符合当时英国社会需要的绅士。洛克从以上三个方面系统阐述了自己的教育观，他强调以人为本，尊重孩子的个性差异，因材施教。他认为教育应顺应人的心理及年龄特征，强调人的全面发展。①他创立的教育体系反映了当时新兴阶级的意志和愿望，对现代教育体系也具有一定的指导意义和借鉴价值。

拓展资源

[1]〔英〕约翰·洛克. 教育漫话[M]. 杨汉麟，译. 北京：人民教育出版社，2006.

[2] 谢桂新. 洛克的《教育漫话》与漫话教育[J]. 教育评论，2014（7）：147-149.

① 吴珠丽. 洛克的教育思想及其当代意义[D]. 武汉：武汉理工大学，2008.

17. 苏霍姆林斯基（☆）

苏霍姆林斯基（В. А. Сухомли́нский，1918—1970）是苏联著名的教育理论家、教育实践家，曾是乌克兰的功勋教师、苏联教育科学院通讯院士，获得两枚列宁勋章、多枚乌申斯基和马卡连柯奖章，被誉为“教育思想泰斗”。①苏霍姆林斯基于 1918 年出生在乌克兰一个农民家庭，1935 年从师范学校毕业后，他回到家乡担任小学教师，在此期间，以函授方式接受波尔塔瓦师范学院语言文学系的高等师范教育，之后取得中学教师合格证书，并先后担任中学语言教师、教导主任。1941 年苏德战争开始后，他奔赴前线，身受重伤，复员后，又到地方先后任中学教师、中学校长、区教育局局长等。26 岁时，他辞职回到中学任教，29 岁起担任帕夫雷什中学校长直至去世。苏霍姆林斯基一生撰写了 40 多本教育专著、600 多篇教育论文，以及 1200 多篇童话、故事及短篇小说，代表作品有《把整个心灵献给孩子》《给教师的一百条建议》《帕夫雷什中学》等，被称为“活的教育学”“学习生活的百科全书”。

苏霍姆林斯基在教育中倡导人道主义，他认为，人道主义的教育理想和培养目标应当是造就全面和谐发展的、富于创造和精神充实的合格公民与幸福个人②。作为苏霍姆林斯基思想精髓的“全面和谐发展”，强调学生德、智、体、美、劳相互协调、共同进步，而这种理念的实现依赖于多方力量的集体合作。他认为，道德培养源自生活，智力发展源于学校，因此，学生的全面和谐发展基于生活与教学的统一。在此过程中，教师要在尊重学生的基础上对其进行爱的教育。

苏霍姆林斯基的教育思想在大力倡导素质教育的今天仍具有一定指导意义，他对儿童的成长和教育问题的关注为无数中小学教师的未来发展提供了明确的方向，其优秀的教育著作为教育教学提供了切实参考，是教育领域一笔宝贵的财富。

拓展资源

[1] 〔苏〕苏霍姆林斯基. 把整个心灵献给孩子[M]. 唐其慈，毕淑芝，赵玮，译. 天津：天津

① 郝经春. 教师必读的外国教育名著导读[M]. 长春：吉林大学出版社，2007：164-165.

② 杨雅文. 苏霍姆林斯基教育思想国际研讨会综述[J]. 教育研究，2005，26（2）：90-92.

人民出版社，1981.
[2] 〔苏〕苏霍姆林斯基. 给教师的一百条建议[M]. 周蕖，王义高，刘启娴，等，译. 天津：天津人民出版社，1981.
[3] 〔苏〕苏霍姆林斯基. 和青年校长的谈话[M]. 赵玮，等，译. 上海：上海教育出版社，1983.

18. 维特海默（☆）

维特海默（M. Wertheimer，1880—1943），1880 年 4 月 15 日出生于捷克斯洛伐克布拉格。先后求学于布拉克查理斯学院、柏林大学、匹兹堡大学，并在 1904 年获匹兹堡大学博士学位。作为完形学派的代表人物之一，维特海默与苛勒、考夫卡两位格式塔先驱专心致志的学术风格不同，他一生兴趣广泛，除了设计实验阐述理论之外，创作诗词与谱写交响曲也是其生活核心元素，格式塔心理学最早的实验研究（似动现象）就是萌发于他的一次旅行[①]。

维特海默对完形顿悟的贡献主要表现在两个方面：首先，知觉是格式塔学习理论中一个关键概念，指的是客体作用于人的感觉器官，人脑就反映出客体的内容及其属性[②]。维特海默在前人探讨基础上总结出了知觉所具有的邻近性、相互映衬性、封闭性、类似性、完形性等组织性原则，进一步推进了知觉概念的深层研究[③]。其次，维特海默站在康德、胡塞尔等人提出的现象学肩膀上，综合分析传统逻辑思维与联想思维背景，提出了创造性思维这一认知领域重要概念[④]，实现了与苛勒的"顿悟"学习机制交相呼应。

在教学领域中，维特海默是一个不折不扣的科学实践者。他通过对课堂上平行四边形面积求解、对顶角问题、高斯求和、伽利略发现以及爱因斯坦相对论思维过程等一系列问题进行研究，最终著成《创造性思维》（*Productive Thinking*）这一具有课堂辅助功能的教学工具书。

---

① 施良方. 学习论：学习心理学的理论与原理[M]. 北京：人民教育出版社，1994.

② 曹日昌. 普通心理学[M]. 北京：人民教育出版社，1987.

③ 阎平. 格式塔心理学派关于创造性思维的研究——方法论原则与认识论基础分析[J]. 自然辩证法研究，1992（10）：35-43.

④〔德〕韦特海默. 创造性思维[M]. 林宗基，译. 北京：教育科学出版社，1987.

拓展资源

〔德〕韦特海默. 创造性思维[M]. 林宗基，译. 北京：教育科学出版社，1987.

19. 劳伦斯·斯滕豪斯（☆☆）

劳伦斯·斯滕豪斯

劳伦斯·斯滕豪斯（Lawrence Stenhouse，1926—1982），英国著名的课程理论家、教育思想家，曾任职于东安格利亚大学，是该校“教育应用研究中心”（Centre for Applied Research in Education，CARE）的创始人之一，曾担任过英国教育研究协会（British Educational Research Association，BERA）的主席。他提出课程编制的“过程模式”和“教师即研究者”的命题对教育研究和课程开发研究的发展产生了深远影响。

斯滕豪斯认为，教育是为了使人获得理性自主能力，使人从作为权威的固定知识的束缚中解放出来，把已有知识作为思考的材料，发展理解、“负责的判断”和批判反思的能力。①从上述思想出发，斯滕豪斯对课程编制的“目标模式”进行系统性反思和批判，并在此基础上依据理查德·彼得斯关于课程活动内在价值的辩护，提出课程开发的“过程模式”（process model）。该模式强调课程与教学过程的一系列相互作用，主张课程编制、研究和评价一体化，提倡依据知识、活动的内在价值来选择内容、活动和指导教学过程。遗憾的是，斯滕豪斯并没有具体说明过程模式的行动方式，也就没有对课程实践产生太大影响。②

斯滕豪斯曾主持了1967年英国学校委员会和纳菲尔德基金会发起的“人文学科课程计划”研究（该研究计划是过程模式实践有效性的例证之一）。但由于当时英国综合中学把重点放在最大限度地提高每个学生的考试成绩上，且教师素质难以符合复杂的过程模式的要求，斯滕豪斯编制的“人文学科课程计划”收效甚微，很少有学校采用。对此他本人进行了深刻反思，并进一步延伸过程模式，提

① 施良方. 课程理论：课程的基础、原理与问题[M]. 北京：教育科学出版社，1996：172.

② 施良方. 课程理论：课程的基础、原理与问题[M]. 北京：教育科学出版社，1996：190.

出了“教师即研究者”命题。该命题促使教师重新思考其在教育研究中的角色地位，并逐渐成为世界教师教育发展的主要潮流，对扩大教师的专业自主性、促进对教师专业的理解、改善教师专业实践产生了积极影响，也为教师教育提供了一个新思路。

斯滕豪斯的主要代表著作有《课程研究与编制导论》（*An Introduction to Curriculum Research and Development*）、《权威、教育和解放》（*Authority, Education and Emancipation*）以及《作为教学基础的研究》（*Research as a Basis for Teaching*）。其中，《课程研究与编制导论》是为师范院校开设的教育理论课所写的一本教科书，书中展示了当时与课程编制有关的多方面理论研究成果，并吸收了英国许多课程编制的实践经验。①

拓展资源

[1] STENHOUSE L. An Introduction to Curriculum Research and Development[M]. London: Heinemann, 1975.

[2] STENHOUSE L. Authority, Education, and Emancipation: A Collection of Papers[M]. London: Heinemann, 1983.

[3] STENHOUSE L, RUDDUCK J. Research as a Basis for Teaching: Readings from the Work of Lawrence Stenhouse[M]. London: Heinemann, 1985.

[4] WRAGG T. Lawrence Stenhouse: a memorable man[J]. British Educational Research Journal, 1983, 9（1）: 3-5.

20. 弗雷德里克·斯金纳（☆☆）

弗雷德里克·斯金纳（B. Frederic Skinner，1904—1990），美国心理学家、行为主义者、作家、发明家和社会哲学家，同时也是新行为主义的创始人之一、操作性条件反射理论的主要奠基者，被誉为“程序教学之父”“教学机器之父”。斯金纳在研究动物是如何学习时发明了斯金纳箱，并在此基础上提出了操作性条件反射理论、强化理论、教学机器与程序教学、行为塑造等理论思想。

1904年3月20日，斯金纳出生于美国宾夕法尼亚州的沙士魁海纳河畔，1922—

① 施良方. 课程理论：课程的基础、原理与问题[M]. 北京：教育科学出版社，1996：172.

1926年就读于密尔顿学院，学习艺术与语言学；1926—1931年就读于哈佛大学，并在1930年获心理学硕士学位，1931年获心理学博士学位；1932—1936年，在哈佛大学研究院担任研究员；1937—1945年，任教于明尼苏达州立大学；1945—1947年，担任印第安纳大学心理系主任；此后，斯金纳重新回到了哈佛大学，从事行为塑造相关研究。在这期间，斯金纳于1966年获美国心理学会桑代克奖；1968年获美国国家科学奖；1971年获美国心理学会基金会颁发的金质奖章；1972年获年度人物奖；1990年获“心理学终身贡献奖”荣誉证书。除此之外，斯金纳一生著作众多，如《有机体的行为：一种实验的分析》（1938年）、《科学与人类行为》（1953年）、《言语行为》（1957年）、《教学技术》（1968年）、《关于行为主义》（1974年）等。

斯金纳对学习理论的研究做出了突出贡献，其研究成果和理论思想至今影响深远，主要体现在以下几个方面：①斯金纳提出的操作性条件反射理论，对塑造、矫正学习者的行为具有重要作用，尤其是在实践类技能的学习过程中；②在教育教学实践中，教师往往会采用强化理论来加深学生所授知识内容的理解与应用；③斯金纳引发的程序教学为后来计算机辅助教学（computer assisted instruction，CAI）及智能导师系统（intelligent tutoring system，ITS）的研究奠定了基础。

拓展资源

[1] SKINNER B F. The Behavior of Organisms: An Experimental Analysis[M]. New York: Appleton-Century-Crofts, 1938.

[2]〔美〕B. F. 斯金纳. 超越自由与尊严[M]. 王映桥，栗爱平，译. 贵阳：贵州人民出版社，1988.

[3]〔美〕普莱西，斯金纳，等. 程序教学和教学机器[M]. 刘范，等，译. 北京：人民教育出版社，1964.

21. 施良方（☆☆）

施良方（1951—1997）是我国著名的课程论、教学论和学习论专家，1951年12月21日出生于上海，1977年毕业于华东师范大学教育系并留校任教，1983年赴加拿大学习，获硕士学位，回国后继续从事教学和科研工作。他历任教育系主任、师范教育研究所所长、学前教育与特殊教育学院院长，并兼任全国教育学研究会常务理事、全国教学论专业委员会副主任委员、全国课程专业委员会副主任委员、全国教育实验研究会理事等职务。

施良方参加了国家“七五”重点课题《教育学文集》（包括30卷）的编辑工作，还主持过1项国家“八五”重点课题、2项国家“九五”课题和1项上海市教育委员会“九五”课题，对我国课程、教学的理论与实践发展做出了重要贡献。同时，他出版了包括《学习论：学习心理学的理论与原理》《课程理论：课程的基础、原理与问题》《教学理论：课堂教学的原理、策略与研究》等在内的多部专著，并有译著2部，编写教材1部，发表重要学术论文、译文100多篇，为教师的课程设计与教学安排提供了理论、方法和策略上的指导。

在学习理论方面，施良方整理并概括了西方学习理论的研究成果，述评了刺激–反应理论、认知学习理论、行为–认知学习理论等主要的理论流派；同时也说明了人本主义的学习理论、习性学习理论带来的挑战，增进了我国教育界对该理论领域发展新动向的了解[①]。在课程理论方面，施良方通过对课程的心理学、社会学和哲学基础的探讨，对课程目标、课程内容、课程实施、课程评价等整个编制过程的反思，对课程理论体系和研究范式的思索，对课程一些基本问题的探讨，确立起了一个比较完整的课程理论体系[②]。在教学理论方面，施良方主要探讨了课堂教学的原理、策略与研究，并对教学与教学理论、教学的基本问题等一系列的问题做了阐述。

施良方在学习、课程、教学等领域的贡献是不容置疑的，他的理论具有较强的系统性、科学性、理论性和实用性，为教师安排和组织教学提供了理论基础。学习他的理论，可以让教育实践者们在自己的课堂教学上获得更多的理性反思和启示，从而更好地开展教学。

① 施良方. 学习论：学习心理学的理论与原理[M]. 北京：人民教育出版社，1994.

② 施良方. 课程理论：课程的基础、原理与问题[M]. 北京：教育科学出版社，1996.

22. 让・皮亚杰（☆☆）

让・皮亚杰

让・皮亚杰（Jean P. Piaget，1896—1980），瑞士人，当代儿童心理学家、哲学家和教育学家，被视为与苏格拉底、弗洛伊德、爱因斯坦齐名的思想文化巨人。他在生物学、哲学、心理学和逻辑学等领域都有深入的研究，被誉为20世纪最伟大的学者之一。皮亚杰早期研究生物学，1918年于纳沙特尔大学获得自然科学博士学位，1921年起，开始从事儿童心理学研究，目的在于探讨认识论问题，并创立了以他为首的“日内瓦学派”。皮亚杰的理论创始于20世纪20年代，到50年代以后逐渐成熟，并形成了一套关于认识发展的理论。皮亚杰一生学识渊博、贡献卓越，先后被哈佛大学等授予30多种荣誉学位，并获得伊拉士麻斯奖、桑代克奖等多种科学奖。[①]

皮亚杰的主要理论观点和成就包括：①创建了“日内瓦学派”（也叫皮亚杰学派），主要研究儿童思维发展的问题，通过对儿童科学概念以及心理运算起源的实验分析，探索智力形成和认知机制的发生与发展规律。②在哲学层面上，建构发生认识论，研究认知结构的历史发生与个体发生，主要包括知识或认识的心理学起源、知识的形成以及知识建构的心理机制。③在心理学层面上，建构认知发展理论。皮亚杰认为，发展是一种建构的过程，是个体在与环境不断交互作用中实现的，他用图式、同化、顺应、平衡四个概念来解释这一过程。认知发展阶段论是皮亚杰关于认知发展的重要理论。他认为儿童从出生到成人的认知发展，不是数量的简单增加，而是自然地可以划分为人人相同的、按不变顺序相继出现的、有着性质差异的几个明确的阶段[②]：①感知运动阶段（sensorimotor stage，0—2岁）；②前运算阶段（preoperational stage，2—7岁）；③具体运算阶段（concrete operational stage，7—11岁）；④形式运算阶段（formal operational stage，11岁至

① 〔瑞士〕皮亚杰. 皮亚杰教育论著选[M]. 卢濬，选译. 北京：人民教育出版社，1990：1-3.

② PIAGET J P. The Principles of Genetic Epistemology[M]. London: Routledge & Kegan Pawl, 1972: 5-6.

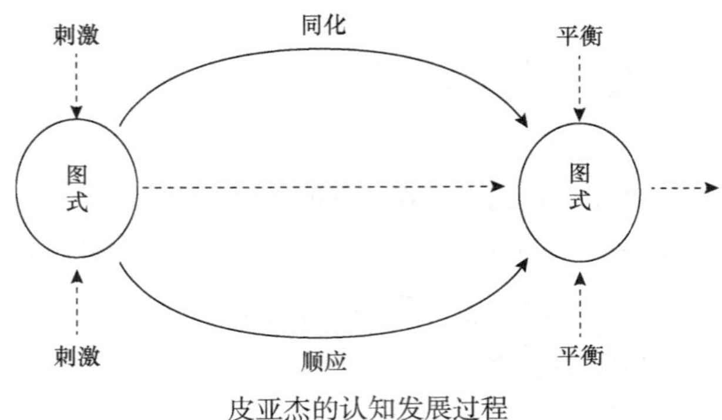

皮亚杰的认知发展过程

成人）。儿童智力发展的这四个阶段是连续发生的、紧密衔接在一起的，每个阶段都是前一阶段的延伸。

皮亚杰的理论受到了当代国际心理学、哲学和教育学界的高度重视，对西方乃至全世界许多国家的中小学教育改革产生了重大的影响。皮亚杰的理论对当代教育的启示则主要表现为三个方面：①教学内容要适应儿童的认知发展水平。学生的身心发展是有规律的，应根据这些规律组织教学以免揠苗助长。②教师要帮助学生不断打破已有的平衡状态并建立新的平衡。经过不平衡—平衡—不平衡的不断循环往复，促进学生认知的丰富与发展。③教学要重视学生的个体差异，注意因材施教。

拓展资源

[1] KRONENFELD D, DECKER H W. Structuralism[J]. Annual Review of Anthropology, 1979, 8（1）: 503-541.

[2] BORKE H. Interpersonal perception of young children: egocentrism or empathy?[J]. Developmental Psychology, 1971, 5（2）: 263-269.

[3] BEILIN H. Piaget's enduring contribution to developmental psychology[J]. Developmental Psychology, 1992, 28（2）: 191-204.

23. 理查德・梅耶（☆☆）

理查德・梅耶（Richard E. Mayer，1947—），是美国著名的教育心理学家，多媒体学习理论体系研究的创建者和奠基人。他于 1973 年获得密歇根大学心理学博士学位，1973—1975 年任印第安纳大学的心理学助理教授，1975 年后一直担任加利福尼亚大学圣塔芭芭拉分校心理学教授。据《当代教育心理学》杂志统计，梅耶是在 1991—2008 年最多产的教育心理学家[成果包括《多媒体学习》《数字化学习与教学科学》等在内的 400 多部（篇）书籍、文章和手册等，其中多数都是关于多媒体学习的研究]。他曾担任美国心理学会教育心理学分会主席、美国教育研究协会学习与教学部门副主席、《教育心理学家》杂志编辑，并于 2000 年和 2008 年分别获美国心理学会颁发的桑代克奖和心理学应用杰出贡献奖。

梅耶研究的重点在于人是如何学习的以及如何帮助人们更好地学习，其研究领域包括认知、科学和技术等，具体可以分为三个方面：①多媒体学习，研究内容主要包括对人类基于计算机的动画、视频和文字等材料的学习进行科学解释，插图对人们学习科学性文本的影响，以及人们如何通过电脑游戏、仿真和虚拟现实环境等进行学习；②人与计算机之间的交互，其主要内容包括调查新手与计算机之间的交互，研究怎样设计数字化学习环境和电脑游戏以促进人们的学习，以及人们如何通过在线教学代理进行学习；③数学问题解决，主要分析人们的数学问题解决过程，并确定旨在帮助人们解决数学问题的在线代理所具有的特点与优势。

梅耶一直致力于对人类学习的研究，目的是选择恰当的信息呈现方式和原则以促进人们对知识的更好理解，并寻找恰当的方式帮助他们运用所学的知识解决新问题，提高知识迁移与应用能力。梅耶多年来的研究，尤其是他对多媒体学习的认知理论和多媒体教学的设计原则的深入探索所形成的多媒体学习的科学体系，为信息化环境下教师多样化教学资源的选择、组织与安排提供了理论基础，也为教师的专业发展提供了重要指导。

拓展资源

[1] MAYER R E. Multimedia Learning[M]. Cambridge: Cambridge University Press, 2001.

[2] CLARK R C, MAYER R E. E-learning and the Science of Instruction: Proven Guidelines for Consumers and Designers of Multimedia Learning[M]. New York: Wiley, 2011.

[3] MAYER R E. Multimedia learning: are we asking the right questions?[J]. Educational

Psychologist, 1997, 32（1）: 1-19.
[4] MAYER R E, MORENO R. Nine ways to reduce cognitive load in multimedia learning[J]. Educational Psychologist, 2003, 38（1）: 43-52.
[5] MAYER R E. Thinking, Problem Solving, Cognition[M]. New York: Freeman, 1992.

24. 维果茨基（☆☆）

维果茨基

维果茨基（L. S. Vygotsky，1896—1934）是苏联著名的心理学家，他提出的文化历史发展理论在心理学界产生了巨大影响，由此形成了屹立于现代心理学之林的文化历史心理学学派。此外，他提出的“最近发展区”思想对教育心理学的研究产生了深远的影响，推动了当代教学模式和教学策略的形成和发展。

维果茨基在38年的短暂人生中，为心理学研究领域留下了巨大的财富。他的理论思想涉及教育心理学、发展心理学、普通心理学、缺陷心理学等多个领域。尤其是他对教育心理学和发展心理学的贡献，受到了极高的赞誉。其中，最有影响力的是他提出的历史文化理论。他将社会文化因素引入个体认知发展的研究中，并阐释了人类高级心理机能的产生过程。他认为人的高级心理机能受社会文化影响，是人与人之间通过交流和互动不断内化的结果，而这些高级心理机能也被视为社会文化发展的产物。①此外，他提出的“最近发展区”理论作为其理论体系的核心概念，阐释了教学与发展之间的关系。他主张教学应该先于学习者的发展水平，以此引导学习者不断获取较高水平的知识，进而实现教学对个体发展的推动作用。②

由于维果茨基从事心理学研究的时间并不长，加之受到当时政治因素的影响，他的理论在他生前并没有得到广泛的传播和发展。直到他去世后，他的著作才被翻译成多国语言传播至其他国家。维果茨基著作颇丰，其中最具影响力的有《意

① 龚浩然，黄秀兰. 维果茨基科学心理学思想在中国[M]. 哈尔滨：黑龙江人民出版社，2004：9.
② 麻彦坤. 维果茨基对现代西方心理学的影响[D]. 南京：南京师范大学，2005.

识是行为心理学的问题》、《思维与语言》、《高级心理机能的发展》以及《教育心理学》等。至今他的贡献仍然得到了心理学研究者的高度赞誉，并被人们称为“心理学界的莫扎特”。在我国，若干学者专门创立了“全国维果茨基研究会”对维果茨基的理论价值进行深度研究。

维果茨基的心理学理论对整个西方心理学的发展具有重要的作用，同时他的理论思想也被广泛地拓展到教育领域。他的“最近发展区”思想启迪了当代支架式教学（scaffolded instruction）、互惠式教学（reciprocal teaching）等多种教学策略和教学模式的创生，并且有效地指导了当代教学结构的变革。

拓展资源

[1] 余震球. 维果茨基教育论著选[M]. 北京：人民教育出版社，2005.

[2] 刘儒德. 建构主义：是耶？非耶?[J]. 中国电化教育，2004（1）：16-20.

[3] 马秀芳，李克东. 皮亚杰与维果斯基知识建构观的比较[J]. 中国电化教育，2004（1）：20-23.

25. 罗伯特·加涅（☆☆）

罗伯特·加涅（Robert M. Gagné，1916—2002）出生于美国马萨诸塞州，1933年进入耶鲁大学主修心理学，1937年毕业后进入布朗大学攻读实验心理学，并于1939年和1940年分别获得理科硕士学位和心理学博士学位，后在康涅狄格学院任教两年。二战期间，加涅在美国军队从事飞行心理学研究，战后任宾夕法尼亚州立大学和康涅狄格学院教授。之后任普林斯顿大学心理学教授、美国科研工作协会研究主任，1969年以后一直在佛罗里达州立大学任教。曾当选为美国心理学会教育心理学分会主席和美国教育研究协会主席，并获卡潘杰出教育研究奖、桑代克奖和心理学应用杰出贡献奖，同时也是教育技术学领域中唯一获桑代克奖的学者。

加涅是受过严格行为主义心理学训练的认知主义心理学家，他认识到行为主义心理学在解释人类行为中存在的缺陷，并突破传统行为主义的限制，转而考虑人类大脑内部发生的事情，这一点在他提出的“信息加工模型”中表现得尤为明显。加涅不仅在教育心理学方面做出了重要贡献，还将其对学习理论的研究运用于教学设计，他的“学习的结果”、“信息加工模型”和“九段教学法”对教学都产生了重要影响。其主要著作为《学习的条件》（*The Condition of Learning*）、《教学设计原理》（*Principles of Instructional Design*）、《教学的学习要素》（*Essentials of Learning for Instruction*）以及《教育技术学基础》（*Instructional Technology: Foundations*）。

加涅的思想在教育心理学、教育技术学乃至整个教育领域都产生了重要影响，也为教师专业发展提供了重要的思想指导。首先，加涅关于“学习结果”的分类（智慧技能、认知策略、言语信息、运动技能和态度）为教师确定教学目标和教学方法以获得相应的结果提供了思想指导；其次，“信息加工模型”为教师了解学生的知识加工过程提供了重要依据，对他们教学材料的选择与安排具有指导意义；最后，加涅的“九段教学法”（引起注意、告知目标、提示回忆原有知识、呈现教材、提供学习指导、引出作业、提供反馈、评估作业、促进保持与迁移）对教师尤其是新手型教师设计教学活动和安排教学过程都具有重要意义。

拓展资源

[1] ANGLIN G J, DICK W. The legacy of Robert M. Gagné[J]. Educational Technology Research & Development, 2003, 51（2）: 77-78.

[2] GAGNÉ R M. The Conditions of Learning[M]. New York: Holt, Rinehart and Winston, 1965.

[3] GAGNÉ R M, BRIGGS L J. Principles of Instructional Design[M]. New York: Holt, Rinehart & Winston, 1974.

[4] GAGNÉ R M, DRISCOLL M P. Essentials of Learning for Instruction[M]. Hinsdale: Dryden Press, 1975.

[5] GAGNÉ R M. Instructional Technology: Foundations[M]. Hillsdale: Lawrence Erlbaum Associates, Inc, 1987.

26. 罗伯特·斯滕伯格（☆☆☆）

罗伯特·斯滕伯格（Robert J. Sternberg，1949—），1949 年 12 月生于美国新泽西州的一个犹太人家庭，是美国著名的心理学家和心理计量学家。他于 1972 年获耶鲁大学心理学学士学位，1975 年获斯坦福大学博士学位，并拥有世界知名高校的 13 个荣誉博士学位。曾任美国俄克拉何马州立大学心理学系教授、塔夫茨大学艺术与科学学院院长、耶鲁大学心理学系教授和美国心理学会主席，以及普通心理学、教育心理学、心理学和艺术、理论和哲学心理学等分会主席，2013 年 7 月就任美国怀俄明大学校长，同时还兼任《心理学报》、《当代心理学》、《美国心理学杂志》和《人类智力国际通讯》等刊物的编辑。

斯滕伯格著有《智慧智力创造力》《超越 IQ：人类智力的三元理论》《认知心理学》《心理学：探索人类的心灵》《教育心理学》《成功智力教学》《领导力的本质》等 1200 多本（篇）著作、论文和书评，曾荣获桑代克奖以及美国心理协会、美国教育研究协会和美国心理科学协会等组织颁发的多个奖项。他的重要贡献之一就是提出了著名的“三元智力理论”，它包含三个亚理论：①成分亚理论，即智力包括元认知元素、操作元素和知识获得元素三个元素；②经验亚理论，即智力活动的内部机制总是与个体的经验密切联系；③情境亚理论，即智力的各个元素总是与处于各种经验水平上的和情境下的作业相关。①

斯滕伯格在 2002 年编著的《教育心理学》一书中对专家型教师和专家型学习者进行了详细阐述。他从知识、技能和洞察力三个方面论述了专家型教师的特点：①专家型教师拥有完整的专业化知识，能够以系统性的思维处理问题；②专家型教师熟练掌握教学技能，并使其达到自动化的程度，具有较高的工作效率；③专家型教师具有创造性的洞察力，能够以新颖而恰当的方法解决问题。②斯滕伯格关于专家型教师的论述以及专家型教师和新手型教师的比较研究为教师专业发展，尤其是新手型教师向专家型教师的转变提供了重要指导。

拓展资源

[1] 郑颖，盛群力. 如何成为一名专家型教师——斯滕伯格论专家型教师的基本特征[J]. 远程教育杂志，2010，28（6）：29-34.

[2] 吴国珍. 斯滕伯格的智力三元理论述评[J]. 湖南师范大学社会科学学报，1994（1）：81-86.

[3] 盛群力，马兰. 斯滕伯格论成功智力及其成分技能解析——学习、事业与生活成功的视角[J]. 远程教育杂志，2011，29（2）：70-76.

---

① STERNBERG R J. Beyond IQ: A Triarchic Theory of Human Intelligence[M]. Cambridge: Cambridge University Press, 1985.

② 〔美〕罗伯特 · J. 斯滕伯格，温迪 · M. 威廉姆斯. 斯滕伯格教育心理学（原书第 2 版）[M]. 姚梅林，张厚粲，等，译. 北京：机械工业出版社，2012.

27. 亚伯拉罕·马斯洛（☆）

亚伯拉罕·马斯洛（Abraham H. Maslow，1908—1970），是美国著名的哲学家、社会心理学家、人本主义心理学的创建者与理论家，其心理学理论思想被誉为心理学史上的“第三思潮”。在马斯洛的一生中，有很多著名的理论著作，其中包括《动机和人格》《存在心理学探索》《科学心理学》《人性能达到的境界》等，对心理学领域产生了深远影响。

他的人本主义心理学强调，心理学的研究应该尊重人的价值和尊严，注重对个体正面特质的研究。[①]他提出的人本主义心理学思想包含需要层次（hierarchy of needs）理论和自我实现（self-actualized）理论，并以需要层次理论最为著名。他认为人都潜藏着不同层次的需求，包括生理需要、安全需要、爱与归属的需要、尊重的需要、自我实现的需要，在不同阶段对各个层次需求的迫切程度不同。他将生理需要看作是其他需要的基础，个体首先要满足生理需要，才能进而实现个人的自我发展。

马斯洛的人本主义心理学对促进教师教育的发展有一定的启发意义。首先，在教师教育进程中，应该多看到教师的优点，鼓励教师进行实践活动。实践活动的实施，有助于完善教师的专业技能。其次，在教师教育进程中，为了教师

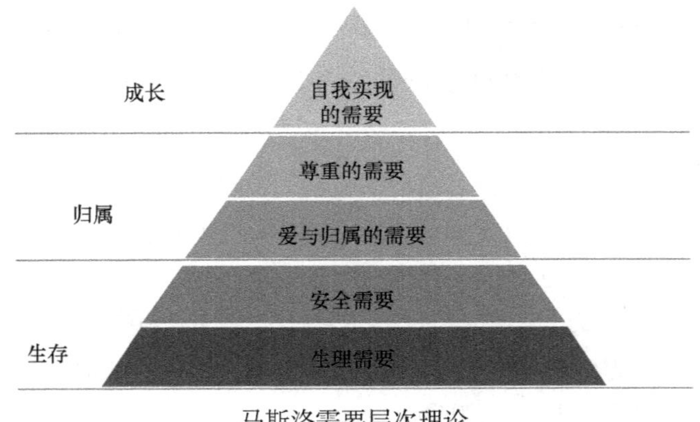

马斯洛需要层次理论

① 李永香. 马斯洛需要层次理论视阈下大学生思想政治教育激励教育法优化研究[D]. 兰州：西北师范大学，2013：9-17.

自身的专业化发展，应该尽力满足教师的基本需要。基本需求的满足，是教师实现更高层次发展的前提。最后，在教师教育进程中，应该根据具体的实际情况改变教学方法，不能直接照搬马斯洛的理论。也有人认为他的需要层次理论缺乏对实践意义的理解。

拓展资源

[1] 姚顺良. 论马克思关于人的需要的理论——兼论马克思同弗洛伊德和马斯洛的关系[J]. 东南学术，2008（2）：105-113.

[2] 胡万钟. 从马斯洛的需求理论谈人的价值和自我价值[J]. 南京社会科学，2000（6）：25-29.

[3] 陈志尚，张维祥. 关于人的需要的几个问题[J]. 人文杂志，1998（1）：20-26.

28. 迈克尔·波兰尼（☆☆）

迈克尔·波兰尼（Michael Polanyi，1891—1976），英籍犹太裔物理化学家和哲学家，他与哈耶克、波普尔同被誉为“朝圣山三巨星”。波兰尼以其富有人性的科学观和默会知识理论在国际学术界备受瞩目，尤其是默会知识理论，自 20 世纪 80 年代以来，该理论的价值日渐被人们意识到，并被一些学者视为是继笛卡儿和康德以后认识论发展史上的“第三次哥白尼式的革命”。

波兰尼于 1891 年出生在布达佩斯一个条件很不错的家庭里，他的父亲是工程师兼小商人，母亲是布达佩斯一家德文报纸的时装专栏作家。富裕的家庭生活和高雅的文化氛围使波兰尼从小就受到知识的熏陶，很早就参与文学和政治活动。青年时期的波兰尼先是从事医学研究，后又从事把量子力学理论应用到热力学第三定律中去的研究。第一次世界大战期间，波兰尼参加了奥匈帝国的军队，成为一名军医，但是他仍然没有放弃对量子力学和热力学的研究。1933 年希特勒和德国民社党的崛起标志着波兰尼的研究方向开始向社会思想方面转移。波兰尼的哲学思想形成于二战期间，1945 年，他发表了自己的第一部哲学著作——《科学、信仰与社会》，为他的认识论奠定了基础。[①]1958 年在《科学、信仰与社会》的基础上，波兰尼完成了能够全面体现他的哲学思想的著作——《个人知识：迈向后

① 〔英〕迈克尔·波兰尼. 个人知识：迈向后批判哲学[M]. 许泽民，译. 贵阳：贵州人民出版社，2000.

批判哲学》。

默会知识就是在《个人知识：迈向后批判哲学》中被提出的。在波兰尼的整个思想体系中，默会知识理论居于核心的地位。其宗旨在于揭露完全的明确的理想之虚妄，阐明明确知识的默会根源，证明默会知识在人类知识中的决定性作用。①

波兰尼提出的默会知识对教育产生了重大的影响，这一点是毋庸置疑的。对实践教学工作而言，默会知识与专业性知识同等重要，有时甚至更为重要。默会知识占有如此重要的地位，如果既没办法用语言表述出来，又不能通过教学方法传授，那么默会知识的意义就消失了。因此，如何使默会知识显性化成为默会知识促进教师专业发展的重中之重。

拓展资源

[1] 秦文，王永红. 波兰尼的个人知识理论与教育思想探析[J]. 清华大学教育研究，2010，31（4）：40-44，69.

[2] 石中英. 波兰尼的知识理论及其教育意义[J]. 华东师范大学学报（教育科学版），2001（2）：36-45.

[3] 郁振华. 默会知识论视野中的科学主义和人本主义之争——论波兰尼对斯诺问题的回应[J]. 复旦学报（社会科学版），2002（4）：39-45.

29. 玛丽亚·蒙台梭利（☆）

玛丽亚·蒙台梭利（Maria Montessori，1870—1952）是意大利著名幼儿教育家，也是意大利第一位女医生、女医学博士。她长期从事儿童医学、幼儿教育的工作，专注于儿童的自发性学习行为，通过对儿童学习行为的研究提出了“蒙台梭利教育法”“吸收性心智”“敏感期”等概念。《西方教育史》称她是20世纪赢得欧洲和世界认可的最伟大的科学与进步的教育家。

1890年蒙台梭利开始攻读医学，毕业后成为儿童心理部门的助理医师。1896年她完成了与精神病学有关的“对抗的幻觉”的博士论文，三年后在罗马举行

① 郁振华. 波兰尼的默会认识论[J]. 自然辩证法研究，2001，17（8）：5-10.

了一系列关于精神障碍儿童的教育的演讲，而后建立了医疗卫生教育机构。1904年她在罗马大学讲授人类学和教育学，并于1907年在罗马贫民区成立儿童之家。通过对儿童行为的观察，她归纳出“注意力的两极化”，并因此发展出蒙台梭利教育法。二战期间，她提出宇宙教育观。1952年，蒙台梭利在荷兰阿姆斯特丹逝世。

蒙台梭利根据自己长期对儿童学习成长的观察和研究，将儿童的发展分为以下三个阶段：①幼儿期（0—6岁），蒙台梭利认为这是人类最重要的一个阶段，因为人类智慧就是在这一阶段形成的，人的心理定性也是在这一阶段完成的。②儿童期（6—12岁），这一时期儿童表现出强烈的求知欲望；关心善与恶的区分，道德感开始萌芽；希望参与团体活动，显现自己的群体本性。③青春期（12—18岁），这一时期儿童产生爱国心和荣誉感，有自己的理想，身体和精神都开始发生明显变化。①

蒙台梭利在对儿童成长阶段分类的同时，还对教师提出了严格的要求，认为教师是儿童秘密的研究者和儿童学习环境的提供者、儿童活动的组织者以及学校、家的联络者。②她的这些教育理论和思想对促进教师教育进程的发展有一定的启发作用。首先，在教师教育进程中，增加有关教育心理学方面的知识。教师只有了解学生的知识构建行为和心理，才能有效地帮助学生进行知识构建。其次，培养教师设置良好学习环境的能力。良好的学习环境可以帮助学生更好地构建科学知识，提高学生的学习效率。最后，培养教师利用信息技术维护学校、家长、学生之间关系的能力，提高教师的工作效率。

拓展资源

[1] 王建平，郭亚新. 蒙台梭利环境教育思想与儿童发展关系的理论建构[J]. 比较教育研究，2016（11）：55-59.

[2] 韩吟. “蒙台梭利”神话的批判与真实——基于罗兰·巴特“神话学”符号分析理论[J]. 中国教育学刊，2016（1）：18-22.

[3] 田景正，万鑫觖，邓艳华. 蒙台梭利教学法及其在中国的传播[J]. 课程·教材·教法，2014，34（6）：91-96.

[4] 霍力岩. 试论蒙台梭利的儿童观[J]. 比较教育研究，2000（6）：51-56.

① 鲍亚. 蒙台梭利儿童课程研究[D]. 南京：南京师范大学，2007：9-14.

② 吴振东. 蒙台梭利关于幼儿教师角色论述的启示[J]. 中国教育学刊，2001（4）：58-60.

30. 约翰·裴斯泰洛奇（☆☆）

约翰·裴斯泰洛奇（Johann H. Pestalozzi，1746—1827），瑞士教育家、教育改革家与实践家，与福禄贝尔和赫尔巴特并称为19世纪欧洲出现的三个“伟大教育巨匠”。

裴斯泰洛奇从小目睹农民的悲惨遭遇和农村的破产境况，对农民疾苦深感同情，因此，他努力寻求帮助农民脱贫的道路，而这也成了其教育理论产生的重要原因。1774年，裴斯泰洛奇在涅伊果夫创办了新庄孤儿院，用以收容贫苦儿童，并教授这些儿童读、写、算等基本知识，还让工匠教他们纺纱织布。也正是这些实践，为裴斯泰洛奇创作《林哈德和葛笃德》（*Lienhard und Gertrud*）提供了重要的思想源泉。1798年，他应瑞士政府邀请，创办了施坦兹孤儿院，继续其教育研究，但因战争原因，不久后停办。1800年，他又与友人在布格笃夫城创建了一所寄宿学校，该学校于1804年迁往伊佛东，这段时间他进行了很多教育方法的改革，并取得了显著成绩。1825年，伊佛东学校停办，裴斯泰洛奇回到故乡，对自己一生的工作经验进行了总结和反思，最终写成了回忆式著作——《天鹅之歌》（*Swan Song*）。

裴斯泰洛奇为教育事业奉献一生，其教育思想和理论硕果颇丰，且都源于教育实践。他留下的教育遗产主要有“人的全面和谐发展”“普及教育”“直观教育”“爱的教育”“劳动教育”等，特别是裴斯泰洛奇在教育中进行“爱的教育”的实践，被法国教育史学家康比耶称作人类教育发展史中最早呼吁和力行“爱的教育”的典范。[①]

拓展资源

[1] REBLE A, PESTALOZZI J H. Lienhard und Gertrud[M]. New York: Tredition Classics, 1988.

[2] 马鹏巍. 论裴斯泰洛齐和谐发展教育思想[J]. 社会科学辑刊，2012（1）：240-242.

① 滕大春. 裴斯泰洛齐为教育而奉献的爱心——纪念教圣 250 周年诞辰[J]. 北京师范大学学报（社会科学版），1995（3）：81-86.

31. 乔治·米勒（☆☆）

美国心理学家乔治·米勒（George A. Miller，1920—2012），是以信息处理为基础的认知心理学的先驱，因研究短时记忆并提出“神奇的数字 7±2”理论而闻名。

米勒 1920 年出生于美国西弗吉尼亚州查尔斯顿，是普林斯顿大学的心理学教授。他还担任过洛克菲勒大学、麻省理工学院心理学教授以及哈佛大学心理学系主任，并在 1968—1969 年任美国心理学会会长。乔治·米勒一生获奖无数：1963 年获美国心理学会颁发的杰出科学贡献奖；1971 年获实验心理学学会华伦奖章；1976 年获美国语言听力学会杰出服务奖；1982 年获纽约科学院行为科学奖章；1991 年获得了有“美国诺贝尔奖”之称的美国国家科学奖；2003 年获美国心理学会颁发的“心理学终身贡献奖”。

米勒的贡献主要体现在心理学和语言学领域。米勒在心理学领域做出的主要贡献包括以下两个方面：首先是 20 世纪 40—50 年代，米勒开拓自己的学术生涯时，正值行为主义鼎盛时期，然而，米勒认为“行为主义主张心理学完全关注外在行为，而不是试图去分析作为行为基础的心理活动方式”，这种行为主义的理论不足以解释人类语言的复杂性，他也极其厌恶行为主义霸道的学术作风。1960 年，米勒和另一位认知心理学家杰罗姆·布鲁纳共同创办了哈佛大学认知研究中心（Center for Cognitive Sciences at Harvard）。米勒在解释他们成立该中心的目的时表示，认知心理学的兴起并非创新，只能说是旧思想的复苏，使心理学恢复了研究内在心理活动的本来面貌。同年，米勒与加兰特、普里布拉姆联合出版了《计划与行为的结构》一书，阐述了他们对认知心理学的理解。其次是在 1956 年，米勒发表了一篇名为《神奇的数字 7±2：我们信息加工能力的局限》的论文，明确提出短时记忆的信息容量为 7±2 个组块，这个数量是相对恒定的，这对于短时记忆的研究具有里程碑式的意义。在语言学领域，米勒以其指导建立和维护的 WordNet 著称。WordNet 是在米勒的指导下由普林斯顿大学认知科学实验室的心理学家、语言学家和计算机工程师联合设计的一种基于认知语言学的英语语料库。米勒花费了后半生的时间来维护和扩展这一数据库。

32. 乔治·西蒙斯（☆）

乔治·西蒙斯（George Siemens，1971—）是国际著名的学习分析（learning analytics，LA）研究专家、阿萨巴斯卡大学的教授。西蒙斯是联通主义（connectivism）理论的提出者，同加拿大著名学者斯蒂芬·唐斯一同发起了大规模开放在线课程（massive open online courses，MOOC）。他著有《关联主义：数字时代的学习理论》和《学习中的新技术手册》。

西蒙斯长期关注教育领域中的学习、技术、网络及开放性问题，2004 年陆续在网络上和《教学技术与远程学习》等国际刊物上发表了一系列文章，提出了术语联通主义并对其进行了阐释。2008 年，他和唐斯一起运行了有关联通主义学习的 MOOC，旨在促进学生在混乱模糊的环境下学会自主学习。2013 年，西蒙斯成为得克萨斯大学阿灵顿分校的教职员。现在，西蒙斯是阿萨巴斯卡大学技术促进知识研究院副院长。

西蒙斯的联通主义观认为知识不是蕴藏在人的大脑中的，而是分布在大脑中的网络结构。换句话说，知识并不是我们大脑中的一个组成部分，而是如同我们手机上的应用程序、电话簿里的联系人、浏览器中的网站。他指出，在网络时代，学习最重要的是要掌握知识的链接，学会如何学习。除此之外，他还关注学习分析在高校中的实施，认为测量、收集、分析和报告关于学习者及其学习情境的数据，能够为学习者提供个性化的学习方案。①

西蒙斯关于网络时代知识学习的网络节点的看法及学习分析对优化学习的作用，对教师教育进程的发展有着一定的促进作用。首先，网络时代也是知识大爆炸时代，教师应该学习快速找到知识的技能，教师教育中应该注重对学习者信息技能的培训，这是信息时代教师应该具备的基本能力。其次，教师对待课程知识的学习，应该注重知识点之间的关系连接，这有助于加深对知识的理解、理清知识点之间的逻辑关系。最后，为了提高教师的教学技能，还需培养教师的学习分析能力。

---

① 魏雪峰，宋灵青. 学习分析：更好地理解学生个性化学习过程——访谈学习分析研究专家 George Siemens 教授[J]. 中国电化教育，2013（9）：1-4.

33. 库尔特·勒温（☆）

库尔特·勒温（Kurt Lewin，1890—1947），德裔美国心理学家，格式塔心理学后期代表人，传播学奠基人之一。他首先将格式塔心理学运用于研究动机、人格及团体社会历程中，被誉为“社会心理学先驱”。

库尔特·勒温

勒温出生于普鲁士的莫吉尔诺（在今波兰），先后在弗雷堡大学和慕尼黑大学学习医学和生物学，后转入柏林大学，在卡尔·斯图姆夫的指导下攻读心理学，于1916年获哲学博士学位，1921年任柏林大学讲师，1927年任教授。在柏林大学期间，勒温与维特海默、苛勒和考夫卡等人一起从事格式塔心理学研究，但他的兴趣在个性、动机和社会心理方面。1933年，勒温因不堪纳粹暴政移居美国，先在斯坦福大学任访问教授，后在康奈尔大学任教两年，于1935年起任艾奥瓦州立大学儿童福利研究所的儿童心理学教授。1945年，勒温前往麻省理工学院主持群体动力研究中心（Research Center for Group Dynamics）的工作，并兼任加利福尼亚大学伯克利分校和哈佛大学的访问教授，直至1947年因心脏病发作逝世。

勒温将“场”“生活空间”“拓扑学”“向量”等概念引入格式塔心理学的框架结构内，并运用旨在预测个体动机行为的“场论”来解释心理现象，丰富和发展了格式塔理论。他注重心理活动，认为有机体的行为取决于行为发生时的心理环境，并提出诱发力和约束力等概念，促使人们考虑个体动机的种种来源。[①]这些意志和动机方面的研究弥补了格式塔心理学在情感和意志方面研究的不足。

在群体动力研究中心工作期间，勒温将格式塔心理学的理念扩大到社会情境中，进行了有关民主和专制的群体气氛的经典实验，开启了对群体动力学的研究，并以实验证明在民主领导作风下工作效果比在专制或放任作风下都要好。这对教

① 施良方. 学习论[M]. 北京：人民教育出版社，2001：165-166.

育、社会团体活动和行政管理的实践产生了深刻影响。值得一提的是，在研究群体动力学期间，勒温首创“行动研究”这一术语，并在其于1946年发表的文章《行动研究与少数民族问题》中对该术语进行了阐释。后来，行动研究方法被引入教育科学研究领域，对教师教育改革产生了深远影响。

勒温的主要代表著作有：《个性的动力理论》（*A Dynamic Theory of Personality*）、《拓扑心理学原理》（*Principles of Topological Psychology*）、《心理力量的概念表征和测量》（*The Conceptual Representation and the Measurement of Psychological Forces*）、《解决社会矛盾》（*Resolving Social Conflicts*）和《社会科学中的场论》（*Field Theory in Social Science*）等。

拓展资源

[1] BURNES B. Kurt Lewin and the planned approach to change: a re-appraisal[J]. Journal of Management Studies, 2004, 41（6）: 977-1002.

[2]〔英〕诺埃尔·希伊. 50位最伟大的心理学思想家[M]. 郭本禹，方红，译. 北京：人民邮电出版社，2012.

[3] MARROW A J. The Practical Theorist: The Life and Work of Kurt Lewin[M]. New York: Teachers College Press, 1977.

34. 劳伦斯·科尔伯格（☆☆）

劳伦斯·科尔伯格（Lawrence Kohlberg，1927—1987）是美国著名的教育家和心理学家、“道德认知发展阶段理论”的开创者。他于1927年出生于美国纽约的一个富商家庭，中学毕业后，遵从父亲意愿加盟了美国的一个商船队，在欧洲待了两年，目睹了法西斯的不公正和不道德行为，这对他之后的研究产生了重要影响。1948年，科尔伯格进入芝加哥大学继续读书，研究生期间曾跟随维特海默、罗杰斯等顶尖心理学家学习和研究，并阅读了皮亚杰的《儿童道德的判断》、鲍德温的《心理发展的社会与伦理的解释》等大量心理学著作，奠定了他心理学研究尤其是儿童道德发展研究的基础。毕业之后，他进入一家心理医院做了两年实习医生，并于1955年开始他的博士论文写作，关于道德发展问题的研究也真正开始。

科尔伯格选择芝加哥地区10—16岁的儿童作为研究对象，运用他所创造的“道德两难故事法”与他们进行有关道德判断的谈话，对收集的谈话材料进行归纳和处理，并撰写了他的博士论文《10～16岁时期思维与选择方式的发展》，构建了道德发展阶段理论的雏形。他的道德认知发展阶段理论分为“三水平、六阶段”，分别是：①前习俗水平，包括以惩罚和服从为定向的阶段、以工具性相对主义为定向的阶段；②习俗水平，包括以人际和谐一致为定向的阶段、以社会秩序与法则为定向的阶段；③后习俗水平，包括以社会契约和个人权利为定向的阶段、以普遍的伦理原则为定向的阶段。此后，科尔伯格将“道德认知发展阶段理论”应用于教育实践，开始从哲学上对其进行总结与反思，并说明了道德发展研究中心理学与哲学的关系，极大地促进了道德发展阶段的研究。

科尔伯格作为杰出的道德发展理论专家和道德教育专家，开创了道德发展研究的新阶段，建立了包括“三水平、六阶段”在内的较为完整的道德认知发展阶段理论体系，并在此基础上提出了道德教育说，论述了道德教育的目的、原则与方法，对学校道德教育的发展具有重要指导意义。对于教师来说，开展道德教育，不是将道德知识直接教给学生，而是要遵从儿童品德成长的发展过程，通过不断的诱导使其达到内心思想的不断发展。

拓展资源

[1] POWER F C, HIGGINS A, KOHLBERG L. Lawrence Kohlberg's Approach to Moral Education[M]. New York: Columbia University Press, 1991.

[2] KOHLBERG L. The Philosophy of Moral Development[M]. San Francisco: Harper & Row, 1981.

[3] KOHLBERG L. Stage and Sequence: The Cognitive-Developmental Approach to Socialization[M]. New York: Rand McNally, 1969.

[4] KOHLBERG L. A cognitive-developmental analysis of children's sex-role concepts and attitudes[A]//MACCOBY E E. The Development of Sex Differences[M]. Stanford: Stanford University Press, 1966.

35. 查尔斯・赖格卢特（☆☆）

查尔斯・赖格卢特

查尔斯・赖格卢特（Charles M. Reigeluth），当代美国著名教学理论家、教学设计专家，印第安纳大学教学系统技术系教授，其专业特长和研究兴趣主要包括教育系统变革、细化理论与任务分析理论、基于计算机的模拟、教材评估和教学策略研究等。

1969 年，赖格卢特以优异的成绩毕业于哈佛大学，获得经济学学士学位，后在中学担任三年科学课程教师。1977 年，获得杨百翰大学教学心理学博士学位。毕业后，在杨百翰大学进行为期一年的研究。随后在雪城大学教学设计、开发和评价中心任教十年。1988 年，赴印第安纳大学任教，并于 1990—1992 年担任教学系统技术系主任。1994 年，创办美国教育传播与技术协会教育系统变革分部，并出任首届主席。自 2001 年 1 月起，他一直致力于推进迪凯特乡之印第安纳波利斯大都会学区的系统变革工作。此外，他长期致力于开发有关教学方法的知识，帮助学校与社区掌握积极参与系统变革的方法，为企业、政府和高等教育机构等提供教学设计咨询服务，为国家和地方教育机构提供系统变革咨询服务。

在发展与推广教学设计理论方面，赖格卢特提出“细化理论”，并根据该理论中的简化条件分析方法，进一步提出“启发式任务分析”方法，以指导教育工作者和培训师确定启发式任务、教授启发性知识，为精细加工论指导教学设计提供了具体方法。[①]在教育系统变革方面，他开创了教育系统的新愿景，以期更好地满足 21 世纪信息社会下学习者的需求，又发展并简化了变革过程的指导方针，帮助教育利益相关者开展最适合其团体的变革。对其工作，赖格卢特如是总结：“我所开发的是关于教学方法的知识以及如何帮助学校和社区从事成功的变革的知识。”[②]

---

① 汪晓东. 继往开来：Charles M. Reigeluth 学术思想探析[J]. 现代教育技术，2009，19（4）：5-9.

② BURGOYNE H, NELSON L M. Distinguished service award: Dr. Charles M. Reigeluth[J]. TechTrends, 2002, 46（1）: 8.

赖格卢特著述颇丰，参与和承担多本专著中四十余章的撰写工作，发表论文百余篇。其中两本专著曾获美国教育传播与技术协会颁发的“年度杰出著作”奖，并有论文曾获全美绩效与教学协会颁发的“《绩效改进》季刊杰出论文奖”。其于1983 年出版的“绿皮书”——《教学设计理论和模型：现状综述》（*Instructional-Design Theories and Models: An Overview of Their Current Status*）是第一本教学设计理论集，引发人们对理论在教学设计领域的重要性的关注。《教学设计理论和模型：现状综述》的第二卷和第三卷已分别于 1999 年、2009 年出版。赖格卢特在教学设计领域的突出贡献已得到业界的广泛认可。他于 2001 年获得美国教育传播与技术协会颁发的“卓越服务”奖，于 2002 年获得杨百翰大学教育学院颁发的“荣誉校友”奖。

拓展资源

[1] REIGELUTH C M. Instructional-Design Theories and Models: An Overview of Their Current Status[M]. London: Routledge, 2013: 7.

[2] REIGELUTH C M. Instructional-Design Theories and Models: A New Paradigm of Instructional Theory[M]. Hove: Psychology Press, 1999.

[3]〔美〕查尔斯 · M. 赖格卢特，詹妮弗 · R. 卡诺普. 重塑学校：吹响破冰的号角[M]. 方向，译. 福州：福建教育出版社，2015.

36. 拉尔夫 · 泰勒（☆☆☆）

拉尔夫 · 泰勒（Ralph W. Tyler，1902—1994）于 1902 年生于芝加哥，是美国著名的教育家、课程理论及评价专家，现代课程理论的重要奠基者，被誉为“当代教育评价之父”和“现代课程理论之父”。1921 年获文学学士学位以后，曾在中学任教，之后去芝加哥大学读研究生，其间受业于查尔斯 · 贾德、乔治 · 康茨和查特斯门下，1927 年获哲学博士学位，之后在北卡罗来纳大学短期任教，不久赴俄亥俄州立大学查特斯教育研究部（Bureau of Educational Research）任副研究员，在这期间领导了著名的“八年研究”（The Eight-Year Study），1938 年受芝加哥大学校长哈钦斯聘请，出任该校教育系主任，退休后到斯坦福大学任行为科学高级研究中心名誉主任。

泰勒围绕学校应该达到哪些目标、提供哪些教育经验实现目标、如何组织这些经验以及怎样确定目标的实现情况四个问题对课程与教学的基本原理进行了深入探讨，并依次确定了课程编制的四个步骤：①确定目标。学校教学目标的确定要根据对学生和社会当代生活的研究，并结合学科专家的建议，运用教育哲学和学习理论两个筛子对所选择的教学目标进行筛选。②选择学习经验。选择有助于学习者信息获得、社会态度形成、兴趣和思维能力培养的学习经验，从而促进学习的产生和教育目标的达到。③组织学习经验。泰勒提出了学习经验组织的三项主要准则，即连续性、顺序性和整合性。④评价结果。通过问卷、观察、交谈、记录分析等方法确定课程与教学的实际目标达成程度。[①]泰勒将评价引入课程编制的过程中，指出了目标确定、课程内容安排、教学组织方式与结果评价之间的不可分割的关系，并确定了以目标为中心的“课程原理”和“评价原理”。

泰勒在课程理论与实践方面的研究对教师教学和专业发展都具有重要意义。首先，他所确定的确定目标、选择学习经验、组织学习经验和评价结果的课程编制过程为课程理论领域的研究奠定了基础，指导着人们的课程设计与研究。其次，泰勒在“八年研究”中成立的教师教育委员会，使教师与评价人员一起描述他们所要达到的目标，并组织暑期讲习班指导教师对学生给予正确评价，有效提高了教师的教学评价能力。

拓展资源

[1] TYLER R W. Basic Principles of Curriculum and Instruction[M]. Chicago: University of Chicago Press, 1949.

[2] SMITH E R, TYLER R W. Appraising and Recording Student Progress[M]. New York: Harper & Row, 1942.

37. 昆体良（☆☆）

昆体良（Marcus Fabius Quintilianus，约 35—95），古罗马杰出的教育家和演说家，生于西班牙，少年时随父亲到罗马求学，受过雄辩术教育，是古罗马时

① 〔美〕拉尔夫·泰勒. 课程与教学的基本原理[M]. 施良方，译. 北京：人民教育出版社，1994：17-27.

期教育思想和教育经验的集大成者。[①]他曾当过 10 年律师，公元 78 年在罗马帝国设立的雄辩讲座中担任讲座教师，从事教师工作直至公元 90 年左右退休。在担任教师的同时，昆体良还兼任律师，并将律师丰富的实践经验充实到教学内容中，实现了理论与实践的紧密结合。他在总结罗马教育实际的基础上编写了《雄辩术原理》一书，对古希腊、古罗马的教育思想和教育经验进行了总结，系统地论述了年青一代的教育问题，为欧洲人重新认识古罗马教育提供了重要线索。

昆体良在总结自己长期教学经验的基础上，对教学原则和方法等问题提出了独到见解。在他的《雄辩术原理》一书中具体阐述了包括分班教学和因材施教相结合、启发诱导和提问解答、学习与休息相间和变换课业相结合、反对体罚等方面的问题，这些思想在今天依然具有重要的现实意义。昆体良的教育思想可以概括为以下四个方面：①阶段教学，重视家庭教育和学校教育。在他看来，对雄辩家的培养要从咿呀学语开始，经过初露头角的雄辩家所必需的各个阶段的教育，一直到雄辩术的顶峰。[②]②启发诱导。他继承了苏格拉底“产婆术”启发式的教育思想，提出了“教是为了不教”的深刻见解，要求教师应该“善问”和“善答”。③因材施教。昆体良坚信，每一个儿童都具有才能上的差异，教师的教学应该顺应孩子的天性，使其个性和能力得到发展。④德育。在昆体良看来，德行是雄辩家的首要特点，应该把道德教育的培养置于教育工作的优先地位。

昆体良十分重视教师的作用，并对教师提出了很高的要求：教师应该是德才兼备的，既教学生学习基础知识和雄辩术，又教学生做人；教师对学生应该宽严相济，既要严肃又不冷酷，既要和蔼又不纵容；教师对学生的教育要有耐心，应该多鼓励，少斥责，反对体罚；教师要懂得教学的艺术，教学应该简明扼要，深入浅出；教师还要注意儿童之间在能力、资质、心性等方面的差异，因材施教。这一思想对我国全面深化教育体制改革和大力推进素质教育都产生了重要影响。我们既要正确认识教师职业，将他们视为人类文化的传播者、教学艺术的实践者和沟通社会发展与人类延续的桥梁，也要鼓励教师通过终身学习实现其职业技能的不断提升和专业发展。

---

① 刘庆昌. 对教学艺术的认识历程[J]. 教育科学研究，2008（2）：3-5，9.

② 季美. 试论昆体良的教学思想[D]. 北京：中央民族大学，2006：9.

拓展资源

[1]〔古罗马〕昆体良. 雄辩术原理[M]. 任钟印，译. 上海：华东师范大学出版社，1982.
[2] 王天一，夏之莲，朱美玉. 外国教育史（上册）[M]. 北京：北京师范大学出版社，1984.
[3]〔古罗马〕昆体良. 昆体良教育论著选[M]. 任钟印，选译. 北京：人民教育出版社，1989.
[4] 高宝萍. 昆体良教育思想之现实说[J]. 学术交流，2008（3）：187-189.
[5] 刘朝锋. 昆体良的教师素质观[J]. 河南科技学院学报，2010（1）：88-91.

38. 夸美纽斯（☆☆☆）

夸美纽斯（J. A. Comenius，1592—1670）是 17 世纪捷克著名的教育家。他不仅在教育实践方面有所建树，在教育理论方面也做出了巨大贡献。他提出了一套较为完善的教育理论体系，被后人作为近代西方教育理论发展的奠基石。

1592 年，夸美纽斯出生于一个普通家庭，12 岁时因双亲亡故沦落为孤儿，并因此中断了小学教育，但这并没有终结夸美纽斯的受教育之路。之后，一个名为“捷克兄弟会”的教派资助他完成了小学教育至高等教育的学习。1618 年，夸美纽斯回到曾经资助过他的“捷克兄弟会”担任拉丁语学校的校长一职，开始潜心研究教育问题，从此踏上了教育研究之路。1628 年由于战争的爆发，夸美纽斯被迫离开捷克来到波兰。在此期间，他依然怀揣着教育梦想，积极创办各类学校，并编写了一系列著作。1641 年，夸美纽斯基于民众对知识的迫切需求，开启了泛智教育之风。与此同时，他创办了泛智学校并编著了一系列泛智教育著作。之后，夸美纽斯定居于荷兰的阿姆斯特丹直至逝世。

夸美纽斯被誉为“教育史上的哥白尼”，其一生共有著作两百多种，最具代表性的有《大教学论》、《语学入门》、《母育学校》以及《世界图解》等。其中，1632 年问世的《大教学论》，阐述了教师应该如何将知识传授给学生的普适方法，被世人视为教育学成为一门独立学科的标志。1658 年出版的《世界图解》突破了旧出版物以单一文字呈现的方式，以图文结合的方式形成了西方教育史上第一部图文并茂的儿童启蒙书籍。

夸美纽斯对教育的发展做出了巨大的贡献，这些贡献在教育史中具有里程碑式的意义。他提出的“学年制”“班级授课制”以及一系列教学原则为之后的教育体制和教学方法开辟了一条光明的道路。这些教育体制和教学原则一直被沿用至今，成为教育史上经典的文化思想。

拓展资源

[1] KEATINGE M W. The Great Didactic of John Amos Comenius[M]. London: Adam and Charles Black, 1988.

[2] 任钟印. 夸美纽斯教育论著选[M]. 任宝祥，熊礼贵，鲍晓苏，等，译. 北京：人民教育出版社，1990.

39. 沃尔夫冈·苛勒（☆☆☆）

沃尔夫冈·苛勒（Wolfgang Köhler，1887—1967），1887 年 1 月 21 日生于爱沙尼亚雷维尔，曾在蒂宾根大学、波恩大学、柏林大学求学，并于 1909 年获柏林大学哲学博士学位，同年开始在法兰克福大学任教。在从事助教期间，他与考夫卡一起作为维特海默研究似动现象的被试与助手。此后三人继续合作，开创了“格式塔”这一西方心理学研究领域的新学派。

20 世纪上半叶，当行为主义泛滥于心理学领域时，苛勒应普鲁士科学院之邀对猩猩学习进行研究，企图建立一套与刺激-反应相对应的学习理论。睿智的眼光使其发现了与行为主义“操作强化”练习观相反的“意义生成”学习观。其精髓主要体现在其所著的《人猿的智慧》一书中。他以猩猩实验作为研究背景，以现象学为基础，以直觉思维为认识论，提出了与“试误说”相对应的学习原则——“顿悟”。顿悟主要指主体通过对问题情境的整体把握，确立目标和手段的完形关系①，它具有突然改变、获得成功、可迁移三个基本特征。顿悟作为一种新的学习方式不仅成为格式塔心理学“宣战”行为主义学派的骁勇先锋，也为认知学派引领心理学的潮流奠定了坚实的基础②。

苛勒提出的知觉组织原则对教学实践具有重要的指导意义。依据该原则，教

① 吴真真，邱江，张庆林. 顿悟的原型启发效应机制探索[J]. 心理发展与教育，2008，24（1）：31-35.

② 施良方. 学习论：学习心理学的理论与原理[M]. 北京：人民教育出版社，1994：141-175.

学者可以设计出高效的顿悟发生学习情境，学习者也能在解决问题过程中，依据先前知识、经验，结合系统的逻辑思维，进行知觉的合理组合，最终达到顿悟式的学习效果。

拓展资源

KÖHLER W. The Mentality of Apes[M]. New York: Liveright Publishing Corporation, 1976.

40. 考夫卡（☆☆）

考夫卡（K. Koffka，1886—1941），生于德国柏林，先后在爱丁堡大学、柏林大学接受教育，1909 年在德国获哲学博士学位。翌年，与维特海默、苛勒合作研究似动现象，研究成果奠定了格式塔心理学的基础。

作为“挑战”德国传统心理学（以冯特、铁钦纳等为代表的构造主义）与美国极端机能心理学（以华生等为代表的行为主义）的完形学派领军人物之一，考夫卡主张心理学应是一门采用整体的、能动的方法研究意识与行为的科学[①]。不同于实证主义采用的实验法与观察法，他强调利用现象学的研究方法对心理进行研究。在《格式塔心理学原理》（*Principles of Gestalt Psychology*）一书中，他提出的两个概念——“心物场”与“同型论”，为格式塔心理学的哲学奠基提供了可能（确立了介于无限客观世界与有限意识之间的心理研究极限边界——心物场）。心理场是知觉对象所认知、构建的“现实”，物理场指被观察者所感知的“客观世界”。为了进一步阐述“心物场”的辩证关系（“心物场”存在于观察者认知表征的不同表现形式），考夫卡提出了“同型论”的概念。它是指主体进行实践活动时，大脑中会形成一个反映客体的“脑场”，在其形成过程中，心理场在积极地建构、物理场在不断地映射，二者之间是一种交互发展的关系。

在课堂上，考夫卡是一位可能会让人略感乏味的呆板教学者；在学术领域中，他却是一位才华横溢、天马行空般多产的心理学家。作为格式塔理论的主要传播者，他于 1922 年在《心理学评论》杂志上发表的《知觉：格式塔理论导言》

① 库尔特·考夫卡. 格式塔心理学原理（上册）[M]. 黎炜，译. 杭州：浙江教育出版社，1997：21-31.

（*Perception: An Introduction to Gestalt*）使其成为第一个将完形理论引入美国的学者①。在教学实践活动中，他编写的《心的成长》（*The Growth of the Mind*）一书为格式塔理论在儿童心理学领域的应用提供了理论上的指导。

拓展资源

[1] KOFFKA K. Principles of Gestalt Psychology[M]. London: Lund Humphries, 1935.
[2] KOFFKA K. The Growth of the Mind: An Introduction to Child-Psychology[M]. London: Routledge Kegan Paul, 1946.

41. 卡尔·罗杰斯（☆☆）

卡尔·罗杰斯

卡尔·罗杰斯（Carl R. Rogers，1902—1987），美国著名的心理学家、人本主义心理学的创始人、心理治疗研究的创始人之一，1956 年获得美国心理学会颁发的杰出科学贡献奖。他出生于美国芝加哥的一个富裕的家庭，1919 年进入威斯康星大学学习农业，后转修宗教。大学毕业之后到纽约的联合神学院，其间曾到哥伦比亚大学旁听心理学课，之后到哥伦比亚大学师范学院攻读临床和教育心理学，毕业后受聘于罗切斯特市“防止虐待儿童协会”的“儿童研究室”，开始了治疗心理学研究的职业生涯，并于 1931 年取得了哥伦比亚大学哲学博士学位。②1939 年出版了《问题儿童的临床治疗》一书，不久被俄亥俄州立大学聘为教授，在那里进行教学、心理咨询和心理治疗工作，之后曾先后任纽约联合服务组织咨询服务中心主任、芝加哥大学心理学教授兼心理咨询中心主任、斯坦福大学行为科学高级研究中心研究员等职务。

在纽约神学院任职期间，罗杰斯受到学院自由开明管理及古德温·华生所讲授的“与青年人相处”这一课程的影响，开始对自己探索答案、自主探索来指导

① 施良方. 学习论：学习心理学的理论与原理[M]. 北京：人民教育出版社，1994：141-175.
② 郭本禹. 心理学经典人物及其理论[M]. 合肥：安徽人民出版社，2005.

自己的学习方式产生了兴趣，这对他后来的心理学研究产生了重要影响。[①]进入俄亥俄州立大学后，他担任教学、咨询、治疗等工作，对心理治疗进行了深入的实践研究。1940 年，罗杰斯应邀到明尼苏达大学作了一个题为“心理治疗中的若干新观点”的演讲，对传统心理治疗方法进行了批判，并阐述了他的新尝试和新思想。1942 年，罗杰斯出版了《咨询和心理治疗》一书，对他关于心理治疗的新观点进行了详细说明，并提出了“非指导性治疗理论”。在芝加哥大学任教之后，罗杰斯及其同事对心理治疗的效果进行了测量，成为第一个尝试对疗效进行量化的心理学家。后来，罗杰斯提出“以人为中心的疗法”，将他关于心理治疗的理论上升到了哲学层面，目前已经在宗教、医学、政治、教育、个人权利等领域得到了广泛应用。

罗杰斯主张个体自我实现的人本主义心理学在教育教学中产生了重要影响，他的“非指导性治疗理论”在教育中发展为“非指导性教学”原则，主张通过“非指导性”的方法促进学生潜能的开发以及个性与情感的发展，反对知识的硬性灌输。对教师教育来说，鼓励职前/在职教师通过自主、自发、自觉的学习来探索专业知识和专业技能，使他们在实践活动中实现自身教学技能的不断提高。同时，在“非指导性教学”的亲身体验下，促进职前/在职教师教育观念与角色的转变，以适应当前课程与教学改革背景下学生主体地位的新要求。

拓展资源

[1] KRAMER R. The birth of client-centered therapy Carl Rogers, Otto Rank, and“The Beyond”[J]. Journal of Humanistic Psychology, 1995, 35（4）: 54-110.

[2] Rieber R W. Encyclopedia of the History of Psychological Theories[M]. New York: Springer-Verlag, 2012.

[3] ROGERS C R. Client-Centered Therapy: Its Current Practice, Implications and Theory[M]. Boston: Houghton Mifflin Company, 1951.

① ROGERS C R. A Way of Being: The Latest Thinking on A Person-Centered Approach to Life[M]. Boston: Houghton Mifflin Company, 1980.

42. 杰罗姆·布鲁纳（☆☆☆）

杰罗姆·布鲁纳

杰罗姆·布鲁纳（Jerome Bruner，1915—2016）出生于美国纽约，1937年在杜克大学获文学学士学位并注册成为该校心理学研究生，第二年转到哈佛大学心理学系并于1941年获哈佛大学心理学博士学位。二战期间，曾先后在美国战争情报局和同盟远征军最高统帅部心理战部门工作。1945年战争结束后，布鲁纳回到哈佛大学任教，并于1960年和心理学家乔治·米勒共同创建了哈佛大学认知研究中心，他担任研究中心主任。除此之外，他还曾担任美国心理学会主席、美国社会问题心理研究会主席、美国教育研究院研究员、总统教育顾问等，并获得美国心理学会颁发的杰出科学贡献奖，是美国著名的认知心理学家、教育学家。在他60多年的学术研究生涯中，对教育学和心理学两个研究领域都做出了突出贡献。

布鲁纳的贡献主要体现在两个方面：①对认知心理学的研究。在哈佛大学工作期间，布鲁纳关注对人类感知的研究，并将人类知觉过程分为初步归类、搜寻线索、证实检索和结束证实四个步骤。20世纪50年代，他又从对知觉的研究转向对认知的一般过程的研究。1960年，布鲁纳在和米勒共同建立的哈佛大学认知研究中心里对人类获取、加工和存储信息的整个认知的一般过程进行了更加深入的研究。②“结构主义”课程理论的提出。布鲁纳在综合了1959年全美伍兹霍尔会议小组专题讨论意见的基础上出版了《教育过程》一书，强调了学科课程结构对学习者的重要作用，并指出应该从小就开始教各门学科的基本原理，以后随着学年的递升而呈螺旋式反复，逐渐提高。①

布鲁纳强调“发现学习”，认为学习者的心智发展与环境之间是相互作用的，教学就是要把知识转换成一种适应学生发展的形式，主张让学生在动手操作中学习知识，掌握学科的基本结构，教师教育也是如此。教师专业知识的掌握不是简单的知识传授过程，而是要鼓励他们通过自身的实践锻炼掌握系统化知识，形成

① 施良方 课程理论：课程的基础、原理与问题[M]. 北京：教育科学出版社，1996：118-119.

具有学科特色的知识结构，从而更好地应用系统化知识进行教学，进而促进其教学技能的提高。

拓展资源

[1]〔美〕布鲁纳. 教育过程[M]. 邵瑞珍，译. 北京：文化教育出版社，1982.
[2]〔美〕布鲁纳. 布鲁纳教育论著选[M]. 邵瑞珍，张渭城，等，译. 北京：人民教育出版社，1989.
[3]〔美〕布鲁纳. 布鲁纳教育文化观[M]. 宋文里，黄小鹏，译. 北京：首都师范大学出版社，2011.

43. 柏拉图（☆）

柏拉图（Plato，约公元前 427—公元前 347），原名亚里斯多克勒斯（Aristokles），自幼身体强壮，胸宽肩阔，故被称为柏拉图（Plaus 在古希腊语中意为“宽阔、平坦”）。柏拉图是古希腊伟大的哲学家，也是西方哲学乃至整个西方文化最伟大的思想家之一，与其老师苏格拉底、学生亚里士多德并称为“古希腊三大哲学家”。

柏拉图生于一个较为富贵的家庭，青年时师从苏格拉底，公元前 399 年，苏格拉底受审并被判死刑后，柏拉图开始游历四方，曾去意大利、西西里岛、埃及、昔兰尼等地寻求知识，约于公元前 387 年结束旅行返回雅典，并在雅典城外西北角创立了一所自己的学校——柏拉图学院，此后执教 40 年，直至逝世。柏拉图的著作大部分都是对话录，其中早期的有《申辩篇》《克力同篇》《卡尔米德篇》等，中期的有《欧绪德谟篇》《会饮篇》《理想国》等，晚期的有《智士篇》《政治家篇》《法律篇》等。

柏拉图是西方客观唯心主义的创始人，其哲学体系博大精深，教学思想颇具影响，他是西方教育史上第一个提出完整的学前教育思想，并建立了完整的教育体系的人。柏拉图建立的教学体系是金字塔形的，他主张阶段施教，即根据不同年龄段学生的心理特点，分别授予不同的教学科目。在学科教学上，柏拉图提出了“四科”（算术、几何、天文和音乐）教育理念，并认为每个学科都有其独特的功能，凡有所学，皆会促成性格的发展。在教学方法上，柏拉图继承了苏格拉底的启发式教学法，他反对硬性灌输的教学方式，倡导通过问答的形式，提出问题、揭露矛盾、启发思考、分析归纳、综合判断，进而得出结论。另外，在教学过程中柏拉图还提倡理性训练，强调“反思”，主张通过沉思以获得知识，并以发展学生的思维能力为最终目标。

拓展资源

[1] BALLA C. Socrates, Plato, and Aristotle on rhetoric[J]. Rhizai: A Journal for Ancient Philosophy and Science, 2004, 1（1）: 45-71.

[2] SHIM S H. A philosophical investigation of the role of teachers: a synthesis of Plato, Confucius, Buber, and Freire[J]. Teaching & Teacher Education, 2008, 24（3）: 515-535.

[3] REID H L. Sport and moral education in Plato’s republic[J]. Journal of the Philosophy of Sport, 2007, 34（2）:160-175.

44. 本杰明·布卢姆（☆☆☆）

本杰明·布卢姆（Benjamin S. Bloom，1913—1999），美国著名教育心理学家，出生于美国宾夕法尼亚州。1935 年 2 月和 6 月分别获得宾夕法尼亚州立大学文学学士学位和理学硕士学位，1942 年获芝加哥大学博士学位，并在该校任教，直至任教育学荣誉教授。1965—1966 年任美国教育研究协会主席，1967 年任测试问题邀请会主席，是国际教育成绩评价协会和国际课程协会的创始人之一。

布卢姆早期专注于考试、测量和评价方面的研究，20 世纪 70 年代后，从事学习理论方面的研究，其突出贡献是教育目标分类学和掌握学习理论。他将教育目标分为认知、情感、动作技能等三大目标领域，并按照由低到高、由简到繁的顺序将每个目标领域再细分为多个层次和水平。根据约翰·卡罗尔的学习模式，布卢姆进一步发展和完善了“掌握学习”的思想，提出了一整套适用于课堂教学的“掌握学习”教学理论和实施策略。因在教育研究领域的贡献突出，他于 1968 年获得了杜威奖，并于 1972 年获美国心理学会授予的桑代克奖。

布卢姆的主要代表作有：《教育目标分类学·第一分册：认知领域》（*Taxonomy of Educational Objectives, Handbook I: Cognitive Domain*）（1956 年）、《教育目标分

类学·第二分册：情感领域》（*Taxonomy of Educational Objectives, Handbook II: Affective Domain*）（1964 年）、《人的特征的稳定性与变化》（*Stability and Change in Human Characteristics*）（1964 年）、《学生学习的形成性评价与总结性评价手册》（*Handbook on Formative and Summative Evaluation of Student Learning*）（1971 年）、《为改善学习而评价》（*Evaluation to Improve Learning*）（1981 年）等。

拓展资源

[1] BLOOM B S, CARROLL J B. Mastery Learning: Theory and Practice[M]. New York: Holt, Rinehart and Winston, 1971.

[2] GUSKEY T R. Closing achievement gaps: revisiting Benjamin S. Bloom's "Learning for Mastery"[J]. Journal of Advanced Academics, 2007, 19（1）: 8-31.

[3] 施良方. 学习论[M]. 北京：人民教育出版社，2001.

45. 李·舒尔曼（☆☆☆）

李·舒尔曼（Lee S. Schulman，1930—）出生于美国芝加哥的一个犹太人家庭。之后获得了芝加哥大学入学奖学金，并进入了教育研究系，就读该校的哲学和心理学专业。在芝加哥大学学习期间，舒尔曼跟随本杰明·布卢姆、约瑟夫·施瓦布等进行专业学习，尤其受到施瓦布的结构主义课程观的影响，为他后来的教育研究奠定了基础。1963—1982 年，舒尔曼一直在密歇根州立大学担任教育心理学和医学专业教授。在密歇根州立大学教育学院任教期间，舒尔曼尝试突破院系的界限，和他医学院的同事亚瑟·埃尔斯坦一起研究，并且在那里创立教学研究所。1982 年，舒尔曼进入斯坦福大学教育学院任教，提出了"学科教学法知识"的概念并对此进行了深入的研究，这对后来的教学和教师教育产生了重要的影响。

舒尔曼曾担任过卡内基促进教学基金会的主席、美国教育研究协会主席，并获得了若干重要奖项，包括 1995 年获得的桑代克奖、2004 年获得的乔治·华盛顿大学校长勋章以及 2008 年的教师教育终身成就奖等，这些都显示了他在教育研究中的重要地位。

在舒尔曼所有成就当中最为著名的是"学科教学法知识"概念的提出。具体而言，他认为教师应当将学科内容知识转化和表征为具有教学意义的形式，从而适合于不同能力和背景的学生。教师的学科教学知识综合了学科知识、教学和背景的知识，最终成为教师特有的知识。

拓展资源

[1] SHULMAN L S. Those who understand: knowledge growth in teaching[J]. Educational Researcher, 1986, 15（2）: 4-14.

[2] SHULMAN L S. Knowledge and teaching: foundations of the new reform[J]. Harvard Educational Review, 1987, 57（1）: 1-23.

[3] SHULMAN L S. Paradigms and research programs in the study of teaching: a contemporary perspective[A]//Wittrock M C. Handbook of Research on Teaching[M]. New York: Macmillan, 1986: 3-36.

[4] SHULMAN L S. Case Methods in Teacher Education[M]. New York: Teachers College Press, 1992.

46. 约瑟夫·施瓦布（☆☆☆）

约瑟夫·施瓦布（Joseph J. Schwab，1909—1988）是美国著名的科学家、课程理论家和教育学家，曾参加过 20 世纪 50 年代末至 60 年代末的课程改革运动，与布鲁纳一起被誉为“结构主义”教育思想的代表人物。施瓦布早年主要从事生物学等领域的研究，获得过遗传学博士，并卓有成就。但真正让他蜚誉全球的是其作为一位教育家在科学教育、人文教育以及课程理论等方面的卓越建树。

作为芝加哥大学教育学和自然科学方面的教授，施瓦布积极参与大学科学教育和科学课程的设计与研究工作，针对传统的理论课程探究模式，提出实践课程理论。他注重学生的探究式学习与学科结构方面的学习，强调科学教育与博雅教育二者并重。

在施瓦布的科学教育思想中，最重要的就是对“科学探究”的理解。施瓦布主张“科学探究”的教学和学习方式，试图以“科学的结构”和“科学的结构是不断变化的”为前提，揭示探究过程的本质及其特征，并通过将各种现代科学的成果引入学校教学中，使学生把握科学的结构，体验作为探究的学习。这有力地推动了美国各级教育中以“科学探究”为核心的课程改革，最终促成了探究教学在美国学校教育中的主导地位的确立。

拓展资源

[1] SCHWAB J J. Science, Curriculum, and Liberal Education: Selected Essays[M]. Chicago: University of Chicago Press, 1982.

[2] 施良方. 课程理论：课程的基础、原理与问题[M]. 北京：教育科学出版社，1996.

第四部分　经典著作

1.《爱的教育》（☆☆）

《爱的教育》（原文 Cuore，译为“心”）是由意大利作家艾得蒙多·德·亚米契斯（Edemondo de Amicis）于 1886 年写的一部儿童小说。全书以日记的形式展开，以一个意大利小学四年级男孩安利柯的眼光，讲述了从四年级 10 月份开学的第一天到第二年 7 月份在校内外的所见、所闻和所感。全书共有 10 章，由 100 篇文章构成，包括发生在安利柯身边各式各样感人的小故事，还包括亲人为他写的许多劝诫性的、具有启发意义的文章，以及老师在课堂上宣读的 10 则感人肺腑的每月故事。每一篇文章都把“爱”表现得淋漓尽致，大至国家、社会、民族的大我之爱，小至父母、师长、朋友间的小我之爱，处处扣人心弦、感人肺腑。

《爱的教育》以孩子的口吻、笔触和眼光来写孩子的生活和思想，更贴近孩子的内心世界，也更能被孩子们接受，是为人父母、为人师长、为人子女者一生必读的教育经典。该书于 1923 年传至我国，在《东方杂志》上连载，一出版就受到教育界的欢迎。1924 年，《爱的教育》中文版经夏丏尊先生翻译，漫画家丰子恺先生作插图和封面，由上海开明书店出版。

小说的主人公安利柯出生在一个幸福和睦的家庭，他在学习上勤奋努力，在生活中诚挚而友善，观察生活细致又敏锐。小说真实地记录了安利柯在学校生活中与同学、老师相处的经历，以及孩子们在学习、成长、人际交往过程中的点点滴滴，表现出安利柯纯朴、仁厚、天真、善良、极富同情心和进取心的秉性。关于教育问题，小说中值得一提的是安利柯的父亲，他是一个充满爱心和耐心的长者，对教育的意义和目的有深刻的理解。父亲常常采取一种设身处地的教育方式，及时纠正安利柯错误的思想倾向，让他从日常生活点滴中体验到更多宝贵知识，是安利柯健康成长过程中不可或缺的重要角色。

以“真诚的心态，平等的概念”来对待你身边的每一个人，是该书的教育主旨。全书从儿童的视角出发，真实再现了孩子丰富而纯真的内心世界。《爱的教育》让孩子们读到了自己的生活，了解到如何为人处世，如何成为一个有勇气、充满活力、正直的人。爱是教育的灵魂，对教师而言，要热爱和尊重每个孩子，以平等的姿态去审视儿童的学习、成长，用爱去呵护和丰富孩子的精神世界。阅读该书，可以对教育产生更深层次的认识和理解——教育的终极目标乃是指向深沉而伟大的爱。

拓展资源

[1]〔意〕亚米契斯. 爱的教育[M]. 秦红芳，姜巍，编著. 北京：北京理工大学出版社，2009.
[2]〔意〕亚米契斯. 爱的教育[M]. 夏丏尊，译. 北京：中华书局，2012.

2. 《爱弥儿》（☆☆）

《爱弥儿》是由 18 世纪法国伟大的启蒙思想家、哲学家、文学家让–雅克·卢梭（Jean-Jacques Rousseau）于 1762 年写的一部有关教育题材的小说，它在很大程度上是一部关于人类天性的哲学著作。这部小说被卢梭自己评为他所有作品中最好、最重要的一部，同时也是西方第一部完整的教育哲学小说。

在《爱弥儿》中，卢梭通过讲述他对假想教育对象爱弥儿从出生到成人的教育历程，阐述了他的自然教育理论。卢梭的自然教育理论主要包括以下几方面：①教育应当顺应学生的天性，教师应当根据学生的理解开展教学活动，不应当教授超出学生理解范围的知识，以免学生不能理解；②主张学生在生活体验中学习，提倡学生在生活中而非书本中学习自然科学知识；③让学生接受生存教育，认为强健的体魄和娴熟的劳动技能是保障自身生存下去的基础，强调学生应当通过劳动生存下去而不是运用谋略压榨别人。①

《爱弥儿》主张人性本善，认为我们的灵魂深处生来就有一种正义感和道德感，并坚持人应当保持本真，而不应学习一些客套的说辞。固然，人应当保持本真、正义和善良的本性，教育应当注重实践，但这种教育观也存在一些缺陷。首先，在保持本真的教育中缺乏礼节的学习，而这些基本的礼节却是应该学习的，是维持人们良好交际的基本需要。其次，只注重实践体验而不注重揭示现象原因的教育是不完整的，教师应当适当地教授一些理论知识或揭示一些生活现象。最后，教授内容缺乏系统性，教师应当把零散的知识整理成一个完整的体系，这有助于学生对知识的理解和把握。

---

① 周志文. 卢梭自然教育理论及其对幼儿教育的启示——读《爱弥儿》有感[J]. 江苏教育学院学报（社会科学版），2004（5）：58-60.

《爱弥儿》作为一部倡导自然教育的哲学小说，对促进教师教育发展有着重要的启示。在教师教育进程中，首先应当根据教师的兴趣爱好和认知特点，顺应教师的天性，来传授与教育教学相关的知识技能。其次应当通过言传身教的方式，向教师教授良好的职业道德。除此之外，还应当适当开展一些生存技能的实践活动，以增强教师克服困难的能力。

拓展资源

[1] 周志文. 卢梭自然教育理论及其对幼儿教育的启示——读《爱弥儿》有感[J]. 江苏教育学院学报（社会科学版），2004（5）：58-60.

[2] 杨帆. 从《爱弥儿》探究卢梭的教育思想[J]. 内蒙古师范大学学报（教育科学版），2007（12）：18-20.

3. 《当代教师教育》（☆☆☆）

《当代教师教育》是经新闻出版总署批准，由教育部主管的陕西师范大学主办的教师教育理论研究类刊物，国际标准连续出版物编号（ISSN）为 1674-2087，出版周期为季刊。曾用刊名“陕西师范大学继续教育学报”“陕西师范大学成人教育学院学报”，其创刊时间最早可追溯到 1984 年，2008 年正式以“当代教师教育”为刊名。

据 2010 年中国人民大学人文社会科学学术成果评价研究中心和书报资料中心的报告，《当代教师教育》的全文转载率在统计的全国 226 种“教育学”学术期刊中名列第 24 位。[①]截至 2020 年 2 月，《当代教师教育》出版文献量为 2626 篇，总被引 10 799 次，平均每篇被引次数 4.11 次。总下载 661 801 次，平均每篇下载 252.02 次。《当代教师教育》紧紧围绕教师教育领域相关主题，立足西部地区、依托师范院校，成为教育研究领域尤其是教师教育研究领域具有一定影响力的期刊。[②]

《当代教师教育》包括“理论探索”“政策法规”“体制改革”“教师专业发展”

① 郭向宁. 提高新办学术期刊质量的有效途径——基于《当代教师教育》稿源状况分析[J]. 当代教师教育，2011（4）：88-91.

② 李伟，高文涛. 《当代教师教育》创刊十年来载文统计分析[J]. 当代教师教育，2019，12（2）：89-93.

“课程与教学”“学科教学”“教师教育课程教学”“高等教育课程教学”“基础教育课程教学”“基础教育研究”“学科建设”“师德师魂”“职后教育”“现代教育技术”“国际视野”“博士论坛”“调查研究”“一线报告”等栏目，反映了教师教育中的重要理论问题与热点问题的研究成果。据统计，“教师专业发展”“国际视野”“调查研究”三个栏目所刊载论文被下载频数及引用率最高。

《当代教师教育》坚持“启迪教育智慧，提升教学能力；引领专业发展，服务教学实践；反映学术前沿，催生教学创新”的办刊理念，努力为教师教育的改革与发展服务，为深化教师教育研究、促进教育改革和发展提供一个新的平台。

拓展资源

杨天平，王宪平. 国际教师教育改革发展的特征和趋势述要[J]. 当代教师教育，2009（1）：68-73.

4.《多媒体学习》（☆☆）

《多媒体学习》（*Multimedia Learning*）是理查德·梅耶（Richard E. Mayer）及其同事关于多媒体学习理论体系研究的重要理论成果之一，2001 年出版了第一版，主要包括多媒体学习的初步介绍、多媒体学习的认知理论及多媒体教学的设计理论等三个部分的内容，初步构建了多媒体学习的理论框架。在此之后，梅耶及其同事继续研究多媒体学习理论，并于 2004 年出版了《多媒体学习》的第二版。第二版从四个方面对第一版内容进行了补充和完善：①比较实验从第一版的 45 个增加到第二版的 93 个，提高了实验结果的可信度；②将多媒体教学设计原则从第一版的 7 个增加到第二版的 12 个，并进行了适当的修改；③除第一版中所关注的减少无关加工之外，还增加了对管理必要认知加工和促进生成认知加工的研究；④明确了每项原则适用的边界条件。

《多媒体学习》一书主要包含三部分内容：①多媒体学习的理论基础与概念内涵。梅耶从多媒体、多媒体信息、多媒体设计、多媒体学习及其结果等方面进行了阐述。②多媒体学习的认知理论。在双重通道、容量有限和主动加工三大假设的基础上，对多媒体学习的认知理论进行了详细阐述，包括感觉记忆、工作记忆、长时记忆等三大存储单元和选择语词、选择图像、组织语词、组织图像以及整合五个认知加工过程，促进了人们对多媒体学习认知过程的了解。③多媒体教学设计原则。主要包括多媒体原则、空间接近原则、时间接近原则、一致性原则、通道原则和冗余原则、信号原则、分段原则、前训原则、个性化原则、声音原则和图像原则，并指明了不同原则之间的关系及其各自适用的边界条件。

梅耶的《多媒体学习》一书对教师专业发展的作用主要体现在两个方面：①多媒体学习的认知理论通过三大记忆单元和五个认知加工过程，使教师更好地了解多媒体环境下学生信息加工的详细过程及影响学习者信息加工和知识掌握的因素；②在此基础上提出的多媒体教学设计原则及其边界条件为教师恰当选择、组织和安排多媒体教学材料提供了重要指导。《多媒体学习》作为梅耶多媒体学习理论体系的重要成果，其中的理论和原则不仅适用于基于书本的传统多媒体学习环境，也适用于基于计算机的数字化多媒体学习环境，为多媒体环境下教师教学设计能力的提高奠定了理论基础。

拓展资源

[1] MAYER R E. Multimedia Learning[M]. Cambridge: Cambridge University Press, 2001.

[2] MAYER R E. Multimedia Learning[M]. 2nd ed. Cambridge: Cambridge University Press, 2004.

[3] MAYER R E. The Cambridge Handbook of Multimedia Learning[M]. Cambridge: Cambridge University Press, 2005.

[4] CLARK R C, MAYER R E. E-learning and the Science of Instruction: Proven Guidelines for Consumers and Designers of Multimedia Learning[M]. New York: Wiley, 2011.

5. 《给教师的一百条建议》（☆☆）

《给教师的一百条建议》是苏联当代作家苏霍姆林斯基专门针对中小学教师而写的教育著作。其目的主要是解决中小学教学中存在的实际问题，进而改善教学质量。该书写于1965—1967年，最初采用连载形式发表，后收入《苏霍姆林斯基教育选集》第2卷。1981年，周蕖等人将其译成中文，由天津人民出版社出版。

苏霍姆林斯基以自己30多年的教育实践和教育理论研究为创作依据，在书中以“建议”的形式，与教师进行经验交流，其内容涉及教育教学工作的组织、内容、形式、方法和方式，同时还涉及学生的自我教育、共产主义思想的形成、公民义务感的培养等问题。[①]全书分为上下两篇，前 50 条建议为上篇，主要围绕教师如何对学生进行智育这一问题来提出建议，同时也涉及了教育、教师、儿童等基本问题；后 50 条建议为下篇，主要就如何调整六种教育力量以保证学生的全面和谐发展展开讨论。

苏霍姆林斯基指出，教育是为了促进人的全面发展和科学技术的进步，因此在教育教学过程中要建立相应的智育体系，这种智育体系不仅充分反映时代对人全面发展的要求，而且要纳入德育，以形成德、智、体、美、劳全面发展的教育体系。[②]教育的首要任务是智育，教学是智育的重要手段。苏霍姆林斯基认为，对教育产生影响的力量有很多，其中比较重要的六种是家庭、教师、集体、学生、书籍和小伙伴，只有将这六种力量在最优情境下进行融合，才能保证学生实现全面和谐发展。

《给教师的一百条建议》一经出版，便在苏联引起了巨大的教育改革浪潮，在一定程度上推动了社会主义教育事业的发展。[③]作为社会主义教育体系探索成果的重要组成部分，苏霍姆林斯基提出的建议和主张，切实解决了中小学教学中存在的一系列问题，至今都对我国教育工作者具有较强的实用价值和指导意义。

拓展资源

〔苏〕苏霍姆林斯基. 给教师的一百条建议[M]. 周蕖，王义高，刘启娴，等，译. 天津：天津人民出版社，1981.

6. 《教师教育课程标准（试行）》（☆☆☆）

2011 年 10 月，教育部颁布了《教师教育课程标准（试行）》，这是贯彻落实教育规划纲要，推进教师教育课程改革的纲领性文件，旨在确立能够体现时代特征、适应我国基础教育发展的现代教师教育课程体系。

① 郝经春. 教师必读的外国教育名著导读[M]. 长春：吉林大学出版社，2007：163-166.
② 任浩之. 中外名著全知道[M]. 北京：当代世界出版社，2009：381.
③ 任浩之. 中外名著全知道[M]. 北京：当代世界出版社，2009：382.

教师教育课程广义上包括教师教育机构为培养或培训幼儿园、小学和中学教师所开设的公共基础课程、学科专业课程和教育类课程,《教师教育课程标准（试行）》统一将这三类课程称为教育类课程。《教师教育课程标准（试行）》体现了国家对教师教育机构设置教师教育课程的基本要求，是制定教师教育课程方案、开发教师教育教材与课程资源、开展教学与评价，以及认定教师资格的重要依据。①

《教师教育课程标准（试行）》包括基本理念、教师教育课程目标与课程设置、实施建议三部分。其中，基本理念主要包括育人为本、实践取向、终身学习；课程目标主要表现为三个维度：教育信念与责任、教育知识与能力、教育实践与体验。《教师教育课程标准（试行）》正是在秉承三大基本理念，围绕三个维度的前提条件下，从幼儿园、小学、中学三个层次，分别提出了各自的教师教育课程目标，并确立了与目标相对应的课程结构。需要注意的是,《教师教育课程标准（试行）》只对教师教育课程的目标、课程设置框架、学分框架做出了规定，但对开设什么课程、多少门课程没有明确规定，而这些具体、细节的问题，如具体课程名称、课时安排等，由教师教育机构自主负责。此外，由于职前教师教育和在职教师教育是不可分割的整体，因此,《教师教育课程标准（试行）》在课程目标和课程设置上，也对职前培养和在职培训分别提出了不同的要求。

《教师教育课程标准（试行）》对规范教师教育课程、提升教师教育质量、促进教师专业发展都有极大的意义和价值，特别是对正处于教师转型时期的当今，它的出台尤为重要。

7.《教师教育研究》（☆☆☆）

《教师教育研究》曾用名“高等师范教育研究”，它是经新闻出版总署批准，由国家教育部主管，北京师范大学、华东师范大学、教育部高等学校师资培训交流北京中心联合主办的全国性教育科学学术 G4 类国家级教育期刊，于 1989 年创刊，每年出版 6 期，国际标准期刊编号为 1672-5905，由我国著名教育家顾明远先生任主编。《教师教育研究》全方位地研究探讨教师教育领域的理论与实践问题，

① 中华人民共和国教育部. 教育部关于大力推进教师教育课程改革的意见[EB/OL]. http://old.moe.gov.cn//publicfiles/business/htmlfiles/moe/s6342/201110/xxgk_125722.html[2015-10-11].

汇集了该领域研究的核心与焦点话题，具有较为典型的代表性。

《教师教育研究》包括“继续教育与职业发展”“学科教育”“课程标准与教材建设”“教学改革与探索”“队伍建设”“管理与评价”“教改实验”“教师与学生”“教育心理”“教育基本理论”“政策法规”“教育历史”“国外教师教育”13个栏目，涉及教师教育模式、教师职前培养、教师职后培训、教师入职指导、教师专业发展、教师教育改革、教师教育思想、教师心理、师生关系、教师专业发展学校、教师教育评价、教师知识、教师角色身份、教育实习、教师文化、教师教育课程、教师信念、教师伦理道德、教师合作、教师生存、教师教学与反思、教师制度法律等广泛且细微的研究主题。①它适合于从事教师教育的教学、研究和管理工作者，适合于关注自身发展提高的各级各类教师，也适合有志于教师职业的专科生、本科生、研究生及社会其他人士。

《教师教育研究》为“全国中文核心期刊”、“全国教育类核心期刊”、“中国人文社会科学核心期刊”及“CSSCI（Chinese Social Science Citation Index）来源期刊”。《教师教育研究》对我国教师教育领域所产生的贡献是不可忽视的，它内蕴着很强的实践性特征，促进并引领着教师专业水平的提升，让广大教师队伍在教育理论与实践中得到发展与改进。

拓展资源

顾明远. 我国教师教育改革的反思[J]. 教师教育研究，2006（6）：3-6.

8.《教师教育杂志》（☆☆☆）

美国《教师教育杂志》（*Journal of Teacher Education*，JTE），是美国教师教育院校协会（American Association of Colleges for Teacher Education，AACTE）公开出版的学术刊物，于1950年创刊，每年出版5期。它是教师教育的首个同行评议期刊，为教师教育领域内的理论、实践和政策等研究提供了一个重要的交流平台。该杂志由SAGE出版社出版，国际标准期刊编号为0022-4871，期刊引用报告（journal citation

① 毛菊. 教师教育十年研究：分析与展望——以《教师教育研究》杂志为例[J]. 继续教育研究，2013（5）：59-61.

reports，JCR）显示，其 2010 年的影响因子（impact factor）为 1.891，在教育与教育研究类的 184 种期刊中排名第 18 位，2012 年的影响因子为 1.627，在教育与教育研究类的 216 种期刊中排名第 21 位。

《教师教育杂志》为广大教育研究人员提供了一个交流、学习的优质平台，其刊载的内容包括主题性论文、书评以及简讯等。它主要研究美国教师教育的重要实践、政策和理论等，并对该领域内的一些热点问题和最新发现进行评论，如新的教师教育标准、教师教育成果评估、为满足不同种族人群的需求培养合适的教师、全球化社会的教师教育、教师教育研究基础、教师问责制和认证问题、文科教师与理科教师的合作、发展多样化的教学人力资源和教师队伍、校本教师教育与合作型教师教育、教师教育的可替换途径、对教师与学生的高风险测试、21 世纪学校教育的领导力、在校人口的变化、教师信念、教师职业道德教育等。

《教师教育杂志》为美国社会科学引文索引（Social Science Citation Index，SSCI）收录期刊之一，不但在美国教师教育研究领域具有重要的影响力和权威性，在国际教育类学术期刊中也处于重要地位。《教师教育杂志》在教师教育领域所具有的这种号召力、关注度和可信度一方面来源于文章撰写者的专业水平，另一方面来源于其主题的广泛覆盖性，并反映着教师教育界的国际潮流和最新动向。

9.《教育过程》（☆☆）

20 世纪 50 年代后半期，尤其是 1957 年苏联人造卫星发射成功对美国政府和教育部门刺激很大。1959 年美国国家科学院在伍兹霍尔召开会议讨论改革中小学数学和科学教育，以培养大批科技人才，《教育过程》（*The Process of Education*）一书就是杰罗姆·布鲁纳（Jerome Bruner）在总结“伍兹霍尔会议”的基础上撰写的。该书在课程设计思想上强调学生学习各学科的“基本结构”，即各种基本概念、原理及其它们之间的规律和联系，这既不同于经验主义的课程设计论，也不同于以学科为中心的分科课程论，是布鲁纳“结构主义课程观”的重要体现，被称为“圣哲罗姆的赞美诗”。[①]

① LAGEMANN E C. An Elusive Science: The Troubling History of Education Research[M]. Chicago: University of Chicago Press, 2002: 172.

《教育过程》一书主要包括四个方面的内容：①结构的重要性。任何一门学科的教学，其主要目的都是使学生掌握该学科的基本结构，从而更好地促进他们的问题解决和知识迁移。②学习的准备。任何学科的基本原理都可以用某种形式教给任何年龄阶段的任何人，教学过程中要注意教学内容和方法的恰当选择。③直觉思维和分析思维。过去的教学中只注重学生分析思维能力的培养，缺乏对发展学生直觉思维能力的重视，而这恰恰是发现、发明和问题解决中非常重要的能力。④学习的动机。不宜采取过分重视奖励、惩罚之类的外部刺激，而是要尽量激发学习者的内部学习动机，使他们对所学内容本身产生兴趣。

《教育过程》把布鲁纳推向了课程改革运动的中心，有效促进了“结构主义”思想的传播，同时也为教师发展提出了新的要求。一方面，教师不仅仅是知识的传播者，更应该在表现出自身直觉能力的同时鼓励学生的直觉能力；另一方面，教师应该恰当选择教学方法和教学内容，促进学习者对学科结构的掌握，进而实现问题解决和知识迁移。

拓展资源

[1]〔美〕布鲁纳. 布鲁纳教育论著选[M]. 邵瑞珍，张渭城，等，译. 北京：人民教育出版社，1989.
[2]〔美〕布鲁纳. 布鲁纳教育文化观[M]. 宋文里，黄小鹏，译. 北京：首都师范大学出版社，2011.

10. 《教育漫话》（☆☆）

《教育漫话》是约翰·洛克（John Locke）的教育代表作，原为洛克与其友人爱德华·克拉克讨论教育问题的通信，为了给英国上流社会家庭培养青年绅士提供指导和帮助，洛克把书信加以整理，于 1693 年公开发表。《教育漫话》作为一本通俗易懂、饱含哲理的教育名著，被誉为标志西方哲学、社会和教育思想的主要转折点和 17 世纪学校教育的大宪章。[①]

在《教育漫话》中，洛克具体而全面地阐述了自己对于教育的认识和理解。全书围绕“绅士教育”展开论述，洛克主张教育目标应该指向培养绅士，即培养身体健康、品德高尚、知识广博、精明能干、有创业精神的资产阶级事业家。绅

---

① 郝经春. 教师必读的外国教育名著导读[M]. 长春：吉林大学出版社，2007.

士教育思想的产生具有一定的时代意义，是西方教育史的一大进步。此外，书中还涵盖了教育的目的和作用、教育方法、教师问题等方面的内容。《教育漫话》共 217 节，其中第 1 节至第 3 节主要讨论教育的作用。第 4 节至第 30 节讨论身体保健，洛克认为，健康教育是一切教育的基础，他根据自己的医学基础提出十条儿童保健的具体建议。第 31 节至第 146 节论述道德教育，洛克指出，德行的培养至关重要，家长与教师应以身作则，树立榜样。第 147 节至第 216 节讨论知识与技能教育，洛克坚决主张，智育的目的不仅仅在于传授知识，更重要的是发展儿童各方面的能力，而且智育必须同实用性相结合。第 217 节为结论，指出教育的培养对象。

《教育漫话》出版不久便风靡英国，随后被译为法、德、荷兰、瑞典、意大利等多种语言，其理论学说也很快得到传播和发展。《教育漫话》的英文原版著作为 *Some Thoughts Concerning Education*，其中译本最早是由傅任敢所译，由商务印书馆于 1937 年出版。之后，傅任敢又对其进行仔细推敲修改，最终定稿，于 1999 年由教育科学出版社出版。[①]目前，国内还有徐大建、徐诚、杨汉麟等学者翻译的版本。

《教育漫话》作为近代教育史上的重要著作，在教师教育领域也具有相当大的借鉴价值与现实意义，其蕴含的教育思想理论一定程度上为教师的发展指明了方向。然而，教育随着社会的发展也在不断地更新演变，唯有以辩证的态度来审视前人的观点和贡献，才能保证不同时代背景下教育发展的不断向前。

拓展资源

[1]〔英〕约翰·洛克. 教育漫话[M]. 杨汉麟，译. 北京：人民教育出版社，2006.
[2]〔英〕约翰·洛克. 教育漫话[M]. 傅任敢，译. 北京：教育科学出版社，1999.

11.《学习的条件》（☆☆）

《学习的条件》（*The Conditions of Learning*）是罗伯特·加涅（Robert M. Gagné）的主要著作之一，自 1965 年第一版出版至今已经出版了四版（分别在 1965

① 李廷军. 约翰·洛克的《教育漫话》及其教育思想[J]. 安阳师范学院学报，2008（3）：120-123.

年、1970 年、1977 年和 1985 年出版），并在 1985 年第四版中改名为《学习的条件和教学论》（*The Conditions of Learning and Theory of Instruction*）。第一版中提出了由低级到高级的八类学习：信号学习、刺激–反应学习、连锁学习、言语联想、辨别学习、概念学习、规则学习和问题解决。在之后的修订版中，他又将上述八类学习结果中的前四种统称为联想学习，并在此基础上提出了五种学习的结果，即言语信息、智慧技能、认知策略、动作技能和态度。1985 年的第四版（《学习的条件和教学论》）在前三版对学习论的研究基础上又提出了一个新的方向——教学论，促进了两者在教学实践中的有机结合。

在《学习的条件》一书中，加涅试图对影响人类学习的条件进行描述，并将其分为两个主题进行分析：①学习结果的多样化。学习会导致一些持续保持的素质——学习结果，加涅提出的五种学习结果具有不同的组织和特性，为了获得所需的结果需要建立相应的条件。②学习活动的分析与教学过程的安排。加涅从说明学习与记忆的信息加工模式开始描述学习活动，并将其作为形成学习条件概念的基础。在分析和设计学习活动的基础上，对其进行细致的组织与安排，形成了教学。

加涅在《学习的条件》中所提出的观点对教师的教学实践和专业发展都产生了重要影响。首先，加涅关于学习结果的分类实际上包含了认知、情感和动作技能三个领域，是目前教师设定教学目标、进行教学设计的重要依据；其次，加涅从任务描述、学习分析和外部学习条件的派生等方面“对学习要求分析”进行了论述，为教师更好地分析教学内容、教学材料和学习者需求之间的关系，从而更好地安排教学提供了指导；最后，加涅的“九段教学法”为教师设计教学内容和安排教学过程提供了理论支撑。

拓展资源

[1] GAGNÉ R M. The Conditions of Learning[M]. New York: Holt, Rinehart and Winston, 1965.

[2] GAGNÉ R M. The Conditions of Learning and Theory of Instruction[M]. New York: Holt, Rinehart and Winston, 1985.

[3]〔美〕罗伯特·加涅. 学习的条件[M]. 傅统先，陆有铨，译. 北京：人民教育出版社，1985.

[4]〔美〕罗伯特·加涅. 学习的条件和教学论[M]. 皮连生，王映学，郑葳，等，译. 上海：华东师范大学出版社，1999.

12.《学习论：学习心理学的理论与原理》（☆☆）

《学习论：学习心理学的理论与原理》一书是由我国著名的课程论、教学论、学习论专家施良方教授所著，由人民教育出版社于 1994 年出版。该书是研究学习理论的一部学术专著，从科学的高度对“学习”的机制做出了系统的科学分析和论证。该书旨在通过对世界各派的学习理论和实验成果进行系统介绍和评价，全面深入地探讨学习的规律。

该书的表述采用历史探究法，它沿着科学工作者探索学习规律的足迹展开，全书分为五个部分。第一部分阐述刺激–反应学习理论，包括桑代克的试误学习理论、巴甫洛夫的条件作用理论和华生的行为主义学习理论等；第二部分探讨认知学习理论，如皮亚杰的建构主义学习理论、奥苏贝尔的认知同化学习理论、布鲁纳的认知结构学习理论等；第三部分探讨了认知–行为的折中主义学习理论，介绍了托尔曼的信号学习的实验与理论、加涅的累计学习理论、布卢姆的掌握学习理论、班杜拉的社会学习理论；第四部分探讨和分析了人本主义的学习理论，它强调了学习过程中的非认知因素，如情感的因素、人的价值观、人的个性等对学习的影响；第五部分讲述的是学习的原理和策略①。

该书通过以上述评，引导读者探究了有关学习的一系列重要课题：学习领域如何界定？什么是学习、学习律和学习的条件？在学习中需要研究的是哪些方面？学习中的自变量和因变量是哪些？如何分析并加以控制？对于现行的通过经验总结得出来的学习法则是如何进一步上升到理论上来，并最终解决“学习”究竟是怎样发生的问题？为何有的学习有效有的学习无效？决定性的因素有哪些？如何提供选择的“最佳学习模式”和“学习策略”？如何掌握检验学习效果的有效手段？还有研究学习的方法、技术手段、术语使用的规范化等问题。

该书结构严谨、资料丰富、图文并茂、行文流畅，是广大教育工作者和教师学习的优良读物。仔细研读该书，有助于教师深入地了解学习的原理，弄明白学

① 施良方. 学习论：学习心理学的理论与原理[M]. 北京：人民教育出版社，1994：22-25.

生怎样学习更有效，从而更好地开展教学工作。

13.《课程理论：课程的基础、原理与问题》（☆☆）

《课程理论：课程的基础、原理与问题》一书是由我国著名的课程论、教学论、学习论专家施良方教授所著，由教育科学出版社于 1996 年出版。该书是我国第一部提供了课程理论分析框架的经典之作，同时也是深化与发展我国课程教学领域研究的一个重要的标志。

该书分为五个部分：首先是绪论部分，通过对几种重要的课程定义进行剖析，使读者对课程理论探讨的基本对象有所了解，以帮助读者形成或澄清自己的课程定义。第一编“课程的基础”分为三章，分别对课程的三个基础学科——心理学、社会学和哲学，从历史的考察、现状的分析和理论的探讨这几个方面作出了阐述；第二编“课程编制的原理”分为四章，分别探讨了课程目标、课程内容、课程实施和课程评价，从而使读者对整个课程编制过程有一个比较完整的了解；第三编“课程探究的形式”分为三章，实际上是对第二编各章所代表的传统课程编制模式的一种挑战，读者通过阅读这一编，可以比较全面地把握课程理论研究的动向；第四编“课程理论与研究”分为三章，分别论述了课程理论的构建工作、实践中的一些基本问题，以及未来发展的趋势[①]。

我国教育界对课程问题的研究有着相当长的历史和相当广泛的经验，但对课程理论体系的构建则刚刚起步，该书试图在这方面做番尝试。通过对课程的心理学、社会学和哲学基础的探讨，对课程目标、课程内容、课程实施、课程评价等整个编制过程的分析与反思，对课程理论体系和研究范式的思索，对课程一些基本问题的探讨，对课程的历史、现状的剖析以及对未来课程的展望，从而确立起一个比较完整的课程理论的框架。

该书结构严谨，资料丰富，图文并茂，行文流畅，是广大教育工作者和教师学习的优良读物，深入研读该书，掌握课程理论，可以给进行课程开发、课程实

① 施良方. 课程理论：课程的基础、原理与问题[M]. 北京：教育科学出版社，1996.

施和课程评价的教育工作者以指导，可以对一些课程现象和课程问题予以解释、描述、预见和推测。

拓展资源

NORRIS J, SAWYER R D, WIEBE S. Teaching through duoethnography in teacher education and graduate curriculum theory courses[A]//NORRIS J, SAWYER R D. Theorizing Curriculum Studies, Teacher Education, and Research through Duoethnographic Pedagogy[M]. New York: Palgrave Macmillan, 2017.

14. 《学记》（☆☆）

《学记》被认为是“中国古代最早的一篇专门论述教育、教学问题的论著”，比捷克教育家夸美纽斯的《大教学论》早 1800 多年。《学记》是《礼记》中的一篇，写于战国时期（约为公元前 4—公元前 3 世纪），是我国先秦时期教育教学思想与实践的总结与概括。据郭沫若考证，其作者很可能是孟子的学生乐正克，全文共 20 节，1229 个字，言简意赅，喻辞生动。《学记》中包含着非常丰富的教育教学思想，全面而系统地对教育作用、教育目的、教学制度、教学原则、教学方法、教学管理、教师地位、师生关系等进行了论述。

《学记》也是一部有关教师教育的经典著作，开篇便提出教学乃“化民成俗”“建国君民”之根本，并把尊重教师、重视教育视为“务本”，赋予了教师以崇高的地位。《学记》从教师的社会地位、教师的职业素养以及教师培养等方面阐述了如何引领教师专业发展的相关问题，如：它提出教师教育应该从“教”和“学”两个方面着手，实现“教学相长”；主张课内学习与课外实践相结合；提出“长善救失”“藏息相辅”的教学原则，强调激发学生的内在学习动机和因材施教；重视教学的循序渐进及启发式教学，倡导智德并重的考核制度等。

《学记》的教育教学思想，深刻地揭示了教育教学的一般规律，两千多年来仍熠熠闪光、光耀教坛。《学记》不仅具有不朽的历史价值，是研究我国古代教育教学思想的宝贵资料，更有着积极深远的现实意义和参考价值。

拓展资源

[1] 孙培青. 中国教育史[M]. 2 版. 上海：华东师范大学出版社，2000.

[2] 柯艺扬，柯晓露. 论《学记》教育思想的现实意义[J]. 教育探索，2008（10）：6-7.

第五部分 组织机构

1. 中央电化教育馆（☆）

中央电化教育馆（National Center for Educational Technology，NCET）是中国教育部直属的具有独立法人资格的教育技术事业单位。中央电化教育馆于 1978 年经邓小平等党和国家领导人同意、国务院批准正式成立，为教育部直属的事业单位。2004 年，教育部成立基础教育资源中心，该资源中心与中央电化教育馆合署办公，同时教育部对中央电化教育馆的职责给出明确界定。

中央电化教育馆的职责主要包括以下五个方面的内容：①开发多种媒体教材，重点是配套中小学教学的电子影像教材，同时建立教学信息资源库，积极开展以媒体教材为中心的研究、交流与服务工作；②承担多项国内外中小学现代远程项目的具体实施工作，为中小学远程教育网络建设提供服务；③组织开展学校教育技术、信息技术的理论与应用研究，同时积极开展研究成果的开发、转化与推广工作；④开展教育技术培训工作，承担全国中小学教师教育技术能力建设计划项目实施办公室等组织的日常管理工作；⑤主办多项国家级教育类核心期刊，其中《中国电化教育》入选中文社会科学引文索引（Chinese Social Sciences Citation Index，CSSCI）的重要检索源期刊。

中央电化教育馆始终将教育资源建设作为工作的重心，同时出版发行大量多媒体教材和教学节目。20 世纪 90 年代后期以来，它开始加强基于卫星宽带多媒体传输平台和计算机网络的资源建设和推广应用。中央电化教育馆以教育技术为主要内容，开展了多项教师教育培训项目，如“明天女教师培训”“中国西部基础教育能力建设”等，累计培训 10 万余人次，这些项目极大地促进了各级电教馆馆长、专业人员及中小学教师的教育技术理论与应用水平的提高，为教育技术的理论发展与实践探索做出了贡献。

中央与各级电化教育馆为教育技术的发展提供了平台，更是教师探寻优质教学资源、提高自身专业水平的一个途径，教师应该了解电化教育馆的职责，充分运用国家提供的各项资源与技术支持。一方面，教师在教学过程中，应当合理地选用中央电化教育馆提供的多媒体学习资源，尤其是农村偏远地区的教师更应该有这种前瞻性与韧性；另一方面，教师应该积极参与中央电化教育馆的各项培训工作，用最新的教育理念武装自己的头脑，提高自己的信息技术使用能力，教师还应该关注核心教育期刊，学习主流技术与理论，同时积极开展校本研究，巩固和强化自己的专业水平。

2. 英国教育研究协会（☆☆）

英国教育研究协会（British Educational Research Association，BERA）是一个致力于支持教育研究人员并推广优质教育研究成果的组织，由一个理事会和若干委员会组成。自 1974 年成立以来，BERA 在其成员的共同努力之下不断壮大成长，逐渐发展成一个国际知名的研究联盟。

BERA 力图实现三个目标，即加强教育研究及其应用，发展公众的知识和批判性思维，以及运用研究发现改进教育政策和教育实践。该协会鼓励教育研究和学问的多样性，接纳来自不同学科背景、理论立场、行业部门和研究机构的成员，并主张与英国内外其他协会建立联系，以丰富其研究成果。为在学术领域营造研究文化，鼓励广大教育研究人员开展研究工作，BERA 采取定期举行会议、分发资料、发布最新研究成果、创设年度奖励计划等多项措施为研究人员提供学术讨论平台，帮助教育研究人员向社会贡献其研究成果。

BERA 拥有大量优秀出版物，如《英国教育研究杂志》（*British Educational Research Journal*，BERJ）、《教育评论》（*Review of Education*）、《英国教育技术杂志》（*British Journal of Educational Technology*，BJET）、《课程杂志》（*The Curriculum Journal*）、《研究指南》（*Research Guidelines*）等。其内容涵盖实验和调查报告、有关概念与方法论议题和教育研究基本假设的讨论以及关于研究进展的记录和评论等。除此之外，BERA 还提供了一批适用于新晋研究人员的研究方法的教材和网络资源，以及一系列由实践者和政策制定者撰写的不定期出版物，这对未来教育研究能力的建设至关重要。

另外，BERA 也通过网络组织，如“研究生论坛”（Postgraduate Forum），来扩大其在英国乃至世界的号召力。尤其值得一提的是特别兴趣小组（Special Interest Groups，SIGs），它将教育领域内持有相同兴趣或研究方法的个体汇集到一起，共同研究某一特定的教育问题。每一个特别兴趣小组都代表了某个群体关注的特定研究问题，其研究活动横跨英国，人们可以通过参加特别兴趣小组的会议或虚拟社区加入其中。

3. 美国教育研究协会（☆☆）

美国教育研究协会（American Educational Research Association，AERA）成立于1916年，是目前美国在教育研究方面最具声望、历史最悠久的教育专业组织之一，肩负着以教育研究结果的推广与实践应用来改善教育过程的使命。其每年举办一次的AERA年会是美国乃至全球最高水平的教育界盛会之一。

AERA会员构成多样，包括教育研究领域的教员、研究员、研究生和其他具有丰富多样的专业知识的杰出专业人士，他们专业背景广泛（主修学科涉及教育学、心理学、统计学、社会学、历史学、经济学、哲学、人类学和政治学等），工作背景多样（来自大学等学术机构、科研机构、联邦和州政府机构、官立学校、检测公司和非营利组织等）。

AERA为教育研究领域的个体提供接触该领域的最新进展和顶级研究者的机会。AERA考虑那些对会员最重要的议题并将其引至公共政策辩论的最前沿。会员们在研究的基础上生产并传播知识，改进方法和措施，促进迁移和研究结果的实际应用，改善教育现状。AERA奖励计划（AERA's Awards Program）是教育研究者表扬和嘉奖相关科研人员的卓越学问与服务的最重要方式之一。

AERA不仅定期出版专业刊物，如《教育研究者》（*Educational Researcher*）、《美国教育研究杂志》（*American Educational Research Journal*）、《教育研究评述》（*Review of Research in Education*）、《教育研究评论》（*Review of Educational Research*）、《教育与行为统计杂志》（*Journal of Educational and Behavioral Statistics*）、《教育评价与政策分析》（*Educational Evaluation and Policy Analysis*）等，也出版专业书籍，如《国际环境教育研究手册》（*International Handbook of Research on Environmental Education*）等。

拓展资源

[1] COCHRAN-SMITH M, ZEICHNER K M. Studying teacher education: the report of the AERA panel on research and teacher education[J]. Lawrence Erlbaum Associates, 2005, 54（6）:

921-927.

[2] DURAN R P, EISENHART M A, ERICKSON F D, et al. Standards for reporting on empirical social science research in AERA publications: American Educational Research Association[J]. Educational Researcher, 2006, 35（6）: 33-40.

4. 美国国家教师教育认证委员会（☆☆☆）

美国国家教师教育认证委员会（National Council for Accreditation of Teacher Education，NCATE）是经美国教育部和美国高等教育评估委员会认可的第一个全国性教师教育认证机构，它成立于 1951 年，于 1954 年得到官方正式认可。[①]美国教师教育院校协会（American Association of Colleges for Teacher Education，AACTE）、全美教育协会（National Education Association，NEA）、全美学校董事会协会（National School Boards Association，NSBA）、全美教师教育与认证董事协会（National Association of State Directors of Teacher Education and Certification，NASDTEC）和美国州立学校主管理事会（Council of Chief State School Officers，CCSSO）等五个教育组织共同促进了 NCATE 的创建。NCATE 正式成立后，接管了原本由 AACTE 负责的教师教育专业认证工作。

NCATE 是一个由 33 个国家专业教育机构、民间专业组织组成的非营利、非政府联盟，其主要职能就是评估教师教育机构的办学水平，帮助培养高质量的教师、专家和管理者。NCATE 认为，每个学生都值得拥有一个关心自己、具有较强教学能力和较高职业精神的教师。因此，它为自己提出了以下四大目标：①为广大教师的知识、技能和其他专业要求等制定和维护全国统一的标准以及相应的实践项目；②运行一个用以评估教师教育机构及其项目的高效认证体系；③为提升教师教育机构的工作绩效和教学质量提供有价值的建议和有限的技术支持；④促进对教师教育感兴趣的各团体（包括公众）之间的有效沟通与密切交流，协调教师教育资源在全国各州之间的流通。

一般来说，NCATE 对教师教育机构的评估程序主要包括以下六个步骤：①教师教育机构向 NCATE 提出申请，以获取被评估资格；②教师教育机构为迎接

① 石芳华. 美国全国教师教育评估委员会（NCATE）简介[J]. 比较教育研究，2002, 23（3）：60-62.

两年后 NCATE 的实地考察做好充分准备；③教师教育机构提交自我评价报告；④NCATE 组织考察小组对教师教育机构进行实地考察；⑤NCATE 的评估委员会对教师教育机构做出初步评估决定，初步评估结果分为三种情况，即评估合格、暂时评估合格和评估不合格；⑥通过初步评估的教师教育机构每五年还要进行一次继续评估，其评估程序与初步评估相似，继续评估结果也分为三种情况，即评估合格、有条件的评估合格和延缓评估。

NCATE 在美国教师教育领域发挥着重要作用[①]：首先，它有利于激励多样化的教师教育机构进行公平竞争，提高教师教育的教学质量；其次，它能够督促各教师教育机构不断评价和改善自身的教师培养计划，加快美国教师专业化的进程；再次，它弥补了教师资格制度这一空缺，有助于教师区域间的流动；最后，它还方便了学生校际的流动。

5. 美国国家专业教学标准委员会（☆☆）

美国国家专业教学标准委员会（National Board for Professional Teaching Standards，NBPTS）是一个独立、非营利性、无党派的非政府组织，成立于 1987 年，其目的是希望通过建立和发展一套自愿认证的评价体系，制定相应的专业教学标准，并为达到这些标准的教师颁发教师资格证书，以提高教学质量，促进教师专业发展。

1983 年，美国高质量教育委员会（National Commission on Excellence in Education）发表了《国家在危险之中：教育改革势在必行》这一报告之后，各州纷纷采取措施测试教师的教学技能并淘汰不良教师，但这些举措没有从根本上改善教师质量。[②]1986 年，面对美国教师教育质量低下的现状，卡内基工作小组在其发表的《国家为培养 21 世纪的教师做准备》报告中提出要建立美国国家专业教学标准委员会。1987 年 5 月，卡内基基金会向美国国家专业教学标准委员会注入了 100 万美元的启动资金，并指定了 29 位董事，美国国家专业教学标准委员会正

① 喻浩. 美国国家教师教育认证协会（NCATE）简介及其启示[J]. 教书育人（高教论坛），2008（4）：87-89.

② NBPTS. The Beginnings of a Movement[EB/OL]. http://www.nbpts.org/beginnings-movement[2018-03-07].

式成立。1989 年，美国国家专业教学标准委员会发表了《教师应该知道、能够做到的》这一文件，并提出了教师教学的五项基本原则[①]：①教师应把自己奉献给学生和他们的学习；②教师要了解自己所教授的科目及其教授方法、途径和策略；③教师对帮助、指导和管理学生的学习负有责任；④教师要对各项教学实践进行系统反思，并从中获取经验；⑤教师是学习型社会的成员。美国国家专业教学标准委员会对教师的认证过程主要分为资格审查、档案袋评价、评价中心测评和评分这四个部分，其中档案袋评价和评价中心测评是决定认证是否通过的核心环节。

美国国家专业教学标准委员会发展至今，不仅得到了美国政府、企业、学校和家长的认可，还得到了美国教师联盟（American Federation of Teachers，AFT）和全美教育协会（National Education Association，NEA）的大力支持。美国国家专业教学标准委员会本着“通过建立严格的高标准教学认证体系，整体提高教师质量”的宗旨，对教师教育产生了积极的影响。微观上，它有利于教师自身素质的提高；宏观上，它有力地推动着教师专业化发展的进程。

6. 美国教师教育认证委员会（☆☆☆）

美国教师教育认证委员会（Teacher Education Accreditation Council，TEAC）是一所美国教师教育认证机构，它成立于 1997 年。在 2001 年和 2003 年分别获得了美国高等教育认证委员会（Council for Higher Education Accreditation，CHEA）和美国联邦政府的认可，成为与美国国家教师教育认证委员会（National Council for Accreditation of Teacher Education，NCATE）并驾齐驱的新教师教育认证机构。

美国教师教育认证委员会作为一家致力于提升教师专业水平的非营利性民间组织，其主要职能是向提交认证申请的教师教育机构进行有效认证，以保证公众能够把握教师教育机构培养未来教师的质量。在认证过程中，美国教师教育认证委员会采取开放的认证制度和灵活的认证标准，从以下三个维度对教师教育机构进行认证：①教师候选人获得专业知识和教学技能的证据；②运用质量监控系统改进教师教育活动的证据；③收集证据的方法、途径的有效性和可信度。此外，

① NBPTS. What Teachers Should Know and Be Able to Do[EB/OL]. http://www. nbpts.org/sites/default/files/documents/certificates/what_teachers_should_know.pdf[2018-03-07].

还分别从课程设置、教师队伍、资源配置、财政投入、招生情况、学生支持服务、学生反馈等七个方面为教师教育机构提供了证据收集的参考标准，以确保认证程序的可行性和适用性。

通常情况下，教师教育认证机构须按照以下六个步骤来实现认证：①申请成为美国教师教育认证委员会的成员，提交认证申请并缴纳认证费用；②提交包含联系信息、认证时间等内容的认证计划表；③提交能够证明学生可以胜任教师工作的认证方案概述；④审核人员到申请认证的机构进行实地调查并对其提交的证据进行审核；⑤认证委员会按照认证制度和认证标准进行决策；⑥获得认证的机构每年向美国教师教育认证委员会提交年度报告以确保认证的有效性。

美国教师教育认证委员会作为一所认证历史比较短暂的机构，以其灵活的认证制度和开放的认证标准得到了众多教师教育机构的认可，同时也对教师教育领域产生了广泛的影响。首先，确保了教师教育机构培养未来教师的质量；其次，辅助教育部门对教师教育机构进行管理和监督；最后，与 NCATE 相互竞争，促进了教师教育认证领域的发展。

拓展资源

[1] 邓涛. 美国教师教育认证改革：机构重建和标准再构[J]. 教师教育研究，2016，28（1）：110-115.

[2] 王静，洪明. 教师教育质量评估的新理念——美国教师教育认证委员会（TEAC）述评[J]. 全球教育展望，2008，37（1）：72-76.

[3] 张治国. 美国四大全国性教师专业标准的比较及其对我国的借鉴意义[J]. 外国教育研究，2009，36（10）：34-38.

7. 美国教师教育院校协会（☆☆☆）

美国教师教育院校协会（American Association of Colleges for Teacher Education，AACTE）最初是由 19 世纪的美国国家师范学院发展而来的。1830 年，美国成立了第一所师范学校，即教师培训机构，旨在为蓬勃发展的公立学校培训优质教师，以促进全国教育教学改革。直到 1948 年，由查尔斯·亨特（Charles W. Hunt）领导，统一合并了美国教师学院协会（American Association of Teachers

Colleges，AATC）、全国教育学院和教育系协会（National Association of Colleges and Departments of Education）和全美城区教师教育机构协会（National Association of Teacher Education Institutions in Metropolitan Areas）等各大独立教师教育协会，标志着美国教师教育院校协会的正式成立。AACTE 的成立，解决了美国师范学院在向大学教育学院转型过程中专业组织的代表性问题，扭转了美国各种不同性质和类型的教师教育机构缺乏统一和协调的局面，使美国教师教育领域有了更具广泛性和代表性的专业团体。①

AACTE 为成员们提供交流协作的各项服务，其交流主题或内容主要集中在教师教育的相关政策和重要事件、代表不同方向的出版物、教师教育发展的特殊机会等。它有以下四大目标：①通过支持和提升关联 K-12 学生学习结果的高标准问责制和评估系统的接受认可程度，来加快改善教师教育的质量；②代表教师教育者或教师教育机构倡导能够促进教师专业发展的相关教育政策和联邦政策；③启动和维持各种系统项目或计划，为多样化的学生培养合适的教师，促进教师专业共同体多样化的形成；④提前实现高质量、高效率的教学实践。

直到现在，AACTE 仍然是美国唯一代表教师教育者或教师教育机构立场、趣旨及利益的全国性专业组织，影响着美国教师培养、认证、进修和评价等政策的制定和改革，一定程度上左右着美国教师教育变革与发展的走向。

8. 美国教师联盟（☆☆☆）

美国教师联盟（American Federation of Teachers，AFT）隶属于美国劳工总会与产业劳工组织（American Federation of Labor and Congress of Industrial Organizations，AFL-CIO），1916 年 4 月 15 日在芝加哥成立，其成员代表主要包括：从学前教育至 12 年级的教师、助教及学校其他相关人员，高等教育教师和专业人员，联邦、州和地方政府工作人员，医生、护士和其他卫生保健专业人员。其中，还不乏社会各界名人，如杜威（John Dewey）、爱因斯坦（Albert Einstein）、休伯特·汉弗莱（Hubert Humphrey）、普利策奖获得者法兰克·麦考特（Frank

① 冯晓艳，洪明. 教师教育者团体在美国当前教育改革中的立场与观点——基于“美国教师教育院校协会”（AACTE）对 NCLB 的修正意见[J]. 教育与考试，2009（1）：83-89.

McCourt）、诺贝尔和平奖获得者埃利·威塞尔（Elie Wiesel）等，这些知名人士的加盟对其影响力的增强无疑起到了非常巨大的作用，并使之成为推动美国教师专业化进程的一股强大力量。

AFT 是一个拥护社会公平、人民民主以及支持为广大学生及其家庭和社区提供高质量的公共教育、医疗保障和公共服务的工会，并致力于通过社区参与、组织规划、集体谈判和政治活动等措施来推动这些原则。它扮演着工会团体、专业团体和利益团体的多元角色，在争取教师权益、提高学生福利、推进教育改革和促进教师成长上发挥着重要作用。AFT 在运作过程中主要采取了以下两种价值取向：一是工会取向，其主要运作模式有集体谈判、司法活动和政治活动等；二是专业取向，AFT 的主要活动体现在提高教师福利待遇、改善公共教育体系、争取各种教师权益、促进教师专业成长、解决师生后勤和身心健康等方面的问题等，这也是它与全美教育协会（National Education Association，NEA）的不同之处。

随着 AFT 与 NEA 合作日益密切，组织成员持续扩增，多元角色日渐凸显，改革目标更加明确，其社会影响力将不断增强，在教师教育领域中的威望也将得到提升，换句话说，AFT 将在“争取教师合法权益，促进教师专业成长，提升公共教育质量”上发挥更大的作用。

9. 美国心理学会（☆☆）

美国心理学会（American Psychological Association，APA）是美国最权威的心理学学术组织，国际心理科学联合会（International Union of Psychological Science，IUPsyS）的主要成员，国际上规模最大的心理学组织。每年七到八月，美国心理学会都会举行一次年会，这是心理学界每年的重大会议之一，平均有 10 000—20 000 名来自世界各地的学者、专家、研究人员和学生参加。

1892 年 7 月，美国心理学会最初由 26 位心理学家组成，它成立于美国克拉克大学，第一任主席是斯坦利·霍尔（Stanley Hall），总部现设于华盛顿。美国心理学会是一个代表美国心理学职业和心理学学科发展的组织。其现有四类会员：合作会员（associate affiliate）、学生会员（student affiliate）、教师会员（teacher affiliate）和国际会员（international affiliate），总共约有 15 万名会员。美国心理学会的使命是推进心理学的发展，把它作为一门科学、一门专业，并应用心理学知识造福社会和改善人们的生活；主要任务是在各个领域广泛研究和传播心理学知识，并促进研究成果的应用。目前，美国心理学会共有 54 个专业分会，涉及心理学的各个方面，如普通心理学学会、心理学教学学会、实验心理学学会、发展心理学学会等。它还会向心理学的贡献者颁发各种奖项，其中，杰出科学贡献奖是心理学界研究者和学者们可获得的最高荣誉，获得此殊荣的有斯金纳、皮亚杰、斯滕伯格、乔治·米勒等人。

美国心理学会对美国心理学乃至世界心理学的发展起着重要的推动作用。现在被广泛接受的研究论文撰写格式——APA 格式就出自美国心理学会出版的《美国心理协会刊物准则》，它被广泛应用于社会科学（特别是心理学）领域。除此之外，美国心理学会还会出版相关专业期刊，如《美国心理学家》（*American Psychologist*）、《个性与社会心理学杂志》（*Journal of Personality and Social Psychology*）、《实验心理学杂志》（*Journal of Experimental Psychology*）、《发展心理学》（*Developmental Psychology*）等 70 多种期刊。

10. 全美教育协会（☆☆）

全美教育协会（National Education Association，NEA）是美国最大的专业成员组织，成立于 1857 年，致力于提高美国公共教育的质量，让每个学生都能接受良好的教育并得到全面发展。因此，提升教师教学技能、提高学生学业成绩并为学生建立更好的学习环境是其主要任务。NEA 的主要成员包括：支持教育的专业人员、高等教育领域的教师及员工、NEA 退休人员、学生组织、代理教师、学校管理者、城市教育协会全国委员会（National Council of Urban Education Associations）等。

NEA 成立之前，为提高教师专业素养，美国 50 个州中已有 15 个州成立了州立教育协会（State Education Association），但一直没有一个能够团结各州教育协会、发展公共教育并为全国教师服务的组织。直到 1857 年 8 月 26 日，在纽约州州立教师协会主席托马斯·瓦伦丁（Thomas W. Valentine）和马萨诸塞州州立教师协会主席黑格（Daniel B. Hagar）的号召下，美国第一个全国性的教师组织——全美教师协会（National Teachers Association，NTA）成立了。1870 年，全美学校管理者协会（National Association of School Superintendents）、美国师范学校协会（American Normal School Association）、美国中央学院协会（Central College Association）与 NTA 合并，定名为“全美教育协会”。

NEA 在美国教师专业化发展道路上起到了积极的推动作用，主要体现在：①改善教师经济条件，提高教师社会地位；②参与政府政治进程，影响相关教育决策；③制定专业伦理规范，彰显教师专业精神；④规范教师专业标准，保障教学服务质量；⑤参与教师教育改革，提高教师学术水平与实践能力；⑥开展教师专业发展活动，强化教师专业发展意识，提高教师专业发展质量；⑦从事教育科学研究，提供信息服务与决策参考。

11. 教育应用研究中心（☆☆）

教育应用研究中心（Centre for Applied Research in Education，CARE）是在英国学校委员会和纳菲尔德基金会的联合资助下，由劳伦斯·斯滕豪斯（Lawrence Stenhouse）于 1970 年创立的。该中心是东安格利亚大学历史最悠久的研究中心之一，主要从事发展应用型教育研究、批判性参与教育评价和教育政策制定、促使研究和教学文化国际化等三个方向的研究。

CARE 源自斯滕豪斯于 1967 年主持的“人文学科课程计划”，其创建动机产生于两个方面：第一，教师成长是课程改革的基本要素之一；第二，“人文学科课程计划”要求想在试用期结束之后留任的教师接受在职教育。为此，该中心意欲以“人文学科与社会科学教育中心”来命名。但为了突出其直接将研究方法应用于教育实践的特色，该中心最终决定命名为“教育应用研究中心”。

1972 年 8 月，“人文学科课程计划”结束，CARE 不得不通过教学研究经费和合同来维持生计。当时，CARE 致力于三个方面的工作：①进行课程和教学的研究与开发（以人文学科和社会科学领域为主），包括搜集和设计适用的教材和资源；②为地方教育部门和学校提供用来推广新型教学方法和咨询服务的课程；③在本校提供教学方法、教材和课程方面的咨询服务。后来，一些外部资助的项目，如“种族计划”（The Race Project）、“福特教学计划”（The Ford Teaching Project）、“福特 SAFARI（Success and Failure and Recent Innovation）计划”（The Ford SAFARI Project）等，使 CARE 迅速成长为国内外杰出的教育研究团队。

现在，CARE 仍然是教育和终身学习学院内的一个专门研究中心，致力于鼓励和支持学院内部由跨越不同研究主题的研究小组从事的研究，同时还吸引着来自东安格利亚大学的其他学院及外部组织的研究者们，并把他们聚集在一起。其代表刊物有《比较与国际教育杂志》（*Compare: A Journal of Comparative and International Education*）、《国际课程与学习研究期刊》（*International Journal for Lesson and Learning Studies*）等。

12. 卡内基教学促进基金会（☆☆）

卡内基教学促进基金会（Carnegie Foundation for the Advancement of Teaching，CFAT）是一个独立的政策与研究中心，由钢铁大王安德鲁·卡内基（Andrew Carnegie）于 1905 年捐助成立，后在其首任主席亨利·普里切特（Henry Pritchett）的领导下于 1906 年获美国国会批准。1979 年，卡内基教学促进基金会从卡内基基金会中分离出来并独立发展，后来在主席欧内斯特·博耶（Ernest L. Boyer）的领导下迁至新泽西州的普林斯顿。1997 年，时任基金会主席的李·舒尔曼（Lee S. Shulman）将其迁至加利福尼亚州的斯坦福大学。

为了促进教学和学习，卡内基教学促进基金会发展思想、个体和机构脉络，以新方式汇集学者、实践者和设计师来解决教育实践问题。作为牵头人，卡内基教学促进基金会观察、研究并提倡教育改进，积极处理复杂的教育难题；作为改革者，卡内基教学促进基金会汇聚研究者、教师、设计师、实践者、学生和决策者，组成网络化改进共同体（Networked Improvement Communities），发明创造能够改善教学和学习的新知识和新方法；作为集成者，卡内基教学促进基金会寻求利于不同环境下不同参与者的计划、工具和服务，在持续提倡能够广泛地发挥作用的坚定而具体的革新的同时，也认识到了教育事业的复杂性。

总体而言，卡内基教学促进基金会最卓越的贡献在于发展了美国教师退休基金会（Teachers Insurance and Annuity Association，TIAA），关于医学教育的弗莱克斯纳报告（Flexner Report）、教育测验服务社（Educational Testing Service）、卡内基学分（Carnegie Unit）、卡内基高等教育机构分类（Carnegie Classification of Institutions of Higher Education）。

第六部分　重要事件

1. 美国进步主义教育运动（☆☆）

美国进步主义教育运动（Progressivism Education Movement in the United States）是指产生于19世纪末并持续到20世纪50年代、发生在美国的一场类似于欧洲新教育运动的教育革新运动，亦称“美国进步教育运动”。它是美国19世纪末社会改良运动的一部分，其目的是希望通过教育改革以满足社会发展的新需求。

理论上，进步主义教育运动的思想起源于卢梭、裴斯泰洛奇和福禄贝尔等人的教育思想，它也受到了现代科学，特别是生物科学和进化论的影响。然而，对进步主义教育运动更具影响的则是杜威的自然哲学及其教育思想，如以儿童为中心的学生观、以生活为内容的课程观、以解决问题为方法的教学观、淡化权威意识的教师观以及强调合作精神的学校观等。[①]实践上，进步主义教育运动主要分为四个阶段[②]：①产生阶段（1883—1918年）。进步主义教育运动以弗兰西斯·帕克（Francis W. Parker）建立的昆西学校和库克师范学校为开端，由此，杜威（John Dewey）将帕克称为“进步主义教育运动之父”。[③]②成型阶段（1919—1929年）。其主要的标志性事件有：1919年，成立了美国进步主义教育协会；1920年，制定了“进步主义教育七项原则”；1924年，创立了《进步主义教育》会刊。③转变阶段（1929—1943年）。主要体现在以下两个方面，一是“重心”的转变，即教育运动由初等教育逐步转向了中等教育，如“八年研究”；二是“中心”的转变，即从批判教育转向妥协，如从强调儿童中心和自由发展转向强调学校的社会职能。④衰落阶段（1944—1957年）。主要事件有：1944年，进步主义教育协会更名为美国教育联谊会；1955年，美国教育联谊会也解散了；1957年，《进步主义教育》杂志停办。由此，进步主义教育运动走向了终结。

虽然进步主义教育运动已经在美国教育史上画上了句号，但它确实给美国的教育带来了巨大的影响和变化，不论是在基础教育领域还是在高等教育领域，都

---

① 温静. 美国进步主义教育运动的主要观点及启示[J]. 中国电力教育，2008（15）：218-219.

② 张斌贤. 进步主义教育运动：概念及历史发展[J]. 教育研究，1995（7）：25-30.

③ ALTENBAUGH R J. Book reviews: whither progressive education?[J]. Educational Researcher, 1994, 23（5）：35-36.

有了新的发展。20 世纪 60 年代布鲁纳的课程改革运动、70 年代之后的开放教育以及生计教育运动等，都深受进步主义教育运动及其思想的影响。不仅如此，进步主义教育运动对世界许多国家和地区都产生了广泛的影响，直到现在，仍然有很多教育研究者及其他教育相关人员对进步主义教育思想进行分析和研究，以促进本地教育改革的发展。

拓展资源

[1] CREMIN L A. John Dewey and the progressive-education movement, 1915-1952[J]. The School Review, 1959, 67（2）: 160-173.

[2] HAYES W. The Progressive Education Movement: Is It Still a Factor in Today's Schools? [M]. Lanham: Rowman & Littlefield Education, 2006.

2. 国际学生评估项目（☆☆）

国际学生评估项目（Program for International Student Assessment，PISA）是一个跨国性评价项目，用于测量义务教育即将结束的青年人（15 岁）在走向社会所需知识和能力方面的准备情况。它由经济合作与发展组织（Organization for Economic Cooperation and Development，OECD）成员国发起，同时吸纳其他非成员国及地区参加，如中国香港、美国马萨诸塞州等。PISA 最早开始于 2000 年，评估报告每三年汇报一次。

PISA 内容以素养为核心，涉及阅读能力、数学能力、科学能力三个方面，且评估对学生的考查不局限于书本知识，而是更加注重学生应用所学知识的能力。按照主办方 OECD 的要求，测试前参与 PISA 的每个国家，要随机选出至少 5000 名学生作为样本，且这些样本必须为在校学生；测试中，每个学生先做 2 小时的笔试，笔试结束之后再填写一份个人背景问卷，最后学生所在校方还需填写一份描述学生构成情况的问卷；测试结束之后，基于对质量与公平的追求，国际专家会对测试数据以及问卷数据进行综合整理和分析，并发布评估报告。PISA 报告影响着世界各国（或地区）教育政策的制定和改进，同时也成为促进教育公平与提升教学质量的杠杆。

自 2000 年开始，PISA 报告反映出的教育问题引起了许多国家的重视和思考。

目前，PISA 对全球范围内教育教学产生了以下几个方面的影响：①辅助各国反思本国教育教学改革的优势和不足，实施改进措施。如 PISA 报告显示，德国学生阅读素养表现不佳，德国政府便于 2003 年开始实施相关教学改革并取得了较好的成效。②触类旁通，开展面向国内学生的评估。以中国为例，2006 年在北京、天津等地引入国内学生学业评估项目，我国开始对国内青少年学业成就表现及教育存在问题进行评估。③促进地区间教育比较，如 PISA 报告显示，在数学能力方面亚洲国家较欧美国家表现突出，而在科学能力方面欧美国家较其他地区优势明显。

PISA 作为一种测量学生是否掌握参与社会所需知识和能力的国际评价标准，它更看重学生实践能力的习得情况，这就对教师的教学提出了更明确的要求。教师应该根据 PISA 标准来改进教学，改变教学法，在传递知识的基础上帮助学生应用所学知识，注重培养学生解决实际问题的能力。PISA 报告可以帮助教师在教学实践中学习、总结、实施和推广优质教学策略，使得教师的教学技能得到快速成长。目前，像 PISA 这样与国际接轨以增强教育评价科学性与公平性的方法，已经成为教师教学研究与教学评价的重要发展方向，这对促进世界教学水平协同发展有着重大作用。

拓展资源

[1] 石卫林. 学生终身学习能力的评价与比较——OECD 国际学生评估项目的简介[J]. 比较教育研究，2004（1）：83-87.

[2] FISCHBACH A, KELLER U, PRECKEL F. PISA proficiency scores predict educational outcomes[J]. Learning and Individual Differences, 2013, 24: 63-72.

[3] 张民选，陆璟，占胜利，等. 专业视野中的 PISA[J]. 教育研究，2011（6）：3-10.

[4] PSALIDAS A, APOSTOLOPOUS C, HATZINIKITA V. Investigating factors affecting students' performance to PISA Science items[J]. Journal of Engineering Science & Technology Review, 2008（1）: 90-97.

3. 八年研究（☆☆）

“八年研究”（Eight-Year Study）由进步教育协会在 20 世纪 30 年代发起，是美国曾经开展过的课程实验当中最重要、最全面的一次，其主要目的是缓解高中课程改革与大学教育之间存在着的矛盾。1930 年，进步教育协会成立了中学与大学关系委员会，专门协调和处理中学和大学的关系，该委员会于 1931 年提交了一份关于中学弊端的报告，总结了中学与大学之间令人不满的关系，并与 300 多所学院、大学形成了合作关系，让参加研究的 30 所中学的毕业生免除大学入学要求，以验证没有达到大学入学标准的学生能否在大学里获得成功。该研究由拉尔夫·泰勒（Ralph W. Tyler）主持，历时八年，因此被称为“八年研究”。

“八年研究”分为两个阶段。在中学里，中学与大学关系委员会从 1933 年秋季起对选出的 30 所中学进行课程改革，允许他们根据本校学生特点和需要来确定课程的变动，并免除实验学校毕业生的大学入学要求，但其能否被录取要根据高中成绩（包括校长推荐信、学生在校期间的详细记录以及各项考试成绩与功课质量等）决定。“八年研究”工作组每年对学校的课程改革的效果进行评价并作出详细报告，为学校的进一步课程改革提供参考。同时，还在参与试验的学校中成立了教师委员会专门为教师编制教学大纲和教材提供帮助。[①]在大学里，对来自 30 所实验中学的学生与来自其他通过大学考试的学生进行配对（依据年龄、性别、种族、学业表现、家庭和社会背景等）比较，并记录学生的发展信息。研究表明，来自 30 所中学的毕业生并没有因为中学的实验性课程受到影响，反而在大学里获得了相对更好的成绩。

虽然受到二战的影响，“八年研究”的成果没有得到广泛传播，但它关于课程改革和教育评价的思想对当今教育教学仍具有重要意义。首先，教育改革应该突破传统学术性的束缚，增加实用性课程，促进学生知识、技能与情感的全面发展。其次，鼓励教学评价中学生成绩与具体教学内容的有机结合，将教学目标与教学评价结合起来，实现对学生的全面评价。最后，鼓励教师参与课程改革工作并成立专门的机构对其进行指导和帮助，在推进教育改革的同时促进教师新知识和新技能的获得。

① LAGEMANN E C. An Elusive Science: The Troubling History of Education Research[M]. Chicago: University of Chicago Press, 2002: 142-145.

拓展资源

[1] SMITH E R, TYLER R W. Appraising and Recording Student Progress[M]. New York: Harper & Row, 1942.

[2]〔美〕拉格曼. 一门捉摸不定的科学：困扰不断的教育研究的历史[M]. 花海燕，梁小燕，许笛，等，译. 北京：教育科学出版社，2006.

4. 微软“携手助学”项目（☆☆☆）

微软“携手助学”（Partners in Learning，PiL）项目，是微软公司为支持教育事业，开发了许多先进的教育软件技术、教育产品，并为学校教育提供各种解决方案的教育项目。开展“携手助学”项目的目的是，缩小地区之间因信息发展不平衡而产生的“数字鸿沟”，促进经济发展落后地区的教育信息化发展进程。截至2005年9月，微软已经在99个国家和地区开展了“携手助学”项目，覆盖88个国家。故此，“携手助学”项目也是微软公司较为成功的全球性项目之一。

“携手助学”项目在中国也有相应的开展。2003年11月20日，教育部和微软（中国）有限公司在北京签署了《中国基础教育信息化合作框架》协议，启动了教育部–微软（中国）“携手助学”项目，用来支持中国基础教育的信息化建设和师范教育。2008年11月4日，教育部和微软（中国）有限公司在北京再度签署了“携手助学”二期协议，继续支持中国教育信息化事业及人才培养。

“携手助学”项目主要包括三个子项目，分别是：①PiL Grants，为当地教师和学生的信息与通信技术（ICT）技能培训和课程开发提供工具和资源；②PiL Fresh Start，为中小学捐款购买的计算机提供正版 Windows 操作系统；③PiL School Agreement Subscription，以极其优惠的方式为各国学校计算机提供正版 Windows XP 和 Office XP。①

“携手助学”是扶持全球教育信息化发展的教育项目，对促进教师教育的发展具有重大的意义。首先，该项目提升了教师的信息技术能力。该项目为各地中小学教师进行了信息技术培训，培训包括三个层次，分别是基础培训、中级培训、

① 但松健. 利用“携手助学”项目推进信息技术教师培训[J]. 中国成人教育，2010（19）：111-112.

高级研修班。其次，该项目革新了教师的教育思想。该项目在培训中主要采用混合学习（blended learning），授课中充分地运用传统教育方式和数字化学习（e-learning）的优势，为培训教师注入新的教育思想。最后，该项目加深了教师对专业知识的学习。该项目在培训中，尽可能地采用立体化的培训教材，有助于加深教师对知识的理解学习。

5. 领雁工程（☆☆）

“领雁工程”是一个面向骨干教师的培训项目，由浙江省教育厅于 2008 年提出。该项目的主要内容是“浙江省省委计划在 3 年时间内完成对全省 3.3 万名农村骨干教师的培养和培训，形成一支具有相当规模的省、市、县三级农村骨干教师队伍”；目的在于“培养一批农村中小学教师中的‘领头雁’，并依靠这些‘领头雁’带动本校其他教师教学水平的共同发展”。

“领雁工程”坚持统筹规划、培养骨干、倾斜欠发达地区的原则，以提高教师的执教能力为重点，主要规划农村中小学骨干教师、骨干德育教师和骨干校长三支队伍的建设，它的特点包括以下几个方面：①培训对象主要是农村中小学教师，培训队伍中农村教师所占比例较大；②培训范围全面覆盖，每一所农村中小学至少有一名教师或校长参加培训，每一所乡镇中小学每一学科至少有一位教师参加县级以上的骨干培训；③培训具有长远影响，为农村中小学培养教育“领头雁”，他们在返回原学校后积极开展校本研究，这对基层学校教师的教学观念和教学技能产生了影响。

自 2008 年浙江省省委实施提高农村中小学教师素养的“领雁工程”项目以来，该项目不仅引起了国内教师培训行业的广泛关注，而且成了面向农村中小学教师培训的典范，与此相应的实践探究也不断深入。如重庆市也于 2010 年 9 月开启了“农村中小学领雁工程”，它以实现农村学校“规范+特色”为总体目标，通过本地领雁学校示范、全国名师指导，形成统筹城乡、教育均衡发展的农村中小学支持系统。迄今为止，“领雁工程”已经在浙江省和重庆市两个实验区进行推广，“领雁”的思想对社会多个方面都产生了影响，“领头雁”对促进各自行业领域的发展发挥着巨大作用。

在给教育和其他行业带来影响的同时，“领雁工程”作为一个促进城乡教育均衡发展、惠及广大农村中小学教师的教育培训推广项目，正阔步向前。对于中国这样一个人口众多且城乡教育发展不均衡的国家，大规模、批量培训教师的模式必然有其发展的空间和价值。与此同时，农村中小学骨干教师应该抓住机会，注重学习前沿理论知识，更新教育观念，积极进行教学实践，努力提高自身的专业素养和教育艺术。

拓展资源

[1] 孙永珍. 基于学习维度论的农村骨干教师专业成长有效培训方式的实践探索——以浙江省“领雁工程”农村初中历史与社会骨干教师的培训为例[J]. 教育理论与实践，2012，32（32）：32-34.

[2] 鲁善坤，张群力. 领雁高飞　共书教育精彩——重庆市第一中学校在“帮扶”中的突破[J]. 人民教育，2014（3）：59-61.

[3] 周贤定. “领雁工程”扎根农村：乐清市南塘镇中学教师“领雁工程”培训纪实[M]. 香港：中国文化出版社，2012.

[4] 张天雪，李娜. 农村教师培训政策执行的实效性研究——以浙江省省级“领雁工程”为例[J]. 教育理论与实践，2010（7）：7-9.

6. 国培计划（☆☆）

国培计划（National Teacher Training Program）是“中小学教师国家级培训计划”的简称，是我国提出的一项为促进中小学教师，尤其是农村中小学教师队伍专业化发展的国家级培训项目。这一项目是我国出台《国家中长期教育改革和发展规划纲要（2010—2020 年）》后，由国家教育部和财政部联合实施的首个重大教育项目。

“国培计划”是我国 2009 年提出并于 2010 年开始实施的一项致力于提高我国教师教育水平、促进基础教育发展的计划。这项计划包括两项主要内容：①中小学教师示范性培训项目。此项目是保障“国培计划”顺利开展的第一步，目的是为实施全国教师培训工作培养骨干示范教师和优秀培训团队，同时为远程培训项目建设优质的培训课程资源。该项目包括中小学骨干教师研修、培训团体研修、中小学教师远程培训、班主任教师培训、中小学紧缺薄弱学科教师培训等示范类子项目。②中西部农村骨干教师培训项目。在具有优质培训团队与培训人员的基础上，围绕“国培计划”的总体要求，通过中小学教师置换脱产研修、农村中小学教师短期集中培训、农村中小学教师远程培训等子项目，对我国中西部农村教师进行有针对性的专项培训，进而提高我国农村教师的教学技能和专业水准。

随着国家教育改革与发展的相关政策，“国培计划”也呈现动态发展之势。主要表现在以下几个方面。首先，培训对象越来越广泛，除了中小学教师外，还吸收了学前教育工作者；其次，培训涉及的学科领域也越来越丰富，除了涉及语文、数学、英语等优势学科外，还纳入了体育、音乐、信息技术等薄弱学科。目前，全国多地实施“国培计划”已有十年之久，尽管培训子项目逐渐细化，但培训体系依然不够成熟。例如，在实施过程中存在着培训机构设计的培训方案没有将培训需求、培训目标、培训课程建立起紧密联系的问题，导致“国培计划”没有充分体现其价值所在。[①]因此，“国培计划”在发展之路上任重而道远。

“国培计划”作为一项促进我国教育发展的重要举措，对我国教师教育发展具有深远意义。一方面，改变了我国传统的教师教育体系，进而形成了现代教师教育体系；另一方面，创建了多样的教师教育模式，推动了我国大规模教师教育战略的实施。

① 朱旭东. 论“国培计划”的价值[J]. 教师教育研究，2010, 22（6）：3-8，25.